LEYENDAS TRADICIONALES

José Calles Vales

LIBSA

c/ San Rafael, 4
28108 Alcobendas (Madrid)
Tel.: (34) 91 657 25 80
Fax: (34) 91 657 25 83
e-mail: libsa@libsa.es
www.libsa.es

Edición: Sergio Sánchez

ISBN: 84-662-0188-2
Depósito legal: M-11349-02

Impreso en España/*Printed in Spain*

CONTENIDO

INTRODUCCIÓN

Amores, pasiones, batallas, traiciones, viajes, tesoros, brujas, hadas, fantasmas, secretos, misterios. ¿Qué lector no estaría encantado si diera con un libro que le ofreciera todos estos argumentos? Pues bien, esta colección de leyendas reúne los apasionados romances y las hazañas de héroes míticos; los brumosos bosques del norte y los floridos jardines de Granada; los pícaros, las damas y los guerreros; aventureros, reyes y mendigos. En las leyendas ha depositado el saber popular lo más granado de su imaginación: ha confeccionado cuentos a su gusto y ha diseñado los personajes más acabados y perfectos. Pero hay más: las leyendas son la crónica sentimental de los pueblos; son, casi, la verdadera historia, porque son los pueblos quienes las crean, las moldean, las elaboran y son los pueblos quienes las difunden y quienes conviven con ellas. Pertenecen a todos, y todos sentimos que formamos parte de ellas. A lo largo de los siglos, hombres y mujeres han ido relatando, de boca en boca, estas narraciones fantásticas: un arte antiguo y desconocido que nos devuelve la memoria y nos refleja tal y como somos: amantes, guerreros, aventureros o pícaros.

En fin, el amable lector ha dado con una colección de leyendas y este hecho bastaría para que los relatos fueran sucediéndose sin interrupción desde este momento hasta el final. Puede que los historiadores, los antropólogos o los filólogos tengan dificultades en definir con claridad los límites y la estructura de las leyendas, pero este problema no es acuciante para el hombre curioso que se acerca de buena fe a estos relatos maravillosos. Nuestra infancia y la imaginativa adolescencia, algunas lecturas y el poso cultural nos señalan con bastante precisión ante qué tipo de historias estamos: cierto es que se trata de un conocimiento intuitivo, no científico, y que la mayoría de los europeos y americanos tendrían graves problemas para precisar qué es una leyenda.

Con todo, ante una narración legendaria pocos serían los que no pudieran identificarla inmediatamente. Nuestra civilización, desde los remotos tiempos bíblicos y paganos, está acostumbrada a estos relatos maravillosos y nada en ellos nos resulta ajeno: podemos entender sus «falsedades» y anacronismos porque el fundamento de las historias míticas y legendarias no es el rigor histórico, sino la emoción.

El interés romántico por las leyendas dejó en las páginas literarias magníficos ejemplos. No se quiere decir que antes del siglo XIX estas narraciones prodigiosas no existieran, sino que no se les había otorgado la atención debida. Hasta Enrique Gil y Carrasco, Mariano José de Larra o José Zorrilla, los relatos legendarios significaban sólo «argumentos» (tal es el caso de Lope de Vega, por ejemplo, en el caso del caballero de Olmedo). Pero a partir de los autores del romanticismo, las leyendas literarias, escogidas entre las más queridas del pueblo, vienen a significar un tanto más. Paralelamente, los estudios históricos deslindaron la tradición de la verosimilitud, y comprendieron que las leyendas no remitían, con exactitud, a sucesos que pudieran tomarse como ciertos, sino que se trataba de una historia fragmentada, tradicional, elaborada por el pueblo. Lo cual significa, en términos comunes, que los presupuestos de la Historia y la leyenda son sustancialmente distintos: en la primera, son los documentos, la comprobación y el rigor científico lo que importa. En las leyendas, es la peripecia lo esencial.

La verosimilitud, la certeza o la precisión histórica se buscan en otras disciplinas, no en las producciones artísticas tradicionales y populares. De hecho, buena parte de las leyendas que corren en boca de los españoles contienen anacronismos y falsificaciones evidentes; y una de las intenciones del recopilador de la presente selección ha sido, por tanto, ofrecer alguna documentación al respecto, de modo que el lector tenga referencias históricas más ajustadas. Sin embargo, al sumergirnos en las nieblas de la leyenda, todo ha de olvidarse, porque lo esencial es la estructura de la narración. La leyenda tiene una forma peculiar que no admitiríamos tal vez en otras modalidades de ficción: consiste en que todo su razonamiento es emocional, como en el romance o la balada medieval. La densidad de los personajes, las relaciones personales y los sucesos ahogan cualquier precisión de carácter realista, histórico o científico. Por esta razón podemos admitir la existencia de seres maravillosos, como ninfas o fantasmas; y podemos, asimismo, mostrarnos interesados en una peripecia independientemente de la fecha y lugar en que se produjeron.

Un ejemplo bastará: todos los españoles conocen la famosa tradición de San Isidro, pero cuando se piden datos concretos, pocos ciudadanos de Madrid podrían situar la historia en un siglo concreto. Precisamente porque basta un «hace mucho tiempo» o el más clásico «érase una vez»; y en esto, leyenda y cuento vienen a ser una misma cosa.

Uno de los problemas más importantes a la hora de compilar leyendas surge cuando se trata de adecuar un relato, eminentemente oral, a la letra impresa. Un recopilador moderno se queja amargamente de que «cierta moda decimonónica se empeñase» en novelar estos relatos populares («novelizar», dice él). En principio, hay que admitir que gracias a esa moda del siglo XIX podemos contar en la actualidad con leyendas que, de otro modo, se habrían perdido irremediablemente. Por otro lado, resulta utópico pensar que una narración escueta y simple carece de los impulsos interiores del narrador, puesto que, incluso en su forma oral, el narrador dota a la leyenda de aspectos y detalles propios y añade o mutila lo que más le conviene. No es una cuestión de estilo lo que se juzga en las leyendas escritas, sino si éstas dan suficiente información al lector como para que éste pueda comprender el núcleo central del argumento y pueda sentir y revivir acontecimientos emocionantes y maravillosos.

Un escritor del siglo XIX al narrar la peripecia de la Virgen de la Almudena, sostenía que este hecho era evidentemente absurdo y que nadie se creería semejante trafulla. Éste es un buen método para anular por completo la emoción de la leyenda. Con las leyendas debemos *jugar* a creernos lo que nos cuentan: éstas son las reglas del juego. Como ocurre con las novelas, el teatro, o el cine, no debemos preguntarnos a cada paso si esto o aquello fue real, o sucedió verosímilmente. El interés de toda ficción radica en el juego de viajar a lugares extraños, a épocas extrañas, con personajes extraños, y disfrutar de acontecimientos maravillosos.

En principio, comprendemos que una leyenda es un relato tradicional, pero vale la pena ajustar un tanto la definición antes de adentrarnos en la lectura: salta a la vista, por ejemplo, una aparente contradicción entre la palabra utilizada (leyenda) y el uso popular que ha tenido. Este tipo de relatos está basado en la tradicción oral y, por lo tanto, tiene poco de lectura («leyenda» tiene su origen en el *legere* latino, leer).

Las razones de esta presumible confusión nacen en las antiguas compilaciones de vidas de santos, escritas en latín y que, por supuesto, estaban destinadas a la lectura. La más importante fue la *Legenda aurea*, de Jacobo de Vorágine, en el siglo XIII. En términos generales, por tanto, se denominaban leyendas todas las recopilaciones hagiográficas y muchas de ellas se transcribían en las famosas colecciones de milagros *(o miracula)*, en las cuales se hacía relación de sucesos prodigiosos debidos a los santos, vírgenes y apariciones divinas.

Si atendemos a la definición que de las leyendas hace el Diccionario Académico, hemos de convenir que resulta un tanto vaga e imprecisa: «relación de sucesos que tienen más de tradicionales o maravillosos que de históricos o verdaderos».

Don Vicente García de Diego, autor de una de las más acabadas compilaciones de leyendas, sugería que éstas eran narraciones tradicionales fantásticas, admirativas, pero que arrancaban en personas, épocas y lugares determinados, históricos. «La leyenda», añadía, «es la expresión más delicada de la literatura popular». Un autor moderno, José María Merino, de modo más poético, señala que las leyendas ofrecen «una memoria soñada en la que se conservan sombras y signos sin los que ni la gran historia ni la pequeña se podrían entender del todo». Carlos García Gual, por su parte, estudia la leyenda comparándola con el mito y el cuento, y señala las semejanzas y las diferencias entre la una y los otros. Para don Julio Caro Baroja los límites de estas tres formas narrativas no están bien definidos, y es necesario acordar con él que muchas de las características de estas producciones populares no pueden deslindarse con precisión.

Será innecesario dar en esta introducción más argumentos que los pertinentes: el mito es paradigmático, modélico y tiene repercusiones sociales y religiosas. El cuento tiene una forma fija, casi invariable, y está basado en arquetipos. La leyenda, en principio, tiene formas más variables y las razones de su existencia son fundamentalmente emocionales, no sociales ni morales. Estas apreciaciones pueden servirnos, en términos generales, para definir la leyenda como una producción tradicional, con una base histórica, pero cuyo argumento es necesariamente maravilloso o, simplemente, ficticio; y su vocación es poética, emocional, «admirativa».

La presente recopilación está dividida en seis núcleos temáticos principales: Leyendas de amores, Pueblos y lugares, Mitología y seres sobrenaturales, Leyendas religiosas, Héroes y sucesos notables y Leyendas del Nuevo Mundo. Como podrá comprenderse, esta clasificación no ha podido establecerse de acuerdo con criterios extremadamente rígidos. En el grupo de las leyendas de amores se incluyen algunas que tienen rasgos mitológicos, como en el grupo de las leyendas sobre pueblos y lugares existen circunstancias sobrenaturales, o relaciones que merecerían acaso estar entre los amores apasionados. El criterio seguido es, por tanto, que una leyenda tenga tal o cual rasgo esencial y distintivo.

A lo largo de las siguientes páginas se recogen cerca de doscientos relatos legendarios, reunidos en casi un centenar de capítulos. El título de cada uno de ellos hace referencia a la leyenda principal o al núcleo de la historia, pero en ocasiones se han enlazado diversas tradiciones, con la intención de dar a la narración una continuidad histórica o de completar una tradición legendaria. En otros casos, como los de las hadas vascas, se incluyen en un solo capítulo varias leyendas populares.

Ha de advertirse en este punto la misma precisión que conviene a las canciones populares y los romances: que una leyenda, por su carácter oral, puede tener distintas versiones y que muchas de ellas son sustancialmente distintas. En esta recopilación se ha tenido en cuenta este rasgo esencial de las producciones tradicionales y se han cotejado distintos materiales con el fin de seleccionar el que resulta más interesante o el que posee características más sólidas, aunque no siempre ha sido posible identificar la versión más antigua o ajustada. En otros casos sólo se ha podido recrear una leyenda a través de narraciones deslavazadas, porque los hablantes conocían sólo parcialmente la historia; y entonces ha sido necesario recurrir a compendios y colecciones, romances, o crónicas antiguas.

Además, para que la colección de leyendas fuera significativa debería poseer ciertas características básicas: la primera, atender a todas las modalidades narrativas. Esto significa que podremos asistir a relatos fantásticos, históricos, novelescos, etc. No hemos obviado las modernas leyendas urbanas, pero se ha optado por dar preferencia a las leyendas tradicionales. En segundo lugar, se han tenido presentes las distintas modalidades temáticas (reducidas en este caso a seis), de modo que tenemos leyendas etimológicas, naturalistas, de relaciones humanas, patrióticas, literarias o piadosas, entre otras. En tercer lugar, la colección se extiende a todas las comunidades y regiones de la Península, incluyendo algunas relacionadas con Portugal, aunque sus personajes sean castellanos. Y, por supuesto, no se han olvidado las principales leyendas americanas, de las cuales se han seleccionado las que atañen a la formación de los grandes imperios precolombinos: los incas, los mayas y los aztecas. Finalmente, era necesario extender también el tiempo, de modo que las leyendas más antiguas tienen como protagonista a Hércules, o Heracles, el semidiós griego; el mundo bíblico y su relación con la antigua Hispania; las invasiones de cartagineses y romanos; los reinos visigodos; la invasión musulmana; la recuperación del territorio durante ocho siglos; el mundo renacentista y barroco del Imperio; alguna leyenda tardía, y las modernísimas narraciones populares de fantasmas y espectros. Todas las épocas están aquí representadas, aunque es necesario advertir que el grupo principal está compuesto por narraciones medievales, porque fue en la Edad Media cuando este tipo de ficciones cobró la autonomía y el valor que actualmente poseen.

Por tanto, el lector va a encontrar aquí las leyendas más conocidas y famosas, desde la de los siete infantes de Lara, hasta la leyenda de Luis Candelas; desde la heroica defensa de Numancia, hasta los fantásticos sucesos en las cuevas de brujas de Zugarramurdi. La antigua Hispania, los agrestes bosques de la montaña cántabra, los castillos de la Meseta, los caminos hacia Compostela, las cumbres pirenaicas, los palacios musulmanes de Andalucía... todos los pueblos, su historia mítica y su historia real, aparecen en los relatos legendarios ofreciéndonos un panorama completo de nuestro pasado más querido. Finalmente, habremos de cruzar el Atlántico en busca de nuevas e insospechadas aventuras: la colección se cierra con leyendas históricas y mágicas del Nuevo Mundo, donde civilizaciones perdidas y tesoros maravillosos aguardan nuevos descubrimientos.

Leyendas de amores

La judía de Toledo

Tu amor es mi delito.
V. García de la Huerta

El rey de Castilla, Alfonso VIII, regresó de los Santos Lugares a su patria, tras haber conquistado para la Cristiandad el Santo Sepulcro. Tan preciada joya permanecía por entonces en manos del infame Saladino, que se la arrebató a Guy de Lusignan. Le faltó tiempo al noble rey castellano para hacerse a la mar, llegarse a Jerusalén y abalanzarse sobre la Morisma. Dobló la cerviz el infiel y, al fin, la Tierra Santa volvió a quedar en manos de los piadosos monjes y caballeros que durante muchos años velaron las reliquias sagradas.

Pasados todos estos trabajos, Alfonso se casó con doña Leonor, una dama de alta alcurnia, hermosa pero irascible. Celebrados los desposorios, el rey y la reina se trasladaron a Toledo, como convenía, pues allí estaba entonces la corte de Castilla y todos los ricos hombres del reino se hallaban en esta ciudad preparando nuevas guerras contra moros.

Los días transcurrían apaciblemente en la ciudad del Tajo y el rey arreglaba sus asuntos como mejor convenía, con seso y justicia. Disputaba con García de Castro o con Manrique de Lara tal o cual cuestión bélica, dirimía enojos de los aldeanos por razón de aguas o lindes, e incluso promulgó leyes contra bandidos y otros malhechores.

Cuando sus obligaciones regias se lo permitían, Alfonso dedicaba su tiempo a la caza; y era muy diestro en este arte dificilísimo. Fue en una de estas partidas de caza cuando sucedió el hecho que estuvo en trance de hacerle perder el juicio, el reino y la vida: dice la leyenda que bien de mañana partió el rey del palacio, con la intención de cruzar el Tajo y adentrarse en los bosques en busca de algún venado o jabalí. Pero antes de alcanzar el puente no pudo más que detenerse a observar una desigual lucha que en el cielo se entablaba: un fiero halcón perseguía con saña a una blanca paloma, y le lanzaba tan duros envites que la paloma, teñido de púrpura su blanco ropaje, ya cedía a las garras de la alimaña. No dudó un instante el rey Alfonso y, montando su ballesta, dirigió su aéreo dardo con tanta pericia que, al cabo, el halcón cayó a un huerto cercano con el corazón traspasado. Mucho satisfizo al rey este lance y quiso tener en sus manos a tan fiero animal, mas como el halcón cayese en un jardín particular tuvo ciertos reparos en abrir la cancela y adentrarse en el vergel.

Pertenecía este huerto a una muchacha judía, llamada Raquel. Era esta joven huérfana, pero la fortuna que le legaron sus padres antes de morir le concedía cierta holganza y su discreta vida le había permitido conservar el solar paterno. Aunque el rey no la conocía, la hermosura de Raquel era ya famosa en Toledo: sin cesar se hablaba en corrillos y tabernas de la *Fermosa* Raquel, de sus grandes ojos verdes, de su pelo de azabache y de otros mil encantos. A todas estas habladurías permanecía ajena Raquel, ocupada en las rosas de su jardín y en los ungüentos mágicos que heredara de su padre y que servían para curar los males de otros judíos que creían en su poder.

Aquella fatídica mañana se hallaba Raquel recogiendo algunas hierbas en su huerto, y había presenciado, con temor, la cruel lucha del halcón y la paloma, cuando pudo observar asombrada cómo una saeta derribaba a la fiera, que caía a sus pies hendida y agonizante. No tardó en comprobar que el autor de tal hazaña se internaba en su jardín con el ánimo de recuperar su trofeo. Pocas palabras necesitó el amor para prender ambos corazones: ella era hermosa sin par, dulce y discreta; él, apuesto, gentil y caballero.

Las noches siguientes resultaron terribles para ambos: él, sumido en el desconsuelo, no tenía pensamientos sino para la joven Raquel; ella, abrumada por sensaciones nunca antes vividas, llenaba sus melancólicas horas con la imagen de aquel caballero desconocido. Pero como quien está empeñado en amores no ceja en el intento, pronto volvieron a verse y el amor fue hilando sus corazones. Las visitas fueron cada vez más frecuentes, los encuentros en el jardín se prolongaban hasta bien entrada la noche y los amorosos galanteos confirmaron a uno y a otra en sus sentimientos.

Finalmente, decididos a prolongar su felicidad, se declararon sin ambages y aquí comenzó el tormento para ambos: ella era judía y él, cristiano; ella, una pobre joven sin patria y él, el rey de Castilla; ella, huérfana y él, casado... Todas las desgracias se acumulaban en este amor: pero Alfonso, ciego de pasión, estaba dispuesto a sacrificarlo todo, incluso su reino, por Raquel.

Dispuesto a derribar todos los impedimentos, hizo trasladar todas sus pertenencias a un lugar apartado del palacio y convenció a Raquel para que fuese a vivir con él. Abandonado a los placeres del amor, Alfonso olvidó la perpetua guerra contra los moros, se negó a recibir a los súbditos y rehusaba las fiestas y convites de los nobles cortesanos. Las salas del rey, custodiadas por una pequeña guardia, permanecían cerradas para todos y allí, ajenos a cuanto sucedía en el mundo, pasaban los días Raquel y Alfonso. Para él sólo existía su Raquel, aquellos ojos verdes hechiceros, aquellas manos como palomas, aquellas dulces palabras...

Durante siete años se alargó tan ardiente amor y el reino se perdía irremediablemente. La plebe comenzaba a murmurar: decían que la judía había hechizado al rey y que lo mantenía dormido con pócimas y brebajes, usurpando las riquezas del reino. Los nobles, enojados y despechados, también atizaban el fuego de la indignación y proferían en secreto mil calumnias contra Raquel y contra el propio rey. Doña Leonor, celosa y resentida, urdía mil acechanzas y no dudaba en llamar a su rival *la bruja*, o *la concubina*. En fin, fue anidando el odio y el rencor en los corazones de nobles y plebeyos, y el respeto y el honor que antaño mostraran al rey se tornó en desprecio y burlas.

Dicen que fue la mismísima reina, doña Leonor, la que instigó a los nobles para que dieran muerte a Raquel: hicieron llegar recado al rey de que su esposa quería hablarle y, aunque Alfonso se negaba a acceder a hablar con doña Leonor, pues la aborrecía, tanto insistieron que al fin abandonó sus aposentos y fue a reunirse con ella. Aprovecharon dos infames para adentrarse en la sala donde estaba Raquel, acompañada de un sirviente suyo, también judío.

—No mancharemos nuestras espadas con sangre infiel -dijeron-. Tú, Rubén, que eres también judío, mátala con tu daga si no quieres morir.

Pronto conoció Alfonso el engaño, al ver la sonrisa despreciable de su esposa doña Leonor, pero, aunque corrió cuanto pudo por las galerías del castillo, al llegar a sus aposentos sólo pudo contemplar con horror a su amada Raquel envuelta en un baño de sangre y a su criado Rubén que en ese momento se hería de muerte.

Rabioso de furia, Alfonso hizo colgar a los dos alevosos asesinos y desterró a otros muchos nobles que habían participado en tan infame acechanza. También ordenó que su esposa, doña Leonor, fuera enviada a un convento de Galicia, tan alejada de su vista como fuera posible. Pero tras estos sentiemientos de ira, el corazón del rey se sumió en una profunda melancolía y un terrible dolor anegaba su pecho. No pudo sino hacer construir un rico túmulo donde reposaran para siempre los restos de su querida amante, y allí pasaba las horas del día y de la noche, consumido por la pena.

Aseguran algunos cronistas que la muerte de sus hijos hizo volver un tanto el juicio al rey, y que durante los últimos años de su existencia quiso participar en algunas batallas contra los moros. Se dice que era el primero en espolear su caballo y que arrojaba el escudo antes de lidiar con sus enemigos, como si buscara la muerte. Los que le vieron morir aseguraban que el rey pasó a mejor vida con dulce gesto y que hablaba con Raquel, como si ésta le llamase desde el más allá.

Los amantes de Teruel

Mi nombre es Diego Marsilla
y cuna Teruel me dio...
Juan Eugenio de Hartzenbusch

Por aquellos años la ciudad de Teruel gozaba de alguna paz y sosiego, tras haber sido arrasada por los moros, que derribaron puentes, abrasaron cosechas y pasaron a cuchillo a muchos pacíficos habitantes. Con empeño y tesón lograron los turolenses levantar de nuevo sus casas, reunir los ganados y sembrar nuevos frutos. Los mercados volvían entonces a reunir a gentes de Montalbán, de Albarracín y de otros mil lugares cercanos; la plaza se veía colorida de frutas y verduras, se pregonaban los vinos y el queso, los pastores traían sus corderos y terneros, los juglares cantaban, tañían sus laúdes y hacían jerigonzas, y, en fin, todo era algarabía y trajín en la ciudad. También en la tahona el panadero horneaba las hogazas, y hacía aspavientos porque Diego e Isabel andaban tras algunas golosinas recién salidas del fuego.

—¡Dichosos rapaces! -decía-. ¡Que no pueda uno estar a la labor sin que tenga que vigilar vuestros enredos!

Era Diego el hijo del panadero y la pequeña Isabel, la primogénita de don Pedro Segura, un noble acaudalado de la ciudad. Como fuera que los dos niños habían trabado amistad, los padres de ambos dejaron correr el tiempo, que en juegos de niños nunca ha habido peligro ninguno y no han de hacerse diferencias en esas edades tempranas.

Pero, he aquí, que, entre juego y juego, los dos niños fueron creciendo, y creció también el afecto que se tenían, de modo que lo que fueron saltos, risas y revuelos se convirtió, con el correr de los años, en profundo y sincero amor. Don Pedro y doña Margarita, los padres de Isabel, veían con preocupación a los dos jóvenes en el jardín, tomados de las manos y entretenidos en las dulces palabras de los enamorados.

—¿Cómo ha de ser? -decía don Pedro-. Los muchachos se quieren, no hay más que verlo, pero Diego es hijo del panadero, no tiene nombre, ni fortuna ni posición. Isabel tiene ya edad de tomar esposo, mas... ¡Mi pequeña Isabel, mujer del panadero! ¡No!

En aquel tiempo se supo que el caballero don Rodrigo de Azagra, noble y acaudalado señor, había comprado casa en Teruel, donde pensaba tomar esposa y afincarse definitivamente, después de una vida guerrera y curtida en mil batallas. Este don Rodrigo tenía ya años pero conservaba el porte y la dignidad que le habían otorgado numerosos beneficios y regalos del rey, y no dudaba que en Teruel encontraría una joven hermosa con la que desposarse, si no era por su planta, al menos sí por sus dineros. Y vino a poner sus ojos en Isabel, de la cual se enamoró perdidamente: se dice que vivía amargado de reconcomios, viendo en las alamedas del río Guadalaviar a Isabel con su amigo Diego, y cómo la muchacha expresaba naturalmente el amor que le dispensaba. No pudiendo soportar por más tiempo este amor oculto, decidió hablar con los padres de la joven y, seguro de su poder, pedirla en matrimonio.

—En nobleza -decía don Rodrigo a los padres de Isabel-, en nobleza al rey igualo; de mi valor, los moros muertos son testigos; y de mi fortuna es muestra el arcón de joyas que aquí os traigo...

De este modo soberbio se expresaba el caballero don Rodrigo de Azagra, mostrando sus condecoraciones, su escudo en el pecho, su empuñadura bruñida y su oro en la taleguilla. El padre de la joven Isabel se mostraba indeciso pero finalmente sucumbió al poder del dinero y acordó con el caballero que su hija sería, muy pronto, esposa de don Rodrigo.

Supo de este acuerdo Isabel por su madre y conociéndolo rompió a llorar con sentidas lágrimas mientras estrechaba en su pecho un pañuelo de seda que Diego le había regalado aquella misma tarde. Mucho hablaron madre e hija, aquélla razonando y ésta anegada en llanto, preguntándose el porqué de tan cruel decisión.

Cuando el joven e impetuoso Diego Marsilla supo del acuerdo al que se había llegado, no tardó en desentenderse de su delantal de panadero y volar raudo al palacio donde vivía su amor. No preguntó por Isabel: sólo quería enfrentarse a su avariento padre, que entregaba a la hija por unas monedas de oro. Enfurecido, se presentó ante don Pedro:

—¡Pues, qué! ¿Así pagáis conmigo? ¿No me ha de valer ser honrado, y bueno, y leal con esta casa?

Con fieros ademanes primero, y después con tiernas razones, Diego acabó por ablandar el duro pecho de don Pedro y, al fin, éste consintió que la boda de Isabel se suspendería por un plazo de tres años; plazo en el que Diego debería tomar fortuna, o nombre o posición, porque sin alguna de estas tres cosas Isabel sería esposa del caballero de Azagra tal y como se había convenido.

—Lo que me falta en fortuna, me sobra en valor -dijo Diego, y volviéndose se retiró.

Los días que siguieron fueron amargos y tristes, porque a la alegría de haber logrado la suspensión del matrimonio de Isabel, se añadía la necesidad de separarse de su amado. Una vez tras otra, Diego le repetía que tomaría las armas, al servicio del rey Pedro de Aragón, y que iría por esos mundos en busca de honores y fortuna. Y prometía que al cabo de los tres años volvería a Teruel aclamado por las tropas, que los trovadores cantarían sus gestas y que hasta el rey le haría beneficios. Tal vez, incluso el monarca asistiera a la ceremonia. En estas ilusiones se entretenían los dos enamorados cuando, más pronto que tarde, llegó el momento de partir.

El joven Diego Marsilla no defraudó el valor del que hizo gala. Armado en las tropas de don Pedro de Aragón, y junto a los reyes de Castilla y Navarra, combatió en el sitio de las Navas de Tolosa, derrotando a los moros en aquel año de 1212. Allí se pudo ver la heroica figura del turolense, lanzando fieros tajos y animando a las huestes cristianas: los soldados lo aclamaron, los capitanes lo distinguieron y sus amigos todos brindaban a la salud del nuevo guerrero, don Diego Marsilla. De aquel lugar partió después nuestro joven a luchar contra los herejes de Béziers y Muret, tal y como el papa Inocencio había ordenado. Tras una cruenta batalla, Diego no pudo salvar la vida de su rey, don Pedro II, y éste murió desangrado en sus brazos mientras lo trataba de amigo y lo colmaba de honores. En los lances que siguieron, Diego fue hecho preso, encadenado y atormentado; pudo escapar y, en un barco sarraceno, llegó a Oriente, donde halló el consuelo de un francés al que salvó en el sitio de Béziers. Muerto este amigo, toda su inmensa fortuna pasó a manos de Diego y, no teniendo nada que le retuviera en aquellas tierras, quiso volver a la suya, donde esperaba encontrar a su amada Isabel.

A Teruel llegaron noticias bien distintas: los viajeros aseguraban que Diego Marsilla había muerto en Francia y que, pese a haber luchado con valentía, su cuerpo yacía entre los innúmeros cadáveres de aquellas batallas. Todo pareció nublarse en los ojos de Isabel, que vio sus esperanzas frustradas y su triste vida sometida al imperio del señor de Azagra. Estuvo la joven varias semanas postrada, entre llantos y congojas consumida, pero al fin repuesta no quedó sino aderezar el vestido blanco y aceptar los designios de la diosa Fortuna. El obispo formaba el coro, las mujeres adecentaban la iglesia, las amigas colocaban flores, los músicos templaban sus instrumentos: todo estaba dispuesto ya, y los pregoneros anunciaban las pomposas bodas de la hermosa Isabel de Segura y el caballero don Rodrigo de Azagra.

Mientras, Diego espoleaba a su caballo: una tormenta había detenido su barco en alta mar y el plazo estaba en trance de cumplirse. A lomos de su alazán, el joven dejaba atrás los pueblos y caseríos, sin detenerse a tomar alimento, ni a beber, ni a descansar. Llegado a su ciudad, encontró las calles vacías: todos los ciudadanos habían acudido a la boda y al banquete... ¡Cielos, había llegado tarde! Dispuesto a que el matrimonio no se consumara, logró introducirse en la alcoba de los novios y se escondió bajo el lecho. Al fin llegaron a la estancia Isabel y su esposo, después de haber despedido a todos los invitados. Cuando Isabel se hubo cepillado el pelo, se metió en la cama, momento este que aprovechó Diego para cogerla de la mano. Sorprendida y aterrada, Isabel lanzó un grito, aunque de inmediato supo a quién pertenecía aquella mano que la tomaba. Inquieto por el susto de su esposa, Azagra preguntó qué tenía y si podía hacer algo por ella. Isabel pidió que bajara a la sala baja del palacio y que trajera una redoma con sales, que estaba turbada y azorada. El marido abandonó la cámara nupcial y Diego salió de su escondite sin dudarlo.

—Aquí estoy con lo prometido, Isabel, amor mío. Estás tan hermosa...

—No puede ser... -susurraba Isabel-. ¿No ves este vestido que hasta mi vista repugna? ¡Estoy casada!

—Te obligaron, te forzaron...

—Por mi voluntad soy esposa de don Rodrigo... Muerto te creyeron... Estoy desposada ante Dios y Él ha querido que así sea. Nada esperes de mí, Diego. Vete...

Abatido, dolorido el corazón en lo más profundo, no pudo soportar el joven esta cruel despedida y dicen los poetas que se desvaneció en un escaño como herido de un rayo. Allí quedó pálido y con la mirada perdida, inmóvil, muerto. Isabel, aterrada ante la yerta figura de su amante, no pudo sino acercarse con lágrimas en los ojos, y tomándole la mano le mostraba los dulces afectos de antaño, ya inservibles.

Llegó en esto don Rodrigo, con el pomo de sales que Isabel le había encargado y sorprendióse al ver un hombre muerto en su habitación. Isabel, anegada en lágrimas, le contó lo sucedido y juró que era inocente, y que había rechazado, como esposa, las pretensiones de su antiguo amante. Don Rodrigo, que no quería escándalos en su casa por aquel motivo, la creyó, y cuando las calles se cubrieron con la oscuridad nocturna, sacó el cadáver y lo dejó en una esquina.

No tardaron los guardias en encontrar el cuerpo de Diego y se lo hicieron llevar a su anciano padre, el panadero. Al día siguiente se celebraron los funerales e Isabel, como señora principal que era, hubo de ocupar un lugar privilegiado, cerca del féretro. Allí pudieron ver los ciudadanos el pálido rostro de la joven, que había pasado la noche llorando entre los recuerdos tristes de su amado Diego Marsilla. Y allí también le abandonaron las fuerzas: sonaban entonces las campanas, con el lúgubre toque de muertos, cuando ante el asombro de todos, Isabel se levantó, avanzó hasta el cadáver de Diego e, inclinándose sobre él, estampó un beso en sus labios marchitos. Entre azorados e indignados, los padres de Isabel y su esposo acudieron a retirar a la joven, pero entonces, ante el terror unánime, comprobaron que estaba muerta.

Quiso Dios, dicen las crónicas, que Diego e Isabel no pudieran unirse en vida y que los azares del mundo impidieran que se lograran sus deseos; del mismo modo, fue voluntad divina que permanecieran unidos en la muerte. Así lo comprendieron también los padres de la joven y su esposo, y todos los ciudadanos que conocieron tan desgraciados acontecimientos: les dieron sepultura juntos, y juntos siguen desde entonces don Diego Martínez de Marsilla y doña Isabel de Segura, llamados «los amantes de Teruel».

Rosina y la cabaña de la condenada

Aún los clérigos y los trovadores no recogían en sus relaciones las gestas de los caballeros cuando sucedió lo que a continuación se relata. Corrían los siglos oscuros: la Península se hallaba sometida al imperio de los musulmanes y Asturias no era más que un pequeño reino, dividido en minúsculos territorios dominados por señores feudales que apenas cumplían las órdenes del monarca, quienquiera que éste fuese. Los verdes prados de Asturias, sus aldeas y sus ganados se veían libres del fuego sarraceno sólo porque las altas cumbres que los separaban de León y de Castilla infundían temor a los hijos de Alá.

Uno de aquellos señores asturianos que decimos vivía apaciblemente en su castillo, situado en lo alto de un cerro. Esta fortaleza, llamada por los lugareños El Invencible, se encontraba muy cerca de las terribles agujas de la montaña que hoy se llama Peña Ubiña, y desde sus almenas podían distinguirse bien las cabañas de pastores que, con el tiempo, formaron la aldea de La Cortina.

Pues bien, en este castillo moraba su dueño, un joven apuesto y galante, de buen corazón, llamado Ramiro. A pesar de su juventud, Ramiro ya había demostrado su valentía cuando fue reclamado para luchar contra moros, más allá de las montañas, en los páramos de León. Rico, honrado por sus súbditos y afortunado en todo, a Ramiro no le quedaba más que una pena: era ésta no haber encontrado dama que le satisfaciera ni en belleza ni en talante. Durante algunos meses se tuvo por triste y desgraciado, pero las ocupaciones caballerescas le trajeron de nuevo al buen sentido y olvidóse del asunto.

Una apacible tarde primaveral, de ésas que de tanto en tanto pueden disfrutarse en la montaña asturiana, estaba Ramiro cazando y se llegó a una fuente en la que refrescarse y descansar. En aquel mismo lugar estaba Rosina con su cántaro y la mirada de ambos descubrió que los dos jóvenes se habían enamorado perdidamente. No importó a Ramiro que la muchacha fuese una aldeana pobre y sin nombre: bastábale que era hermosa y que sus palabras demostraban cuán buen corazón albergaba en su tierno pecho.

A pesar de los consejos y reconvenciones de familiares y amigos, Ramiro la tomó por esposa y en todo el valle se celebró con gran júbilo el desposorio del caballero y la aldeana. Tampoco tardaron en correr las buenas noticias: Rosina esperaba un hijo al que, si era varón, darían por nombre Ramiro y heredaría el castillo llamado El Invencible.

Para desgracia de los jóvenes esposos, las luchas contra el musulmán se tornaban cada vez más intensas y encarnizadas en tierras de León, y Ramiro fue solicitado. Se le apremiaba para que reuniera a sus huestes y tomara el camino más corto hasta Astorga y de allí pasara a León, donde los sarracenos amenazaban con pasar a sangre y fuego a toda la población.

A pesar de la amargura que suponía tan triste separación, Ramiro no lo dudó y partió a la guerra. Rosina quedóse llorando con su hijo recién nacido, mas en la confianza de que muy pronto verían regresar a su esposo, colmado de honores, y vivirían para siempre en la más completa felicidad.

Ramiro, como no podía ser menos, mostró en la guerra un valor sin igual y, a pesar de los duros lances que tuvo que sufrir, su coraje no desmentía la fama que en anteriores gestas había logrado. Luchó, hirió y tajó con bravura y a nadie se le escapaba que Ramiro era el más valiente caballero de cuantos en aquellas batallas participaron. Con motivo de un desigual combate, Ramiro salvó la vida a un joven castellano y, aun a riesgo de su vida, se lo arrebató a los musulmanes que querían hacer en él un escarnio vandálico. Tenía el castellano la vida pendiente de un hilo, pero los cuidados de Ramiro consiguieron volverle a este mundo, por lo cual el joven le aseguró un agradecimiento en lo que le restara de existencia. La convalecencia fue larga, mas Ramiro volvía cada tarde a la tienda de Gonzalo, que así se llamaba el castellano, y se interesaba vivamente por la curación de las profundas heridas.

—No estás, amigo Gonzalo, para lidiar. Te encomiendo que vayas a mi castillo, más allá de las montañas, y entregues a mi esposa esta carta, para que sepa que ni mi valor ni mi amor desfallecen.

Gonzalo, aunque con protestas, admitió que su débil estado no era propio para estar en campaña y tomó el camino de Asturias.

Llegó el castellano al castillo y allí fue bien recibido por Rosina, que estrechó entre sus manos la amorosa carta de su esposo. No pudo la esposa de Ramiro otorgar más honores a Gonzalo, ni cuidar con más esmero sus profundas heridas. Para todo se hallaba dispuesta, con tal de halagar al amigo de su esposo.

El diablo, que no descansa, quiso empecinar el corazón de Gonzalo y la continua presencia de Rosina inflamó su pecho de amor. Poco a poco el castellano fue adornando sus palabras con flores y versos: cortejaba a la hermosa Rosina sin recato, y olvidaba a cada paso el favor que Ramiro le hiciera. Sanadas las heridas, Gonzalo insistió en sus demandas pero Rosina lo rechazó con firmeza y aseguraba que, si no fuera porque Ramiro le había encarecido en su carta que agasajara a su amigo como si de él propio se tratase, ya lo habría despedido del castillo.

Muy mal le supo a Gonzalo este desaire y, loco de amor, pergeñó una audaz trampa con el fin de lograr sus infames propósitos:

—Nada quise decirte de tu esposo, Rosina, por no darte pesar. Mas has de saber que Ramiro fue muerto por los moros al día siguiente de despedirme de él y de haberme entregado aquella carta.

Durante muchos días se oyeron en el valle los lamentos de Rosina: desesperada y con el corazón roto, vagaba de acá para allá lamentando la triste suerte de su vida. Hizo colgar pendones negros de las almenas del castillo y ordenó misas en la capilla, y ella misma se vistió de luto durante mucho tiempo.

Al cabo, las amables palabras del castellano Gonzalo devolvieron la serenidad a Rosina y, con el tiempo, el consuelo se tornó en amistad y la amistad en amor. Gonzalo vio así coronada su suerte y logrado su empeño. No tardó en convencer a Rosina para que lo tomara por esposo y señor del castillo: una nueva boda en El Invencible llenó de gozo a los aldeanos del valle, pues todos habían creído con fe ciega que su verdadero señor, don Ramiro, había muerto en las murallas de León. Grandes fueron los festejos: los pastores subieron al patio del castillo los mejores corderos y los terneros lechales; se amasó pan reciente, se cortaron quesos y se llenaron hasta cien tinajas de vino; también los dulces y pasteles brillaban sobre los paños blancos. Las gaitas y los tamboriles mostraban la alegría de las bodas, y todos esperaban ver salir a don Gonzalo y a Rosina de la capilla, convertidos en felices esposos...

Cierto temor invadió a los festivos lugareños cuando vieron llegar a un caballero solitario, vestido de negro y con el yelmo calado. El caballero se plantó en el centro del patio y allí esperó por ver qué sucedía. Al cabo, salieron de la iglesia Gonzalo y Rosina, tomados del brazo. El nuevo esposo no pudo menos que mostrar su desagrado:

—¿Quién es ese hombre que no se descubre ante los señores del castillo?

No tardó el caballero en mostrarse como debía: era el mismísimo Ramiro, cuyo rostro reflejaba la ira del hombre traicionado por quien se decía su amigo. Desmontó de su corcel y con una fiera estocada partió en dos el corazón del infame usurpador.

Rosina, envuelta en lágrimas, se postró ante Ramiro y pidió humildemente perdón por no haber confiado en el valor y en el amor de su verdadero y único esposo. Pero Ramiro no dijo una palabra, despidió a todos los aldeanos y se encerró en sus aposentos.

El musgo y la hiedra fueron cubriendo las almenas del castillo y se asegura que Ramiro no volvió jamás a abandonarlo, que no se le volvió a ver, como solía, yendo a cazar o a entablar amenas disputas con sus vecinos. No quiso saber nada del mundo y se sepultó en vida en el interior de El Invencible. Rosina, por su parte, abandonó la fortaleza y volvió a su triste cabaña en la vega, no muy lejos del castillo, desde donde podía ver, en alguna ocasión, a su hijo.

Dicen las gentes del lugar que el vástago de don Ramiro y Rosina enfermó a la edad de diez años y que, al poco, murió. Nada se supo entonces de sus padres, pero se asegura que Ramiro no tardó en fallecer de pena y que Rosina abandonó aquellos lugares para profesar en un convento. Los restos de la choza en la que pasó sus tristes días Rosina, al pie del castillo, se llaman la Cabaña de la Condenada y, hasta hace bien poco, podían verse en lo profundo del bosque.

Leyenda de Cambaral, el pirata

En la preciosa localidad asturiana de Luarca existe un puente llamado del Beso. Los parroquianos conocen, en términos generales, el origen legendario de este hermoso lugar, pero pueden escucharse distintas versiones y cada una es distinta dependiendo de la imaginación del narrador. Por ejemplo, los luarqueses más tradicionales hablan de un pirata moro llamado Cambaral que asoló las costas asturianas en la Edad Media; otros, en cambio, citan a un normando (también pirata) utilizando el mismo nombre: Cambaral o Gambaral. Lo cierto es que el barrio pesquero de Luarca se denomina, precisamente, así: Cambaral. La historia, en su conjunto, también tiene distintas versiones, de las cuales se ha escogido la que parece más sentimental y épica.

Allá por los siglos oscuros, cuando Europa estaba sumida en las tinieblas, vivía en la terrible Albión una joven hermosísima. El señor de aquellas tierras se enamoró de esta muchacha y, con engaños y traiciones, la llevó a una cueva que los nativos llamaban Khaan-baral, y allí la forzó y la deshonró. Avergonzada y humillada, la joven no quiso volver al pueblo y vivió en aquella gruta durante varios meses: al fin, de aquella horrible violación, nació un niño, pero su madre murió en el parto. Un discípulo del famoso mago Merlín encontró al niño recién nacido y lo trasladó a su humilde morada, situada en los inaccesibles acantilados de Dover.

El muchacho fue creciendo sano y haciéndose fuerte, y a cada instante mostraba la osadía de su padre y el buen corazón de su madre, pero el mago nada quiso decirle de sus progenitores hasta que el mozo no cumplió los diecisiete años. Cumplida esta edad, el mago, que se veía ya con las agonías de la muerte, quiso que el joven Khaan-baral supiera el porqué de su nombre y el principio de su vida. Todo se lo contó el brujo, sin esconderle nada y, finalmente, le dijo:

—¡Ay, amado hijo! Tu vida está escrita en las estrellas y los astros te auguran triunfos y glorias; mas sé precavido, porque desgraciado fue tu nacimiento y desgraciada será tu muerte.

Durante algunos años el joven huérfano vivió solo, lamentando la pérdida de su tutor, el mago. Pero al fin, lleno el corazón de ánimo, salió a los caminos en busca de aventuras. Acostumbrado a la vista del mar, pensó que su destino estaba sobre las olas del océano y muy pronto se enroló en los bajeles piratas que asolaban las costas de Francia y España. Tuvo que arreglárselas para sobrevivir en las tempestades, en las batallas costeras y en los motines, pero al fin, en todos los caminos del mar era conocido su nombre: el pirata Khaan-baral.

No transcurrió mucho tiempo hasta que nuestro héroe tuviera su propio barco, robado, según se dice, a unos moros cerca de las costas de Galicia. Era un bajel pequeño, pero volaba sobre las crestas espumosas e infundía temor a todos cuantos lo veían. Acompañado de treinta hombres, los más fieros de Bretaña, Escocia y Normandía, el pirata Khaan-baral avasallaba en las poblaciones costeras, incendiando las casas, violando a las mujeres, robando en las capillas y segando las cabezas de hombres, viejos y niños. Nada temía el pirata y, en alta mar, celebraba sus hazañas con cerveza hasta que la luz del sol volvía a brillar en oriente.

Se empecinó el capitán pirata en dirigir su proa a las costas asturianas, porque había oído que en aquellos montes residía entonces la corte hispánica que, a duras penas, podía impedir el asalto de los sarracenos. Así era, en efecto, y los asturianos ya tenían muchas dificultades para luchar contra el moro, hasta el punto que habían concedido enviar a los musulmanes cien doncellas anuales a cambio de una paz duradera.

El caso es que muy pronto Khaan-baral tuvo ante sí las costas de Ribadeo, Viavélez, Luarca, Canero y Cudillero. Una amplia sonrisa se dibujó en su rostro y ordenó a sus hombres que se aprestaran al combate. Una y otra vez asaltaron los puertos y las aldeas, quemándolo todo y destruyendo cuanto hallaban a su paso. Con gran algarabía volvían a mar abierto, pero la sed de violencia y oro no les permitía descansar: los pequeños barcos asturianos que se dedicaban a la pesca acababan encendidos en fuego y, finalmente, hundidos en el abismo. Incluso los rudos barcos de Vasconia que cruzaban aquellas aguas en busca de ballenas perecían a manos del temible pirata.

Por aquel entonces vivía en Luarca el señor de San Cristóbal, llamado don Ramiro. Sus súbditos le pedían que hiciera frente al bandido, pues ya no era soportable tanta mortandad y deshonra: sus casas, derruidas o incendiadas; sus mujeres, maltratadas; sus barcos, perdidos. Incluso la misma ciudad de Luarca había sufrido en varias ocasiones la ira del cruel Khaan-baral. No era necesario que los luarqueses se quejaran ante su señor: bien sabía éste que había que poner fin a tanto desastre.

Sólo una idea ocupaba el pensamiento de don Ramiro: apresar al pirata y entregarlo a la justicia. Para ello, acabó formando una pequeña flota de seis barcos, no muy aprestados para la guerra, pero suficientes para atemorizar a Khaan-baral. Además, don Ramiro confiaba en sus guerreros: cierto era que éstos estaban más acostumbrados a luchar en tierra firme y contra los moros, pero de algún modo había que poner coto a los desmanes del pirata.

De modo que, cuando el farero anunció que en el horizonte se divisaba la bandera del pirata, la escuadra de don Ramiro se hizo a la mar. Al cabo de pocas horas lo tenían rodeado, más porque Khaan-baral pensaba en abatirlos que porque no pudiera huir. En fin, la lucha fue feroz y la sangre corría de proa a popa en los barcos. Los soldados cristianos apenas podían sostenerse en cubierta, pero eran más en número y estrechaban a los piratas con sus espadas. Los abordajes se sucedían y pronto el bajel del corsario se vio envuelto en llamas: la vela ardía y las jarcias se desprendían de los mástiles; rodaban los toneles de cerveza y las cabezas de los muertos; el timonel pirata yacía atado en su puesto y algunos soldados caían por la borda vomitando sangre...

—¡A ellos! -gritaba don Ramiro desde el puente de su bergantín–. ¡A ellos a muerte!

—¡Ea, mis valientes! -gritaba desesperado Khaan-baral–. ¡Acabad con estos arenques!

Pero no pudo ser. Los asturianos eran muchos y bien armados, y finalmente la batalla fue ganada por las naves de don Ramiro. ¡Espectáculo sobrecogedor! En los barcos y en el agua yacían los cuerpos ensangrentados de unos y otros; los quejidos y lamentos se dividían en varias lenguas y, a buen seguro, todos pedían a Dios que los librara del infierno; el bajel pirata estaba casi hundido y envuelto en cenizas...

El señor de San Cristóbal hizo trasladar a los heridos asturianos a un barco y, después, hizo lo propio con los piratas. También se buscó al capitán vencido, y fue hallado en la proa, con una lanza que le atravesaba una pierna. Mas aún vivía.

—¡Llevadlo a tierra! -dijo don Ramiro–. Cuando sane de sus heridas, será ahorcado.

Así se hizo todo como quería el señor, y los prisioneros fueron encerrados en la prisión del señorío y guardados con setenta soldados. Los marineros piratas fueron colgados al día siguiente, estuvieran heridos o no. Pero el capitán Khaan-baral fue acomodado en una habitación del palacio, como convenía a su estado y según las leyes de la caballería.

La desgracia quiso que fuera la misma hija de don Ramiro quien se ocupara de sanar las heridas del extranjero. Y fue desgracia porque, en tanto que María vio al pirata, quedó prendada de él. Con el tiempo, la fiebre y los delirios del enfermo remitieron, y Khaan-baral se encontró en una alcoba dispuesta con el mayor lujo. No fue esto, sin embargo, lo que más le sorprendió; sino ver a aquella hermosísima joven que le prodigaba todos sus cuidados y cariños.

Pasaban las lluviosas tardes de Asturias y curaba la herida del pirata. Y las miradas de Khaan-baral y María bien indicaban lo que uno sentía por el otro. No hubo más, sino que se declararon su amor apasionadamente. Sin embargo, ambos conocían que el destino les separaría irremediablemente: don Ramiro, viendo la mejoría de su prisionero, había mandado construir el cadalso y había prevenido al verdugo que en tres días el extranjero estaría colgando de la horca.

El llanto anegaba los corazones de los amantes: María, hermosa como las flores de la primavera, no podía soportar la idea de ver muerto a su querido. Khaan-baral, arrepentido de su vida extremada, no pensaba sino en buscar una casa lejana donde colmar de felicidad a su amada. Y, con todo, ambos sabían que la felicidad estaba negada para ellos.

No pudiendo sufrir tanta angustia, María vino una noche a la sala donde descansaba su amante y le dijo:

—¡Ay, amor mío! Mi padre ha dispuesto que mañana, antes del amanecer, se te quite la vida, y si tú mueres, moriré yo sin remedio. ¡Huyamos! Conozco un pasadizo secreto que lleva al mar: allí tomaremos un barco y olvidaremos para siempre estos amargos recuerdos. ¡Huyamos, amor mío!

Y así lo hicieron. Aunque Khaan-baral apenas podía caminar, cruzaron la oculta galería y fueron a dar al mismo borde del mar, junto a las rocas. Cansado y febril, el pirata se detuvo un instante, y con los ojos arrasados en lágrimas de agradecimiento contempló los de su enamorada. Allí, con el corazón henchido de amor, abrazó a María y la besó tiernamente.

Los dos amantes no pudieron ver la sombra que les acechaba: un hombre saltó tras ellos y, de un violentísimo tajo, decapitó a los enamorados en aquel postrero beso. Los cuerpos ensangrentados permanecieron abrazados unos instantes y, al cabo, se desplomaron sin dejar de amarse en la dulzura de la muerte.

Don Ramiro apartó su capa, enfundó su espada y se volvió al palacio.

Al día siguiente, unos pescadores hallaron los cuerpos inertes de los amantes, aún abrazados. En ese mismo lugar se construyó un puente, que los habitantes de Luarca llaman el Puente del Beso, en recuerdo de aquellos jóvenes cuyo amor acabó de modo tan trágico. El barrio de pescadores lleva el nombre del pirata: Cambaral.

El caballero de Olmedo

Que de noche lo mataron
al caballero;
la gala de Medina,
la flor de Olmedo.
Tradicional

La trágica historia del caballero de Olmedo tiene su origen probablemente a finales del siglo XV o principios del XVI, y la canción tradicional que se ha transcrito arriba fue muy popular durante las centurias posteriores. Lope de Vega tomó la leyenda como argumento de su obra teatral, aunque varió sustancialmente el argumento, de acuerdo con su prodigiosa inventiva y las reglas de la dramaturgia en el Siglo de Oro. La obra de Lope de Vega ha influido decisivamente en el relato original y, muchas veces, la forma moderna de la leyenda se corresponde más con el resumen de la representación teatral que con el primitivo suceso acaecido entre Medina y Olmedo, en la actual provincia de Valladolid.

Por otro lado, los investigadores han podido reconstruir hasta cierto punto la verdadera historia y, tal y como ellos lo cuentan, el suceso resulta más bien vulgar: dicen los historiadores que el hecho real acaeció en el año 1521 y que el caballero en cuestión se llamaba Juan Vivero. Una disputa entre Juan y un amigo suyo llamado Miguel Ruiz, acabó con la vida del primero. Se dice que no hubo amores, ni cortejos, ni espadas ni valor, sino más bien mucho vino en la taberna y un quítame allá esas pajas.

La leyenda, según cuentan los lugareños, es como sigue: se afirma que en Olmedo vivía el caballero más apuesto y galante que jamás se viera. Acompañaba su gallarda figura con las más ricas galas y todos reconocían el valor y la cortesía entre sus distinguidos talentos. Se llamaba este joven don Alonso de Vivero y, aunque había muchas damas (algunas de postín) que andaban enamoriscadas de él, lo cierto es que el corazón de don Alonso estaba rendido a los pies de una humilde campesina.

Don Alonso amaba en secreto a esta muchacha, hermosa en extremo, gentil y risueña. Veíanse en secreto en parajes ocultos, cerca de Medina, y con los días el cariño se hacía más fuerte y el querer más sincero. Sin embargo, don Alonso albergaba algunos temores, ya que no era conveniente para su casa una boda con una campesina, por más que Inés (que así se llamaba la moza) pudiera competir en trazas y maneras con una marquesa.

Así las cosas, llegaron las fiestas de Medina, donde, además de otros festejos, se corrían cañas. Este antiguo divertimento consistía en torear a caballo, mostrando destreza y habilidad en todos los lances. Acudió don Alonso con su caballo a la plaza y lució de tal modo en el arte de torear a caballo que los paisanos no dudaron en otorgarle el primer premio. Todos estaban encantados con el caballero de Olmedo y los «vivas» resonaban con gran algarabía. Las piruetas, los quiebros, los engaños, la apostura del jinete, todo, en fin, eran el placer de los espectadores.

Cabalgando con buen aire, llegó don Alonso al palco donde debería recoger el fruto de su éxito y, cuál no sería su sorpresa cuando, entre las damas principales, vio a su Inés, a quien todos llamaban la Dama de Alba. Lanzó ésta el pañuelo y lo recogió don Alonso turbado y enamorado. Para asegurarle su cariño, Inés lo despidió con un beso que todos los paisanos vitorearon y aplaudieron.

No pudo acabar mejor la fiesta para don Alonso. Su Inés era, en realidad, una gran dama y podría casarse con ella sin ningún impedimento. Contento y alegre, se volvió a Olmedo, pensando en su amante y en la felicidad futura. De aquel modo tan extraño había querido Inés demostrarle públicamente su amor, deshaciendo misterios y certificando que muy pronto sería su esposa.

Cuando volvió a Olmedo contó a todos el éxito obtenido en Medina y aquella misma noche comenzaron a hacerse fiestas y convites, pues los familiares y amigos estaban encantados con la buenísima noticia: ¡al fin se casaba don Alonso! ¡Y la novia era nada menos que doña Inés, la Dama de Alba!

Entrada la noche don Alonso se retiró a sus aposentos y quiso dormir. Pero su imaginación estaba turbada: las grandes emociones del día y, sobre todo, la imagen de su Inés lanzándole un apasionado beso, lo mantenían desvelado. ¿Qué puede hacer un enamorado en este trance? No lo dudó: tenía derecho a visitar el balcón de su amada; tomaría un caballo y en muy breve tiempo se hallaría entonando amorosas canciones a la luz de la luna. No había, según su parecer, mejor modo de gastar la noche.

De modo que, a escondidas y sin ser visto, tomó su mejor alazán y se encaminó a Medina. La noche era oscura como boca de lobo, pero nada atemorizaba a nuestro soñador amante. Ya quedaban atrás las últimas casas de Olmedo cuando don Alonso se detuvo: una delicadísima voz femenina se oía y el viento helado parecía traer sus notas desde las cavernas de la muerte. La canción le estremeció:

Que de noche lo mataron,
al caballero;
la gala de Medina,
la flor de Olmedo...

Pero don Alonso no quiso dejarse embaucar por supersticiones y cuentos de brujas: estaba decidido a ir a Medina y por nada del mundo dejaría de ver aquella misma noche a su amada.

Llegó más adelante, y se topó con un caballero embozado. «¿Quién eres?» preguntó. El jinete apartó su capa y don Alonso pudo ver a un hombre en todo semejante a él: llevaba una herida mortal en el pecho y sus ropas estaban teñidas de sangre.

—Soy don Alonso de Vivero –respondió con voz sepulcral–, que me han matado esta noche unos traidores.

Y espoleando su cabalgadura, desapareció entre las tinieblas nocturnas.

Pero don Alonso no era un hombre medroso, bien lo había demostrado ante toros y hombres. De modo que, volviendo riendas, nada quiso saber de malos augurios ni de profecías ni de falsos vaticinios y se encaminó a Medina tal y como se había propuesto.

Allá va don Alonso, se pierde en la oscuridad de la noche. El viento helado gime entre las cortezas de los árboles, se oculta la luna entre pardos nubarrones y unas sombras acechan tras aquellas ruinas del camino...

Unos pastores dieron la noticia: habían hallado a don Alonso de Vivero muerto en el camino, envuelto en sangre y el pañuelo de doña Inés en la mano. Se dijo que unos bandidos le habían salido y que, negándose a entregarles el dinero, lo habían asesinado. Se dijo, también, que un tal don Rodrigo, pretendiente de Inés, le había tendido una trampa y que, junto a sus secuaces, lo había apuñalado sin remedio. Pero, aparte de estas suposiciones, nada se conoció de fijo sino que don Alonso estaba muerto y que Inés abandonó Medina para ir a llorarlo en un monasterio. Si el caminante se detiene en el camino que va de Olmedo a Medina, tal vez pueda oír una misteriosa voz que, anegada en llanto, canta del siguiente modo:

Que de noche lo mataron,
al caballero;
la gala de Medina,
la flor de Olmedo.

Sombras le avisaron
que no saliese
y le aconsejaron
que no se fuese,
el caballero;
la gala de Medina,
la flor de Olmedo.

MAL QUE TE PESE

Estaba el caminante una tarde de otoño sentado junto a unas ruinas. El lugar es solitario y agreste, pero desde aquel castillo derruido puede verse la ciudad de Ávila y sus gloriosas murallas, y otros pueblos cercanos. El viajero, aficionado a las estrategias guerreras, imaginaba cómo serían las luchas entre señores medievales, en aquellos lejanos tiempos de los que ya nadie se acuerda. Suponía el forastero que desde el lugar donde estaba, cualquier caballero podría vigilar los movimientos de tropas en Ávila y de este modo podría defenderse con autoridad. Sin embargo, la realidad lo desmentía: lo cierto es que las murallas de Ávila estaban impecables, mientras que del castillo que tenía a sus espaldas apenas quedaban unas piedras sobre otras.

En estas imaginaciones andaba el viajero cuando, casi por sorpresa, se acercó un anciano en el que no había reparado antes. Tras intercambiar los saludos de rigor, como corresponde a dos caminantes educados, la conversación derivó en asuntos de murallas y castillos, pues tenían enfrente uno de los ejemplos más valiosos y conocidos de la Edad Media: Ávila.

Llegado el caso, el buen viejo preguntó de sopetón:

—¿Sabe usted cómo se llama este castillo?

—Pues no –contestó el viajero–. ¿Cómo se llama?

—Mal que te pese.

El caminante no supo a ciencia cierta si el anciano le estaba tomando el pelo, y sonrió.

—Ahora –dijo el anciano–, si tiene usted tiempo, le contaré una historia.

Viendo que era inevitable oír la narración del viejo, el joven viajero encendió un cigarrillo, asentó sus posaderas y se dispuso a escuchar atentamente las antiguas palabras de aquel hombre:

—Pues verá, don caminante: se dice que en Ávila vivía una joven hermosísima, una doncella dulce y alegre como no se ha visto otra desde aquellos días. El caso es que su padre era uno de aquellos tiranos que se complacen en amargar la juventud de las mocitas, y fuera por celos, o por otra causa cualquiera, lo cierto es que la tenía guardada como un tesoro. Pero, ¡ay, amigo!, no hay paredes, ni muros, ni verjas, ni prisiones para el amor: así que la mocita se enamoró de un joven caballero. Algunos aseguran que se veían sólo cuando oscurecía, o durante la noche, o al amanecer: de modo que aquellos amores juveniles florecían como los almendros en primavera (y perdone usted la metáfora). El padre, que no se chupaba el dedo, averiguó estos amoríos y reprendió severamente a su hija, encerrándola en la torre más alta de su palacio. Por lo que se refiere al muchacho, puede usted imaginar el disgusto que se llevó. No contento con dar angustias a los dos mozos, el padre logró que todos los señores de Ávila se pusieran de acuerdo, y movió los hilos para que el amante caballero fuera expulsado de la ciudad. El destierro de por vida se verificó a los pocos días, y el alcaide hizo llamar al joven y al padre de la dama. Cuando le fue comunicada la sentencia, el muchacho se volvió al agrio señor y le dijo: «Mal que te pese, he de ver a tu hija». Así que, dicho y hecho: salió de la ciudad y se vino hasta aquí: con el poco dinero que traía y la ayuda de algunos soldados levantó esta torre y, como usted puede comprobar, desde aquí se ve la ciudad de Ávila. Desde este triste torreón el muchacho miraba la ciudad, y aun podía ver la almena donde estaba encerrada su amante. Algunos dicen que la muchacha sacaba un pañuelo por la ventana y que el caballero le contestaba agitando el suyo desde esta pobre fortaleza. Por esta razón, el castillo tiene tan extraño nombre: «Mal que te pese». ¿Le ha gustado la historia?

—¡Oh, sí! -contestó el viajero-. Es una bonita historia... ¿es cierta?

—Vaya usted a saber.

Y tomando su cayado se fue bajando hasta Sotalbo, un pueblo cercano.

Beatriz de Montcada

...un ferro que llança gegantina
que una nissaga d'hèroes clavada allí ha deixat.
Jacinto Verdaguer

En un calabozo húmedo, donde los rayos del sol no penetraban jamás, había un hombre y una mujer que apenas podían verse el rostro. La única luz que hasta ellos llegaba procedía de una antorcha en la galería de la prisión. Unos gruesos barrotes de hierro cerraban la salida: los dos reos se aferraban a la reja y pedían a gritos un vaso de agua y un mendrugo de pan. Pero nadie podía oírles porque los que bajaban a la galería de la muerte jamás volvían a ver la luz.

Uno de ellos tanteaba las húmedas paredes de la celda, buscando, tal vez, una hendidura por donde escapar, pero era inútil: nadie había escapado de tan férrea prisión. ¿Nadie? Quizá no sea del todo cierto: en esa misma cárcel estuvieron cargados de cadenas dos famosos amantes y, según se cuenta, salieron vivos de allí y pudieron vivir felices...

Hace mucho, mucho, mucho tiempo, el conde de Barcelona, don Ramón Berenguer IV, estaba en guerra con uno de los más poderosos nobles de Cataluña: don Guillén de Montcada. En vano el conde trataba de sosegar la ambición de don Guillén, porque la soberbia del noble no tenía límites y, se dice, incluso llegó a pretender el poder absoluto en Barcelona. Una pequeña disputa por el uso de cierta acequia fue suficiente para que don Guillén formara sus tropas y asediara a los nobles leales al conde Berenguer. Los partidos, por entonces, andaban divididos y las fuerzas, muy igualadas. No había más que incursiones y fechorías: las traiciones, las acechanzas, las emboscadas eran frecuentes, pero rara vez se formaban batallones para enfrentarse en campo abierto. En todo caso, el conde de Barcelona y don Guillén de Montcada se habían declarado odio eterno.

Don Guillén vivía en su castillo de Montcada con su esposa, Beatriz, una de las jóvenes más hermosas y más dulces de Cataluña, cuya belleza había dado mucho que hablar. El poder de don Guillén había logrado que Beatriz le diera el *sí* en la iglesia y, aunque Beatriz no podía soportar el orgullo y la insolencia de su esposo, la vida en el castillo era apacible y los enfrentamientos sólo se producían de puertas para adentro. Pero el corazón de Beatriz tenía un dueño y ni siquiera la fuerza bruta de su esposo había logrado domeñar esta pasión: desde muy joven, la preciosa doncella había amado a Guillermo de Sant Martí, un caballero apuesto y gentil, más dado a las canciones amorosas que a la espada. El trovador había cortejado a Beatriz desde muy joven y la muchacha había quedado prendada de su cortesía y galanura. Sin embargo, Guillermo había tenido que aceptar que su amada se casara con el orgulloso don Guillén, porque así lo habían querido el destino y los padres de la joven.

Pese a todo, ambos amantes seguían viéndose en secreto y el poeta acudía al castillo de Montcada cuando el señor se hallaba fuera. Una tierna canción de amor servía para que Beatriz abriese la reja de su ventana y el trovador escalara por las enramadas del castillo hasta la alcoba de su fiel amada.

Estos amores, como suele ocurrir, eran conocidos por todos en Cataluña, excepto por el iracundo don Guillén, más ocupado en destronar a su enemigo que en guardar la casa propia.

El señor de Montcada había reunido, en cierta ocasión, a todos sus caballeros en el castillo. Había también nobles, guerreros y soldados de fortuna llegados desde Francia, Aragón y Castilla. Estaba en la idea de don Guillén dar el asalto definitivo a Barcelona y desterrar al conde Berenguer IV. Para ello había dispuesto una gran corte en la que cada cual daría su opinión y se dispondría para la guerra abierta. Pero era don Guillén quien llevaba la voz cantante y todo cuanto él decía se aceptaba de inmediato.

En aquellos cónclaves bélicos estaba también Guillermo de Sant Martí, al que todos –excepto el señor de Montcada– veían como amante de la señora Beatriz, más que como guerrero dispuesto a dar la vida. Algunos nobles apreciaban verdaderamente al trovador y les enternecían los delicados amores de Beatriz y Guillermo, pero la mayoría estaban incómodos con su presencia y afirmaban por lo bajo: «¿Qué hará aquí el poeta? Otros castillos asalta con más fortuna». Los demás, simplemente, se burlaban de él y de los pocos soldados con que había acudido a la reunión guerrera.

Como era costumbre, el señor de Montcada celebró un festín en el que debería decidirse quién sería el senescal del ejército, esto es: el capitán de todas las tropas. Como era privilegio de las damas señalar este honor, todos estuvieron de acuerdo en que la propia Beatriz de Montcada designara al caudillo que tendría la gloria de derribar al conde de Barcelona. Además, todos estaban persuadidos de que Beatriz depositaría en su propio marido esta confianza, porque, en el fondo, lo tenían por su verdadero capitán.

En la ceremonia que se llevaba a efecto, la dama en cuestión debería entregar una copa de plata al futuro caudillo, y con este gesto quedaba certificada la validez del cargo de capitán.

Pero Beatriz actuó de modo imprevisto. Acompañada por siete doncellas hermosísimas, la señora de Montcada escanció vino y miel en la copa ceremonial y, tras beber el dulce néctar, ofreció la copa de plata... ¡a Guillermo de Sant Martí! Un murmullo de desaprobación recorrió la bóveda de la sala, e incluso algunos rieron abiertamente. Una voz, en un extremo del comedor, se dejó notar:

—¿Cómo vas a disponer las tropas, poeta? ¿En versos de arte mayor o en cuaderna vía?

Y desde el otro lado se decía:

—¿Y vienes con nosotros o te quedas para defender el castillo de *la Montcada?*

Sin embargo, todos bebieron de la copa de plata, pues así había que consolidar la alianza. Pero cuando la copa llegó a manos del señor de Montcada éste la arrojó violentamente y se levantó de la mesa mostrando su enojo:

—Mañana hablaremos, señores.

Y cerró la sesión de malos modos.

A grandes zancadas don Guillén de Montcada cruzó el patio del castillo seguido de cuatro guardias armados hasta los dientes. Subió a sus aposentos y allí encontró a Beatriz, su esposa. La ira se reflejaba en su rostro y sus ojos estaban inyectados en sangre:

—¡Maldita zorra! -dijo-. ¡Eres la vergüenza de mi casa! ¡Lleváosla y encerradla en las mazmorras!

Los guardias apresaron a Beatriz y le colocaron fuertes cadenas en el cuello, las manos y los pies. Después, la trasladaron por las galerías del castillo y bajaron una escalera de cuatrocientos peldaños: allí abajo, en las profundidades siniestras de Montcada, se abría una profunda gruta, utilizada desde tiempos inmemoriales para dar suplicio a los reos. Los huesos de los muertos se apilaban en las esquinas y un lodazal de barro y sangre era el suelo sobre el que caminaba Beatriz. Fue arrojada en una celda y allí, en medio de la terrible oscuridad, junto a ratas y culebras, fue olvidada para siempre. Así lo había ordenado el señor de Montcada: «Echadla en las cuevas, y que nadie baje a visitarla: que se coma las serpientes o que las serpientes se la coman a ella, tanto me da».

No se detuvo aquí la terrible venganza de Montcada: a las tres de la madrugada, cuando aún no había cantado el gallo y todo el castillo estaba dormido, entró en la alcoba donde descansaba el caballero Guillermo de Sant Martí. Sin embargo, no lo halló en la cama, sino despierto y escribiendo un apasionado poema a la luz de una candela.

—Ahora podrás leer esos versos a tu amada, traidor.

Con estas palabras, el señor de Montcada ordenó a sus soldados que lo apresasen y que lo bajasen a la terrible prisión. Mientras bajaba por la escalera, cargado de cadenas y zarandeado por los guardias, Guillermo oyó a don Guillén que, con grandes carcajadas, decía:

—¡Abre bien los ojos, poeta, o no podrás distinguir las letras!

Fue arrojado de malos modos en el fango de una celda y cuando se hizo el silencio apenas podía escuchar el discurrir del agua sobre las paredes y algunas alimañas que se movían en las grietas de la cárcel. Todo permanecía en la más lúgubre oscuridad. El caballero tentaba las paredes pero la roca sólo confirmaba su soledad y el terrible destino que le esperaba. De pronto, en un extremo de la galería oyó un débil murmullo... ¡una mujer sollozaba, aterida de frío! No podía ver su rostro, pero el corazón le decía que era su amada Beatriz y que sus amores habían sido descubiertos. El infame señor de Montcada los había encerrado en aquellas prisiones, de donde nadie pudo salir jamás.

Guillermo avanzó junto a la pared y pudo notar que aún había cadáveres en el fango: apenas pudo sortearlos y espantar a las ratas que se los estaban comiendo. Llegó finalmente cerca de Beatriz y ambos pudieron abrazarse y demostrarse su amor: al fin, incluso en la muerte permanecerían unidos.

Allí pasaron siete días, aunque para ellos todo era noche y penumbras. Ya las ratas y las culebras empezaban a acecharlos, impacientes ante la tardanza de su muerte, cuando oyeron que el agua se deslizaba por una abertura en un extremo de la celda. Si el agua corría por allí, significaba que un pozo o un río subterráneo acogía el caudal y ésa era la única salida posible. Sólo armados con sus uñas y con los guijarros desprendidos del muro, trataron de abrir una galería: el agua corría desesperada por una cueva. Excavaron y excavaron hasta que se hicieron sangre en las manos, pero al fin pudieron abrir un hueco por el que internarse en la inmensa caverna horadada bajo el castillo de Montcada. Caminaron durante varios días, envueltos en el fango, atrapados por las corrientes, sometidos a todos los peligros... pero al fin, tras muchas agonías, llegaron al final de la gruta: a sus vista estaba el mar y la luz del Mediterráneo hería sus ojos.

Arrodillados en la playa dieron gracias a Dios por haberlos librado de una muerte terrible y acudieron al palacio del Conde de Barcelona. Allí fueron recibidos con gran cordialidad y Beatriz y su amante informaron al conde de las traiciones que se le preparaban. Berenguer IV los cobijó en su corte y envió correos al Papa para que anulase el matrimonio de Beatriz, puesto que la joven se había desposado contra su voluntad y sólo por la tiranía del señor de Montcada.

Las nuevas bodas de Guillermo y Beatriz fueron presididas por el propio conde don Ramón Berenguer, y se celebraron grandes fiestas en Barcelona, donde se recuerda con emoción la fidelidad y la pasión de los dos amantes de Montcada.

El Abencerraje y la hermosa Jarifa

Corrían tristes años para los reinos moros en la Península. Los cristianos se adueñaban de los palacios y de las ciudades tan pronto como se echaban sobre ellos y a duras penas los musulmanes podían soportar su empuje. Aún así, el reino de Granada se sostenía en pie y la Alhambra era todavía un tesoro codiciado por los castellanos, los cuales sólo de lejos podían admirar su esplendor.

Por aquella época vivía en el sur de la Península una de las familias más importantes de la corte mora: los Abencerrajes, de los cuales se cuentan muchas historias, porque participaron activamente en la defensa del reino de Granada y en las intrigas palaciegas. De todas las leyendas que tienen como protagonistas a esta familia, la más emotiva y apasionada es la del joven Abindarráez, el benjamín de la saga. Como es fácil imaginar, la historia que a continuación se narra ha ofrecido numerosas versiones, tanto en su modalidad literaria como en su forma popular. En muchos lugares se cuentan las aventuras de Abindarráez, pero acaso las más famosas son las de Jorge de Montemayor, que escribió la leyenda con el fin de incluirla en su *Diana* (1561), y la que aparece en el *Inventario* (1565) de Antonio de Villegas. También Lope de Vega trazó los rasgos de esta leyenda en *El remedio en la desdicha* y Francisco Balbi en la *Historia de los amores del valeroso moro Abindarráez y de la hermosa Jarifa* (1593).

Cuenta la historia que Abindarráez fue enviado, siendo muy niño, a Cártama, muy cerca de Málaga y Coín. Estaba, según dicen, al cuidado del alcaide de la ciudad y, como aún los castellanos andaban lejos, la infancia del muchacho discurrió entre juegos y estudios. Tenía el alcalde una hija, llamada Jarifa, que con su poca edad ya dejaba ver lo hermosa y dulce que sería con el andar de los años. Y no hubo remedio: creciendo Abindarráez y Jarifa el amor hizo el resto y a los juegos infantiles sucedieron los requiebros y galanteos. Enamorados perdidamente, los muchachos pretendían dar a conocer su pasión y contraer matrimonio sin dudarlo. Pero los turbulentos años de guerra contra los cristianos lo impidieron y el padre de Jarifa fue enviado a Coín, desde donde debía hacer frente a las huestes castellanas, que combatían con denuedo en aquella parte. De este modo, Abindarráez se vio condenado a la más triste soledad en la ciudad de Cártama, llorando sus penas y consolándose al resplandor de la luna de Andalucía. No era menor la pena de Jarifa y, despierta y viva como era, hizo llegar a su amado una carta, en la que reclamaba su presencia:

«Ven, ven, mi amado. Ven a Coín y desposémonos en secreto». Otras muchas palabras encantadoras y apasionadas estaban escritas en aquel billete. Abindarráez conocía bien que ni el padre de Jarifa ni el rey de Granada veían con buenos ojos este matrimonio, por ser los Abencerrajes una familia rebelde en extremo y que ya habían dado muestras de su rebelión contra el poder de la Alhambra. No obstante, Abindarráez tomó sus mejores ropajes, su daga de oro y brillantes, su turbante de seda y, con varios soldados amigos suyos, se dirigió a Coín, donde su amada esperaba impaciente.

En aquella época era alcaide de Antequera y Álora un hombre de inmortal fama: don Rodrigo de Narváez. Conocido por su valor y justicia, don Rodrigo asediaba a los moros de Cártama, Coín y otras poblaciones cercanas, y en la memoria de los musulmanes queda aún cierto temor cuando oyen su nombre.

Había salido don Rodrigo con sus soldados al campo de Antequera, por ver lugares propicios para la batalla y cerrarles la huida a los moros que quisieran escapar, cuando, tras unos pinares, descubrieron a un grupo de infieles que cabalgaban a rienda suelta.

—¡A ellos, a ellos mis valientes! -gritó enardecido don Rodrigo.

Y se fueron a su encuentro con las espadas desenvainadas, dispuestos a apresarlos o, si no se rendían, a acabar con sus vidas en aquellos mismos pinares. Se entabló una cruenta batalla y los moros, a pesar de ser menos en número, no daban su brazo a torcer. Había que ver a aquellos soldados blandiendo sus cimitarras con un coraje sin igual: especialmente uno, que iba ataviado con mucho lujo. Era éste Abindarráez, que se había vestido para desposarse con Jarifa y había sido sorprendido por los cristianos cuando se dirigía a Coín.

A pesar del coraje que mostraron Abindarráez y sus compañeros, no tardaron en sucumbir. Fueron apresados sin remedio y don Rodrigo ordenó que los llevasen a Álora. De camino, el justo don Rodrigo no pudo por menos de fijarse en la riqueza de los vestidos de aquel joven capitán, aunque más le había sorprendido la valentía y el tesón con que había defendido su libertad. Observándolo de cerca, se percató de la inmensa tristeza que su rostro reflejaba y le dijo:

—No temáis por vuestra vida: bien se ve que sois de noble familia. Habéis de saber que los cristianos somos gentes de honor y que se os tratará como conviene a vuestro estado.

—No temo, señor, la muerte, ni hallarme preso; sino las lágrimas de mi amada, que me esperaba en Coín.

Vivamente interesado por esta circunstancia, don Rodrigo solicitó a su prisionero que le contara toda la historia, cosa que Abindarráez hizo con gusto, aunque sus ojos muy a menudo se le empañaban con lágrimas.

—Jarifa me creerá muerto en esta batalla y morirá de pena y desesperación –continuaba el joven moro–. Esto, señor, también me matará a mí.

Quedóse pensativo don Rodrigo de Narváez pensando en cómo solucionar tan terrible cuestión: pues siendo el joven moro, fuerza era llevarlo prisionero; mas, siendo enamorado, era muy injusto hacerlo sufrir sin motivo. Finalmente, resolvió detener a sus soldados y, encarándose con Abindarráez, le dijo:

—Id en buena hora a Coín y casaos con vuestra amada: yo os doy la libertad y confío en vuestra palabra. Una condición os pongo: que tras vuestra boda volváis a Álora y os entreguéis pues os he vencido en buena lid.

No hay palabras para describir las muestras de agradecimiento de Abindarráez, pero a todas se negó don Rodrigo, el cual le encareció que no diese más disgustos a su amada y que volara con ella y la desposase. Así lo hizo el joven moro: a todo galope cortó la serranía y en poco tiempo ya estaba reunido con Jarifa. En secreto se celebraron los esponsales y al día siguiente, muy de mañana, partieron por un postigo oculto de la ciudad, encaminándose a Álora y cumpliendo de este modo lo prometido a don Rodrigo.

El alcaide ya había contado a todos la historia de amor de los dos muchachos, y cuando Abindarráez y Jarifa llegaron a la ciudad, los soldados y los paisanos los recibieron con gran contento: así demuestran las gentes de bien la felicidad de dos enamorados. Don Rodrigo los recibió en su castillo y en nada podía notarse que fueran cautivos, sino invitados de primer rango: se pusieron sirvientes al servicio de los nuevos esposos, se les acomodó en las mejores habitaciones del palacio y se les trató del modo más cortés. Por la ciudad corrió también la voz de que no se había visto nunca esposo tan gallardo y novia más hermosa, y no pasaba un día sin que los trovadores quisieran regalar a la dama con una canción y no llegaran regalos para los novios.

Para que la dicha fuera completa, don Rodrigo hizo llegar cartas al rey de Granada. En ellas contaba al por menor toda la aventura de Abindarráez y la hermosa Jarifa, y solicitaba el perdón por la boda secreta y la huida de Coín. También el rey de Granada sintió lástima por los dos enamorados y quiso que el padre de Jarifa fuera condescendiente con su hija. La dureza del padre no tardó en ablandarse y otorgó la bendición a los esposos al poco tiempo.

Al cabo, don Rodrigo los hizo llamar y les dijo, con semblante cordial, lo siguiente:

—Tenemos noticias de que el rey de Granada y el alcaide de Coín, padre de Jarifa, os han perdonado. Vuestro matrimonio es fuente de alegría entre vuestras gentes y todos esperan ya vuestro regreso. No seré yo quien enturbie tanta felicidad: quedáis libres. He mandado que cien soldados os acompañen hasta Coín, donde seréis recibidos por una muchedumbre que aclamará vuestro amor. Sed dichosos.

Se hizo todo tal y como don Rodrigo de Narváez había ordenado y Abindarráez y la hermosa Jarifa gozaron con los suyos de una felicidad bien merecida.

Pasaron algunos días y a Álora llegó una caravana que llevaba al frente los pendones y los escudos de Abindarráez. Cien soldados vestidos con las más lujosas galas traían caballos árabes hermosísimos, portaban cofres con espadas de empuñadura dorada y, en un arcón, más de seis mil escudos que el moro cautivo regalaba a su bienhechor don Rodrigo. Recibió éste a los emisarios del mejor modo posible y viendo los tesoros que se le habían enviado dijo:

—Decid a vuestro señor que agradezco estos regalos, pero que no consentiré que queden en mi poder: los cristianos no robamos damas, bien al contrario las servimos y nos enorgullecemos de ser corteses con ellas. Llevaos este tesoro y dad mi bendición a los esposos.

Leyenda de Macías, el trovador enamorado

Cativo de miña tristura...
Macías

Varias y muy distintas son las historias que nos han llegado en las que se habla de este trovador medieval, conocido por el nombre de Macías y que, si las noticias no nos engañan, debió vivir allá por el siglo XIV en Castilla, aunque él era natural de Padrón, en Galicia. Por ciertos poetas y eruditos antiguos sabemos que las «cuitas de amor» de Macías fueron tremendas y que sufrió cautiverio y muerte por culpa de sus desdichados galanteos. Así, el condestable de Portugal, Hernán Pérez de Toledo o Argote de Molina hablan de Macías como el «mártir de Cupido», lo cual propició que la leyenda se hiciera extensiva a comedias, dramas y novelas. La comedia de Lope de Vega, *Porfiar hasta morir*, o la novela de Mariano José de Larra, *El doncel de don Enrique el Doliente*, son sólo dos ejemplos en los que Macías aparece como protagonista y paradigma del amante fiel hasta la muerte. No en vano, a este trovador medieval se le conoce también con el sobrenombre de *el Enamorado*.

Al parecer, el matrimonio entre doña María de Albornoz y don Enrique de Villena no traía más que disgustos a una y a otro. Don Enrique, desde luego, no mostraba ningún interés por su esposa, ocupado como estaba en perseguir el poder, en intrigas y acechanzas. Su matrimonio, por cierto, no fue sino otro peldaño en su ambición de poder, puesto que doña María de Albornoz era una rica heredera de la cual sólo le interesaban los bienes que podría proporcionarle. Por su parte, doña María nunca amó a don Enrique y, aún más, lo despreciaba con toda su alma.

El interés de don Enrique se centraba, en aquellas fechas, en conseguir el maestrazgo de la Orden de Calatrava, cuyo poder en Castilla podía equipararse al del mismísimo rey. Para acceder a tan importante dignidad, don Enrique debía estar viudo o, al menos, tendría que divorciarse. Con estas ilusiones, hizo llamar a un doncel suyo al que estimaba sobremanera y le propuso raptar a su propia esposa y encerrarla en un castillo hasta que muriera o matarla allí mismo. El doncel que debía llevar a cabo tal crimen no era otro que Macías, el cual desde muy joven había amado profundamente a María de Albornoz. Cuando María hubo de casarse con don Enrique, Macías siguió sus pasos y logró entrar al servicio del señor, llegando a ser uno de sus favoritos. Poco sabía don

Enrique que la presencia de Macías en el castillo había avivado los antiguos cariños de los dos amantes y que, en secreto, el doncel y doña María tenían reuniones secretas: allí el trovador leía ardientes poemas a su amada y las promesas de amor sin fin se redoblaban a cada instante.

Macías, no hay para qué decirlo, se niega a participar en la muerte de doña María. Aun así, don Enrique urde una traición y compra a seis bandidos para que rapten a su esposa, mientras finge que nada sabe del caso y que él es inocente en esta tropelía. Sin embargo, a los pocos días don Enrique hace oficial el secuestro de doña María y asegura que se han encontrado las ropas ensangrentadas de su esposa en un bosque cercano, de modo que puede asegurarse que su esposa ha muerto, él es viudo y puede acceder al maestrazgo de la Orden de Calatrava, como deseaba.

No le bastaba a don Enrique esta infamia y, desairado por Macías, no duda en apresarlo. Los rumores que se oían en el castillo acerca de la pasión del trovador por doña María fueron suficiente excusa para convertirlo en reo y encarcelarlo de por vida. Cargado de grilletes, injuriado y vejado, Macías se ve camino de Arjonilla, a poco más de cinco leguas de Jaén: allí, en un castillo ruinoso propiedad de don Enrique, éste pretende que vivan sus últimos días el trovador y doña María de Albornoz.

Las celdas separadas, el hambre y la miseria no impidieron a los dos amantes seguir enviándose billetes amorosos. Los propios carceleros no podían sino sentir lástima por aquellos dos seres condenados al sufrimiento del cuerpo, y aún más, al dolor del corazón. En las bóvedas de las mazmorras resonaban los dulces ecos de aquellos poemas y los lúgubres acentos del trovador:

Cautivo de mi tristura,
de mí todos han espanto:
preguntan, ¿cuál desventura
hay que me atormente tanto?

El alma ponzoñosa de don Enrique no descansaba y pasados algunos días se trasladó de incógnito al castillo de Arjonilla, donde los dos amantes yacían sepultados en vida. Pudo oír los lamentos de ambos y las pruebas de amor que mutuamente se daban, desde un extremo a otro de las mazmorras. No pudo sufrir don Enrique de Villena este agravio y aún menos su odioso corazón podía comprender el amor que aquellos dos desgraciados seres se profesaban. Encendido de ira, hizo abrir la celda donde se encontraba Macías y con una lanza le asestó tan fieras heridas que el enamorado poeta cayó muerto sin remedio.

Las crónicas aseguran que este vil asesinato turbó la razón de don Enrique y que, aunque pudo lograr el maestrazgo de Calatrava, al poco fue desposeído de él. Además, se cuenta que quiso buscar consuelo a sus fracasos en el vino y en el juego, y que sus deudas lo convirtieron casi en un pordiosero: de sus ansias de poder no obtuvo sino el señorío de Iniesta, otorgado por el rey Juan II más por lástima que por méritos.

Aunque no falta quien afirme que doña María se retiró a sus palacios, en tierras de Cuenca, la voz común advierte que durante años se vio a una mujer loca rondando el castillo de Arjonilla y la iglesia donde yacía el cuerpo de Macías, el enamorado. Los muchachos le lanzaban piedras y gritaban y se burlaban de ella. Un día, el sacristán de Santa Catalina de Arjonilla vio a la loca tendida sobre una lápida, y golpeándola con su bastón le dijo:

—¡Ea, mujer! Es hora de cerrar la iglesia. ¿Estarás borracha?

Pero la mujer ya no podía oír estas injurias. Sus labios marchitos besaban la fría lápida y sus pálidas manos se aferraban a la sepultura, donde una triste inscripción aseguraba:

AQUÍ YACE MACÍAS *EL ENAMORADO.*

AMORES DE DON FADRIQUE

Para ser de sangre real,
ha hecho gran villanía.
ROMANCERO POPULAR

Reinaba por entonces don Pedro I, llamado *el Cruel,* que tenía su corte en Sevilla y el alcázar era la residencia del monarca y los suyos. Don Pedro tenía muchos enemigos, pero los más peligrosos eran, sin duda, sus hermanos y hermanastros, los cuales no se podrían contar con los dedos de las manos, porque su padre, don Alfonso XI, era muy aficionado a los romances.

Uno de los hermanos de don Pedro era don Fadrique de Castilla, Maestre de la orden de Calatrava. De este hombre se decía que era apuesto como pocos y valiente como ninguno. Su historia, mitad legendaria y mitad histórica, está salpicada de sucesos notables, entre los que destacan sus amores. Se dice, por ejemplo, que don Fadrique no podía soportar la idea de que su hermano Pedro fuera rey, y que hizo cuanto estuvo en su mano por aliarse con los Trastámara. Pero lo más curioso de don Fadrique era su tendencia a enamorarse de las mujeres de su hermano.

Don Pedro estaba casado con Blanca de Navarra, pero ni el rey amaba a la reina, ni ésta amaba al monarca. Más bien se despreciaban mutuamente. Don Fadrique, galán y cortés, enamoróse de la reina perdidamente y doña Blanca le correspondía. Como el monarca andaba enredado en otros asuntos (también amorosos), ignoraba que los dos amantes se veían cada noche y que cada noche las cámaras reales cobijaban los requiebros, las caricias y la lujuria de aquellos dos adúlteros.

Como puede suponerse, aquellos encuentros terminaron por dar sus frutos y doña Blanca quedó embarazada del Maestre. Asustada y temerosa, doña Blanca se desmayaba sólo con pensar en la venganza del rey don Pedro. «Me matará» se decía, «nos matará a los dos». La reina simuló estar enferma para no presentarse ante el rey, y en verdad que lo estaba porque el temor que le infundía el monarca le daba fiebres. Don Pedro, que algo había oído, no le prestó al asunto mayor importancia y siguió con sus amores y sus batallas como si tal cosa.

Cumplidos los nueve meses, vino al mundo un niño. No pasaron dos días desde el parto cuando la reina doña Blanca hizo llamar a Alonso Pérez, secretario del Maestre, y le dijo:

—Estoy enojada con don Fadrique. He sabido que ha tenido amores con una de mis doncellas y que ésta ha parido un hijo suyo.

—¿Cómo ha de ser? -preguntó el secretario asombrado.

Pero la reina hizo traer a su propio hijo en mantillas y, encarándose con el secretario, le espetó:

—¿No es este niño el vivo retrato de tu amo, el Maestre?

Pocas dudas cabían: aquel niño era, con certeza, hijo del Maestre: sus mismos ojos, su misma boca; hasta en los gestos se le parecía. No tuvo más remedio el secretario que certificar que aquel infante era una innoble prueba de los amores de don Fadrique.

Doña Blanca, cuyas maldades no tenían límite, se sentó en el trono y con aire sombrío le dijo al secretario:

—A pesar de esta deshonra, estimo al Maestre en lo que vale y no quisiera que este desliz le acarreara ningún disgusto. Llevaos a este niño de mi vista y que no lo vuelva a ver más. Y por tu parte, Alonso Pérez, que no se vuelva a hablar de esto.

El secretario cumplió el mandado y llevó al rapaz a Llerena. Allí lo entregó a una judía que se llamaba Paloma y que, en tiempos, había sido criada del Maestre.

Por aquellos años tenía don Pedro una amante, llamada María de Padilla, hermosa y alegre. Sus encantos eran bien conocidos y en Sevilla se proclamaba que no se había visto una mujer tan hermosa desde que los moros abandonaran la ciudad.

Don Fadrique, enamoradizo y lujurioso, no tardó en poner sus ojos en la bellísima María. Aprovechaba cualquier pequeña ausencia del rey para cortejarla y como el Maestre era ducho en los requiebros y galanterías cortesanas, doña María de Padilla cayó rendida en sus brazos. De don Fadrique se decía que podía recitar el *Ars amandi* de Ovidio de cabo a rabo, y que sus destrezas en la alcoba eran insólitas.

Pero los amores de don Fadrique y de doña María de Padilla no pudieron ocultarse con tanta fortuna como los que tenía con la reina. Entre otras razones porque el alcázar tenía oídos (los guardias vigilaban cada movimiento de la favorita del rey) y, cuando el monarca estaba ausente, se oían grandes lamentos en la sala de doña María. Por esto vino a enterarse don Pedro que su concubina tenía un amante y que éste era, ni más ni menos, que su hermano Fadrique.

Doña María adivinó que el rey sospechaba de ellos y pidió a don Fadrique que se ausentara; ella misma trataría de huir tan pronto como le fuera posible. Su amante era valentón y por nada del mundo quiso abandonar Sevilla. Insistió doña María y tanto le obligó que don Fadrique resolvió ir al castillo de Monteagudo, en Navarra. Su amante prometió reunirse con él en el plazo de siete días.

Con gran amargura el Maestre tuvo que abandonar Sevilla, casi como un proscrito. Cuando llegó a Monteagudo en su cabeza rondaban los más terribles augurios. No obstante, esperó pacientemente los siete días. Pero doña María no aparecía. No sabía don Fadrique si su amante lo había traicionado o si el rey, conociendo los amores prohibidos, habría encarcelado a la dulce María. Estaba el galán en un sinvivir, preso de las angustias del amor y abatido por la ausencia de su dama.

Un mes cumplido había pasado desde que abandonara Sevilla, pero de su amante nada sabía. Las cartas no llegaban, los mensajeros pasaban de largo, las noticias todas referían asuntos extraños a los de su corazón. Cada tarde subía a las almenas el Maestre y oteaba el horizonte: esperaba divisar a su amada en lontananza, seguida de sus doncellas y criados... Pero doña María no llegaba.

Decidido y valiente como era, don Fadrique no pudo esperar más: tomó su caballo y su espada, y, aun sabiendo el riesgo que corría, voló a Sevilla en busca de doña María. Era bien posible que su hermano don Pedro estuviera esperándolo y que lo prendiera, pero nada importaba ya al galán: su pasión por doña María era más fuerte que sus deseos de vivir. En ningún momento recordó a doña Blanca, la reina, pero la delicadeza y alegría de María no podía quitársela de la cabeza.

Pronto estuvo el Maestre de Calatrava en Sevilla. A las puertas de la ciudad fue detenido por varios soldados, que le arrebataron la espada.

—¡Dejadme, insensatos! –gritó don Fadrique–. Soy hermano del rey, ¿acaso no podré verlo?

—Sea como queráis, pero sin espada –respondieron los esbirros de don Pedro.

Inflamado de amores, don Fadrique no hizo caso de esta afrenta y con aire resuelto pasó las puertas del alcázar. Llegó a los aposentos del rey: éste lo miraba con gesto sombrío; sus ojos, inyectados en sangre, reflejaban la ira y la violencia con que fue conocido por sus súbditos.

—En mala hora venís, Maestre –dijo–. ¡Soldados, cumplid!

Y en esto, salieron doce guardias y ataron a don Fadrique; hicieron que se arrodillara y sin esperar que un diácono oyera su confesión, con una espada le cortaron la cabeza. Aún pudo levantarse el ajusticiado sin cabeza: daba vueltas y giraba sobre sí mismo con las manos extendidas como queriendo palpar. Por el cuello brotaba sangre negra sin cesar y don Fadrique fue a golpearse contra un muro, manchando la pared de la antecámara del rey. Allí aún puede verse su sangre porque, aunque don Pedro hizo limpiar aquella sala a conciencia, no hubo modo de devolverle el color al muro y cuando alguna vez logró eliminarse la mancha, al cabo volvía a aparecer.

Don Pedro cogió la cabeza de su hermano, aún chorreando sangre, y la colocó en una bandeja. Con tan sangriento presente cruzó el alcázar de parte a parte y llegó a las habitaciones de doña María de Padilla. Un gesto de repulsión y de terror se reflejó en el rostro de la dama. El rey, preso de ira, volvió la cabeza y encarándose al cadáver le dijo:

—Así pagaréis por lo que me hicisteis con la reina y lo que me hicisteis con María de Padilla.

Y cogiendo la cabeza mutilada por los cabellos, se la arrojó a los perros para que se la comieran. Todos los canes comieron a su gusto, excepto el alano de don Fadrique, que huyó de la sala y estuvo ladrando a la luna durante tres días, hasta que murió.

Don Pedro ordenó encarcelar a doña María de Padilla y a la reina doña Blanca; mandó también que se les pusieran cadenas de hierro y que nadie les diera de comer, sino él mismo, porque desconfiaba de todos y presumía que algún traidor podría darles la libertad.

Ocurrieron estos sucesos en el año de 1358 y algún ingenio sevillano quiso hacer romances de estas historias para que los hombres del porvenir supieran lo que había sucedido en aquel caso. También se dice que algunos días más tarde el rey don Pedro estaba cazando en los campos de Jerez. A lo largo de todo el día el monarca había tenido malos augurios y, como supersticioso que era, creía a pies juntillas los signos de los astros y de la naturaleza...

Finalmente los presagios acabaron por cumplirse. Junto a una laguna estaba el rey, cuando vio acercarse una figura embozada en un manto negro. A no más de dos pasos de su caballo, el bulto negro se detuvo: descubrióse y el rey pudo ver a un hombre que más parecía una fiera. Traía el pelo desgreñado y sucio hasta la cintura; sus pies desnudos estaban cubiertos de abrojos y espinas; venía con una serpiente en la mano derecha, y en la izquierda tenía un puñal ensangrentado; sobre su hombro, una mortaja; y de su cuello pendía una soga con una calavera en el extremo. Un perro negro, según dice el romance, venía con él y daba el can tan fuertes aullidos que espantaba a quien lo oía...

—¡Morirás, rey don Pedro, morirás! –decía aquel diablo aparecido–. Tú mataste a los mejores de Castilla, a tu propio hermano el Maestre don Fadrique mataste en el alcázar, desterraste a tu madre y a tu esposa la tienes con cadenas. ¡Morirás, rey don Pedro! ¡Morirás a puñaladas y tu hermano heredará el reino de Castilla!

Y maldiciendo a todos los cortesanos que acompañaban al rey, aquel monstruo huyó en la espesura y no se le pudo encontrar nunca.

No falta quien diga que este diablo infernal que se le apareció a don Pedro era su hermano, el galante don Fadrique, que penaba sus culpas por esos mundos de Dios y que vino a avisar al rey del destino que le aguardaba. Lo cierto es que los días de don Pedro terminaron como aseguró aquel demonio y que todo sucedió tal y como había profetizado.

Doña Inés de Castro

Bien paresce que soy sola,
no tengo quien me guardare...
Romancero

Doña Inés de Castro era la más hermosa dama que jamás vieran los siglos. Su belleza era tal que no faltaba quien dijera que era hada o maga del agua. Pero estas habladurías no eran más que supersticiones del pueblo y puede decirse, con verdad, que doña Inés era la más dulce y amable de las jóvenes en la corte castellana. Algunos niegan que esta joven fuera de familia noble, pero con dificultad podría permanecer en el palacio de don Alfonso IV si se tratase de una aldeana. Sea como fuere, lo cierto es que no había joven en los reinos cristianos que pudiese compararse con ella en belleza y en galanura.

La historia cuenta que el infante don Pedro de Portugal, hijo del rey Alfonso, iba a contraer matrimonio en Coimbra con una dama castellana, llamada Constanza, hija, a su vez, del infante don Juan Manuel. Las bodas de don Pedro y doña Constanza fueron famosas y en aquel siglo XIV no hubo, según las crónicas, festejos como los que se celebraron en la hermosa ciudad portuguesa. Se ordenó que la corte castellana pasara a Portugal, con el fin de honrar a los jóvenes esposos. Había que ver qué caballos, qué literas, qué soldados... ¡Cuánto lujo y esplendor en la corte castellana! Allí podían verse los rostros más hermosos, los caballeros más galanes, los pajes dispuestos, los palafreneros, los maestros de armas... Más de dos mil guerreros vestidos de punta en blanco iniciaban la caravana; después iban las damas, escoltadas por los nobles más jóvenes y aguerridos; tras ellas venía el séquito real de don Alfonso, que se mostraba complacido con la boda de su hijo y la dulce Constanza.

En esta caravana iba también doña Inés y su belleza no dejó de asombrar a propios y extraños. Cuando llegaron a Coimbra, la joven dama tomó un aposento modesto y acomodado a su posición. Pero, aunque quiso pasar inadvertida, los portugueses comenzaron a hablar de ella en los términos más asombrosos: decían que no habían visto una mujer como ella y que el infante don Pedro había elegido mal, pues pudiendo casar con aquella dama, se había casado con Constanza, una joven como otras muchas. El ruido fue haciéndose mayor, y estos elogios llegaron al palacio de don Pedro, el cual insistió en querer ver a aquella dama prodigiosa.

Doña Inés se negó cuanto pudo y mandó cartas al infante diciéndole que no era bueno que un hombre recién casado pusiera sus ojos en otra dama. «No es por amores que os requiero» dijo don Pedro, «sino por ver si mis súbditos dicen verdad». Y decían verdad.

Cuando por fin se vieron, no hubo remedio. Don Pedro quedó enamorado, y en vano Inés trataba de apartar a aquel hombre de su corazón. Mal podrán los jóvenes dejar de querer si Cupido decide lo contrario.

Pasaron los años, e Inés permaneció en Coimbra porque así lo quiso el infante don Pedro. Veíanse a la luz de la luna y sufrían porque su amor hacía penar a una mujer buena: Constanza. Muchas noches pasaron llorando y lamentando su mala fortuna, pero al fin se amaban: ¿qué se podría hacer? Estos amores mataban tres corazones: el de Pedro, que no podía sufrir estar lejos de Inés; el de Inés, que sentía los remordimientos del adulterio; y el de Constanza, que veía cómo otro amor le había arrebatado a su esposo.

Esta circunstancia llegó a oídos del rey Alfonso, el cual se irritó mucho cuando supo que una dama castellana hacía intrigas en el trono de Portugal. Hizo escribir cartas a Pedro y a Inés; al uno le recriminaba un adulterio infame y a la otra la tachaba de ramera y bruja. Los dos amantes recibieron las noticias con dolor y sus frentes se nublaron: ya veían que aquellos amores tendrían consecuencias funestas.

Al cabo, Constanza enfermó de gravedad y murió maldiciendo a la joven Inés y a su esposo, don Pedro de Portugal.

Acudió al funeral el mismísimo rey don Alfonso, el cual no permitió que Inés apareciera en la iglesia y ordenó que fuese encerrada en su palacio mientras durara la visita real. Hizo, además, que le enviaran cartas, en las cuales la denostaba y la ofendía como ramera. El rey se juró odiar a esta dama castellana hasta el fin de sus días, por haber destruido un matrimonio en el que había depositado todas sus esperanzas políticas. Reunido con los nobles de Portugal, les expuso el caso:

—Ved, caballeros, a esa prostituta que guardáis en vuestra patria. Ved lo que ha hecho con el infante don Pedro, mi hijo, a quien ha hechizado con pócimas y bebedizos. ¡Negadle a esa mujer vuestro saludo! ¡Negadle vuestro respeto y honor! ¡Echadla del país y abandonadla en los campos, para que muera comida por los perros en los caminos, como se merece!

Por su parte, don Pedro estaba apenado y afligido, y la ira de su padre cayó también sobre él.

—Más te valiera, mal hijo, vestir de peregrino e ir a Roma, para purgar tu culpa. Has matado de pena a Constanza, que te quería bien; y te has amancebado con una puerca...

El amor de Pedro e Inés no había decrecido un ápice, mas tuvieron que separarse y llorar su pena cada cual en su lugar. Pedro acabó por vestir los hábitos de peregrino. Inés se despidió de él con gran amargura y con los ojos llenos de lágrimas. Antes de partir, se juraron amor eterno y Pedro prometió que a su vuelta la tomaría por esposa.

Inés lo vio partir desde una torre de Coimbra y con él, puede asegurarse, se le iba el alma.

El rey Alfonso conoció que su hijo había tomado hábitos de romero y que andaba por esos caminos de Dios purgando su ignominia. Entonces, aprovechando la soledad y la debilidad de Inés, ordenó a dos caballeros que fueran al palacio de la joven y la asesinaran. Así, tal y como se cuenta, se hizo. Don Pero Coelho y don Alvaro Gomçalves, los dos hombres más crueles e infames que vieron tierras portuguesas, llegaron a la torre de Coimbra y se presentaron ante Inés. La joven los recibió, aunque bien sabía quién les enviaba y con qué mandado.

—Sé, caballeros, que venís a darme muerte por amar al infante don Pedro. Os ruego que me dejéis marchar: iré a Castilla, o más lejos, a Aragón; o a Francia si tan mal me queréis...

Nada dijeron aquellos criminales: bien al contrario, con un gesto hicieron pasar al obispo de Oporto y le pidieron que hiciese confesión a Inés, porque iba a morir. Con el rostro anegado en lágrimas y el pecho angustiado por la congoja, Inés dio cuenta al Señor de sus pecados y se entregó a una muerte cruel. Sin dudarlo, los asesinos desenvainaron sus espadas y le dieron fin con cuarenta heridas mortales. Después, le sacaron los ojos y la enterraron.

Andaba el infante don Pedro por las escarpaduras de los montes Pirineos. Aún llevaba la pena en el alma, pero su corazón resuelto y decidido sólo esperaba llegar pronto a Roma, donde el Santo Padre le daría la absolución. De tanto en tanto, se detenía y descansaba; y en el frescor de un riachuelo o en un prado ameno, contemplaba las flores y recordaba a su amada Inés. Lamentaba, eso sí, que su mala fortuna hubiera desembocado en amores tan funestos, pero nada había que hacer: su corazón pertenecía a aquella dama de Castilla y la pasión con que la amaba no podía ofender a nadie.

Ya casi podía ver tierras francesas y quiso detenerse en una cueva del monte, para pasar la noche con más acomodo. De pronto, se hicieron las tinieblas y una gran tempestad cubrió de oscuridad la cima de aquellos agrestes parajes. El cielo parecía hundirse y las columnas que sujetan el mundo se quebraban con estrépito. Los rayos y los truenos infundían espanto y hasta las aves de las montañas volaron a sus nidos en las escarpaduras.

El infante don Pedro veía con temor la furia de los elementos y cómo refulgían los relámpagos en las cumbres: ¡oh, espectáculo horrendo, furia de Dios...! De repente, una sombra se perfiló en la entrada de la cueva y don Pedro se retiró hacia lo profundo, asustado y temeroso...

—¿Quién sois? ¿Qué queréis de mí? ¿Sois vivo o muerto?

La sombra no se movió: venía cubierta con un manto negro y la lluvia torrencial corría por los pliegues en siniestra circunstancia.

—Soy un peregrino, no temáis –dijo la sombra embozada–. Vengo de tierras lejanas: sabed, buen infante, que muerta es tu enamorada. Más pena lleva por ti que por su muerte.

El horror se reflejó en el rostro de don Pedro y, sin poder contener su llanto, se cubrió el rostro con las manos y lamentó con angustia su desventura. Lástima y compasión inspiraba el pobre infante, allí metido en la cueva, con hábitos de peregrino... Sus pies llagados, su rostro marchito, su corazón dolorido... Hasta la misma sombra se apiadó de él y le dijo:

—No lloréis don Pedro: yo soy vuestra enamorada Inés. Los ojos que os amaron, ved, ya no los tengo aquí.

Y descubriéndose, mostró la calavera de Inés sin ojos: la sombra dejó caer su manto y don Pedro pudo ver el blanco vestido de su amada atravesado por cuarenta puñaladas y ensangrentado.

—¡Dios mío! ¡Dios mío! –suplicaba el pobre peregrino.

—Vivid, mi amado caballero, vivid; y haced el bien en este mundo. Tomad esposa que os ame y no me olvidéis.

Y entonces un rayo como espada divina cayó en la entrada de la cueva, y la aparición se desvaneció.

Muchos días y muchos años pasaron desde aquel de 1355 cuando, a la temprana edad de treinta y cinco años, murió la hermosa doña Inés.

Con el tiempo, el rencor había anidado en el pecho de don Pedro y ni siquiera en su coronación como Pedro I la imagen de su amada muerta se le borró del pensamiento. En la corte, todos habían pensado que el asesinato de Inés quedaría impune y que el correr de los años aplacaría la ira que justamente vengaría tan vil crimen. Pero los nobles se equivocaban.

Al día siguiente de su coronación, don Pedro hizo desenterrar el cadáver de Inés. De aquel hermoso cuerpo, apenas quedaba nada. Depositaron los restos de la mujer muerta en el trono de la reina y lo vistieron con la ropa más lujosa que se pudo encontrar en Portugal. La calavera, sin ojos y llena de gusanos, fue coronada con una preciosa diadema de brillantes. Su esqueleto, con la piel podrida y las carnes comidas, se cubrió con un manto de armiño y pieles de nutrias. Un vestido con perlas y bordados de oro ocultaba toda la hediondez y putrefacción del cadáver. Un apestosa fetidez invadía la sala del trono y a duras penas cuatro sepultureros leprosos pudieron acomodar los restos de Inés en el escaño real.

Cuando todo estuvo dispuesto, don Pedro ordenó que vinieran a palacio todos los nobles de Portugal. Los reunió en una sala cercana y, después de saludarlos con cortesía, los hizo pasar. Con gran espanto vieron el cadáver en el trono, y muchos tomaron sus pañuelos para evitar el vómito. Una gran repugnancia se apoderó de aquellos estómagos y apenas podían soportar la vista de aquella figura horrenda en la sala principal del palacio.

—¡Arrodillaos, bastardos! –gritó don Pedro–. ¡Arrodillaos y honrad a vuestra reina! ¡La despreciasteis en vida... pues adoradla de muerta!

Y, uno a uno, todos los nobles tuvieron que acercarse al trono y rendir pleitesía a un infecto cadáver. Don Pedro les obligó a besar la mano de Inés y ellos, con gran repugnancia, posaban los labios en la carne pútrida de la muerta. Apenas podían contener las náuseas, pero lo hacían porque eran cobardes y sabían cuánto mal habían hecho a doña Inés de Castro, cuántos desprecios había sufrido aquella dama de Castilla y cuántas infamias hubo de soportar.

Finalmente, don Pedro hizo entrar a don Pero Coelho y don Alvaro Gomçalves, los asesinos de su amada. Pasaron a la sala con el rostro pálido y con más temor que todos los demás, pues ellos habían sido los autores de tan horrendo crimen y sabían que, tarde o temprano, pagarían el precio de su traición. Cuando estuvieron de rodillas frente al cadáver de Inés, don Pedro I les preguntó:

—¿No deseáis besar la mano de la reina, caballeros?

—Sí, sí –contestaron ambos, aterrados.

—¡Maldita sea vuestra estirpe! -tronó el rey-. ¡No merecéis siquiera mirar su rostro!

Y sacando su espada, les cortó a ambos las cabezas y las expuso a la vista de todos. También hizo que se le sacaran los ojos y que sus cuerpos fueran despedazados y echados a los perros.

Dos poetas enamorados

...para que no me venzan acechanzas
de quien intenta procurar mi daño...
JUAN DE TASSIS

En lúgubres cipreses
he visto convertidos
los pámpanos de Baco.
JOSÉ CADALSO

Una relación de leyendas amorosas no estaría completa sin citar a don Juan de Tassis, conde de Villamediana, y a don José de Cadalso y Vázquez.

Sin embargo, no son éstos los dos únicos poetas que merecen un hueco en las páginas de amores trágicos, desgraciados o inauditos. Desde tiempos remotos estos seres de corazón sensible y apasionado han atraído las miradas de los historiadores y, en buena medida, sus existencias están coronadas con sucesos extraordinarios. Una de las claves para entender la admiración que los poetas provocan es, precisamente, la inspiración. En su origen, los vates y cantores se ocuparon de divulgar una idea particular: que su arte estaba *inspirado* por los dioses, de modo que la poesía tenía un origen divino, hermético, profético... No es extraño, por tanto, que las vidas de los poetas resulten insólitas y misteriosas, trágicas o sublimes, dependiendo de los casos.

En la antigua Grecia, patria del mito y la leyenda, el autor más celebrado fue Homero (siglo VIII a.C.), y de éste se decía que era ciego y que anduvo por esas ciudades de Dios cantando a sus héroes. Sin embargo, ambas cosas son improbables e incluso su misma existencia se pone en duda. Tirteo, un poeta espartano del siglo VII a.C., era cojo y «estimado como de poca cordura», y fue consejero de guerra por orden del oráculo de Delfos. Del voluptuoso Mimnermo se decía que vagaba por las ciudades acompañado de su amante Nanno, la cual tocaba la flauta mientras él recitaba. De Safo, la hermosa poetisa de Lesbos, se cuentan muchas historias: la más popular es la que refiere sus amores con Faón; desesperada, Safo se arrojó desde una montaña, según cuenta Ovidio. Safo fue una exiliada de su patria y fundó una academia de muchachas cuando regresó a Lesbos, lo cual le valió que las malas lenguas le atribuyeran una sexualidad peculiar (la palabra «lesbianismo» tiene aquí su origen). Anacreonte, el cantor del placer, del vino y la sensualidad murió, al parecer, atragantado con las semillas de un racimo de uvas. De Píndaro, el más excelso de todos los poetas griegos, se dice que era tan dulce su poesía que, cuando era niño, las abejas libaban la miel en su boca. Coetáneo de Píndaro fue Esquilo el trágico, el cual obtuvo grandes triunfos y glorias en la escena, pero a la hora de redactar su epitafio no quiso más que nombrar a sus padres y su patria. El autor inmortal de la *Antígona*, Sófocles, murió de una forma curiosa: estaba leyendo su obra para unos amigos y, llegando el final, puso tanta pasión en el recitado que la voz y la vida se le fueron a un tiempo.

Entre las agitadas vidas de los latinos destaca la del africano Terencio, llevado como esclavo a Roma, donde se ganaría la libertad y la fama: murió, al parecer, en un naufragio cuando volvía a su patria. El poeta Lucrecio, según San Jerónimo, estaba loco debido a una pócima de amor y sus obras las escribió en los pocos momentos de lucidez que tuvo en su vida; finalmente el poeta se quitó la vida a los cuarenta y cuatro años. Cátulo fue el que propagó la leyenda de homosexualidad de Julio César, pero el mismo poeta era un individuo corrupto, disoluto, lujurioso y miserable; sin embargo, era la pluma más aguda de aquellos tiempos. El poeta Tíbulo tuvo su corazón dividido entre Delia (Plania en realidad) y Némesis: Delia le inspiraba una pasión amorosa dulce y sincera; Némesis era el nombre figurado de una prostituta que lo dominó y lo hundió en la miseria. Durante cinco años Propercio tuvo amores con una verdadera ninfómana, llamada Hostia, que le sorbió el seso. Lucano se suicidó cuando tenía veinticinco años y tuvo agallas para enfrentarse con el emperador Nerón, que también se dedicaba a la poesía cuando no mataba cristianos. Séneca, el más grande de los escritores y pensadores latinos, tuvo una vida ajetreada, pero su muerte, casi legendaria, ha dado materia a la fantasía: se dice que cuando perdió el favor de la corte imperial, pidió permiso a Nerón para retirarse a un lugar tranquilo y dedicarse al estudio. El emperador envió a dos juristas para interrogarlo en el proceso que se había abierto contra él, y Séneca decidió suicidarse: se cortó las venas, pero como era ya muy anciano la sangre apenas fluía y tuvo que rasgarse las piernas también. Nerón se enteró de esta circunstancia y ordenó que se le curaran las heridas por las buenas o por las malas. Sin embargo, Séneca hizo preparar un veneno y se lo tomó, aunque el narcótico no surtió efecto; harto de intentar morirse, se metió en un baño de agua hirviendo y los vapores lo asfixiaron.

En la literatura española podemos encontrar vidas verdaderamente apasionantes y misteriosas, que han sido elaboradas por el pueblo y por los eruditos a partes iguales, y cuyos relatos tienen tanto de histórico como de legendario. Véase, si no, la vida de Ramón Llull, un joven disoluto que, tras algunas visiones místicas, vistió hábitos franciscanos y pasó el resto de su vida predicando por África, donde murió trágicamente, como un mártir. El trovador Macías es, seguramente, el más legendario de los poetas españoles (véase la leyenda de su vida en este mismo volumen), pero no le va a la zaga su compatriota Juan Rodríguez del Padrón, del cual cuenta la leyenda que, tras un desliz amoroso, vagó por el mundo, fue amado por dos reinas y murió asesinado lejos de su patria (aunque en realidad murió en el convento de Herbón, en Galicia). Garci Sánchez de Badajoz murió, según sus biógrafos, loco de amor tras una azarosa vida. Uno de los grandes poetas españoles, Garcilaso de la Vega, ofrece también una biografía propia de la leyenda y sus amores con Elisa (Isabel Freire) han provocado ensoñaciones más novelescas que históricas. Su muerte, que algún erudito calificó como «heroica», no fue más que una pedrada. El tipo de amor inmortal propio de los caballeros medievales fue asociado también a Garcilaso y Elisa (como el de Petrarca y Laura, o Dante y Beatriz), sin embargo, es probable que no fueran más que adulterios y escarceos lujuriosos. La vida amorosa y aventurera de Lope de Vega es bien conocida y él mismo se encargó de difundir los numerosos lances erótico-festivos que jalonan su biografía. Entre los románticos, sin duda es José de Espronceda el más «legendario»: siendo casi un niño funda la sociedad secreta de los Numantinos, lo cual le valió una reclusión en un monasterio de Guadalajara; no contaba aún los veinte años cuando se exilió y viajó a Lisboa, Londres y París, siguiendo los destinos de los jóvenes revolucionarios que luchaban contra la infame tiranía de Fernando VII. Estuvo a las órdenes de *Chapalangarra* (Joaquín de Pablo) y su desastrosa incursión bélica para destronar al monarca. Ya de vuelta a su patria, sus artículos son censurados y él tiene la ocurrencia de publicar espacios en blanco. Sus amores con Teresa armaron gran revuelo: la mujer abandonó a su marido y a sus hijos por seguir a su amante y, como dice don Rubén Benítez, este episodio de su vida tiene «caracteres novelescos: rapto, abandono, degradación social, muerte de la amada». Murió joven, como buen romántico, a la edad de treinta y cuatro años.

Hay en la literatura, como se ve, materia suficiente para cientos de leyendas e historias inverosímiles. Entre todas, se han escogido aquí dos: seguramente las más famosas y populares. La primera tiene como protagonista a don Juan de Tassis y Peralta, segundo conde de Villamediana, autor de *La gloria de Niquea* y de numerosos poemas y fábulas mitológicas donde se funde la tradición renacentista italiana y el barroquismo español. Nuestro segundo personaje es el famoso coronel don José de Cadalso y Vázquez, poeta y crítico ilustrado que sembró las tristes semillas del romanticismo en las letras españolas. Su obra más conocida es *Cartas Marruecas*, pero su poesía lírica y las estremecedoras *Noches lúgubres* se consideran, en la actualidad, lo más granado de su producción.

Don Juan de Tassis nació en Lisboa, en el año 1582. Su título de conde de Villamediana le vale entrar en los palacios de Felipe III y a finales del siglo XVI pudo vérsele en el séquito cortesano que acompañó al monarca a Valencia; la finalidad del viaje no era otra que recibir allí a la reina doña Margarita de Austria, con quien don Felipe pensaba casarse. Lejos, no obstante, de estas apariciones públicas, nuestro don Juan de Tassis, acorralado por las deudas, los amores y los jueces, se ve obligado a huir a Francia. Años más tarde un auto judicial demuestra que es un tahúr, un jugador de ventaja y un pendenciero, y se le destierra. Él continuó con su vida disipada, acudiendo a burdeles y tabernas, amando a mujeres y hombres sin distinción, jugándose los cuartos en timbas de medio pelo y asaltando balcones. Además, escribía sátiras y panfletos donde se insulta y ofende a los nobles de la corte, lo cual le valió el enésimo destierro en Alcalá de Henares.

Pero la fortuna de don Juan pareció mudar cuando accedió al trono don Felipe IV: según las crónicas, el rey lo indulta y le devuelve los honores que se le habían retirado; además, se le nombra gentilhombre de la reina Isabel de Borbón. Y esto, decididamente, no fue una buena idea.

Don Juan se enamoró, al parecer, de doña Isabel tan perdidamente que cometió locuras sin cuento. Y, por lo que se ve, la reina no le hacía ascos al galán. En cierta ocasión, don Juan propuso celebrar el cumpleaños del rey don Felipe IV con la representación de una obra de teatro llamada *La gloria de Niquea*, que él mismo escribió para tan fausto acontecimiento. No había acabado la representación cuando se declaró un súbito incendio en la sala y los nobles huyeron despavoridos: dio la casualidad de que allí estaba nuestro don Juan que, valerosamente, tomó en brazos a la reina doña Isabel y, tras estampar un apasionado beso en sus labios, salió a la calle triunfante.

Desde luego, la fama de este episodio corrió como la pólvora por Madrid y en los círculos cortesanos se decía que el incendio había sido provocado por el propio conde de Villamediana, con el fin de demostrar a todo el mundo cuánto amaba a la reina.

No es de extrañar que don Felipe se molestase. El suceso tampoco favoreció las amistades en la corte y, finalmente, don Juan no era bien recibido en casi ninguna parte. No obstante, él triunfaba con su amor y, según se deduce de su conducta, eso era lo que de verdad le importaba. Por aquellos años continuó burlándose de los nobles y los cortesanos, lo cual no le ayudaba mucho.

Su mayor osadía fue salir a las calles de Madrid con atuendo de caballero y hacer estampar en su escudo:

SON MIS AMORES REALES.

También esta insolencia irritó gravemente al monarca que, definitivamente, no estaba dispuesto a tolerar tamaña desvergüenza. Se afirma que, cuando don Felipe supo que el conde andaba pavoneándose por Madrid con tal inscripción, dijo:

—Si sus amores son reales, yo se los haré cuartos.

La respuesta tenía cierta gracia y tiene mucho que ver con el ingenio barroco: el rey tomó la palabra «reales» como sinónimo de monedas, y en su contestación aludía a la intención de partirle los amores en «cuartos», que era la fracción monetaria de los reales.

Y el rey cumplió su palabra, o al menos en Madrid siempre se ha dicho que fue el rey quien instigó el vil asesinato de don Juan de Tassis en la calle Mayor de la capital. Una noche de 1622, varios hombres le salieron al encuentro y lo cosieron a puñaladas, dando fin a una vida aventurera y apasionada: de él se dijo que era homosexual, que tenía deudas, que contaba los enemigos por docenas, etc.; sin embargo, hasta el mismo Góngora estaba convencido de que el rey había ordenado la muerte del poeta:

Mentidero de Madrid,
decidme: ¿quién mató al conde?
Ni se sabe ni se esconde,
mas, el caso discurrid.
Dicen que lo mató el Cid
por ser el conde lozano;
disparate chabacano:
la verdad del cuento ha sido
que el matador fue Vellido
y el impulso, soberano.

También en el caso de don José Cadalso (1741-1782) la historia legendaria se mezcla con la verdad biográfica: nuestro protagonista, además de hombre culto y viajado, era militar y llegó a obtener el grado de coronel.

La leyenda de este magnífico literato comienza cuando se enamora de la actriz María Ignacia Ibáñez, aunque su vida anterior merecería también algún comento. Pero vayamos al asunto: el caso es que en diciembre de 1770 nuestro poeta cae rendido a los pies de María Ignacia, que por aquellos días estaba representando en Madrid la *Hormesinda* de Nicolás Fernández de Moratín. Como puede comprenderse, las actrices no convenían a un militar serio y educado, y ha de tenerse en cuenta que, hasta nuestro siglo, la alta sociedad o la sociedad selecta no admitía a los hombres y mujeres de la farándula y se les tenía por vagos, rameras y maleantes.

Pero de un hombre como Cadalso no se podían esperar minucias sociales, y se relacionó con ella apasionadamente, sin tener en cuenta los chismorreos y corrillos. La joven actriz dulcificaba los sinsabores de su vida militar y de su vida pública, y nuestro poeta no dudaba en afirmar que María Ignacia *(Filis* en la poesía) aliviaba todas sus pesadumbres.

Por desgracia, tras una corta pero fulminante enfermedad, Maria Ignacia muere el 22 de abril de 1771. Y entonces la desesperación nubla el juicio de Cadalso. La leyenda cuenta que, loco de amor y turbado por la desgraciada muerte de su amante, el poeta intentó profanar la tumba de la actriz. Unos dicen que con la intención de llevársela a su casa; otros sugieren que quería morir con ella. Lo cierto, al parecer, es que lo encontraron en la iglesia donde descansaba María Ignacia y que pasó algunas noches en el calabozo, del que sólo salió por la intervención del conde de Aranda, amigo suyo. Otros amigos le recomendaron que saliera de Madrid, cosa que hizo casi obligado, pues fue enviado con su regimiento a Salamanca, donde trabó amistad con uno de los grupos poéticos más importantes de nuestra literatura (Meléndez Valdés, Iglesias de la Casa, etc.).

Para la Historia y para gozo de los lectores siempre quedarán sus *Noches lúgubres*, escritas «imitando el estilo de las que escribió en inglés el doctor Young» *(Night thoughts)*, pero con el pensamiento puesto en la terrible aventura del desenterramiento de su amada.

Don José Cadalso, recién nombrado coronel, muere a principios de 1782 en el frente de Gibraltar. Según el conde de Noroña, nuestro poeta supo que le habían lanzado una granada pero él, impávido, no se movió y la bomba le reventó los sesos.

No es extraño que el coronel José Cadalso escribiera a su amigo Jovellanos una carta en la que decía de su propia vida: «Vida corta, a la verdad, si ahora la acabo, pero llena de casos raros aunque no pase de hoy».

El retrato

Decía el profesor don Miguel de Unamuno a sus discípulos que sólo había una forma de eternidad y que a ésta se llegaba por medio del arte. Y es bien cierto: los grandes escultores, pintores y literatos de la Historia «no han muerto» del todo y sus obras aún siguen despertando emociones en quienes las contemplan. Fue el deseo de inmortalizarse lo que llevó a los grandes reyes, magnates y papas a retratarse, y para ello escogían los mejores pintores y escultores que había en su tiempo. Los obispos y caballeros del medievo se hacían retratar junto a Jesucristo y la Virgen María, y no había hecho de armas, rendición o asedio que no fuera plasmado en el lienzo con el fin de que los siglos venideros conocieran las glorias de aquellos hombres.

En fin, fuera vanidad o soberbia lo que impulsara a los antiguos a retratarse, lo cierto es que las galerías y los museos están poblados de cuadros desde los que hombres y mujeres parecen observarnos. Las leyendas también acuden a estas galerías y la *Mona Lisa* de Leonardo, o *Las meninas* de Velázquez, han dejado una retahíla de historias a su paso.

Pero hoy vamos a ocuparnos de un artista menos conocido: su nombre era Pietro Bartolomé y de él apenas se sabe nada fijo. Se supone que nació en Italia, acaso en Florencia o en Padua, y que vino a España a finales del siglo XVI. Trabajó, según los cronistas, en Sevilla y Valladolid, y aprendió el arte de la pintura en algunos talleres y academias. Sus maestros, al parecer, no confiaban en su destreza y decidió viajar hasta Toledo, donde esperaba encontrar mecenas y fortuna.

Comenzó, pues, a visitar a los nobles de la ciudad imperial y les ofrecía sus servicios: «Yo os pintaré, señor, de tal o cual modo, y seréis admirados en el mundo». Pero la fortuna tampoco acompañó en Toledo a nuestro Pietro Bartolomé y el artista a duras penas ganaba para comprar mendrugos de pan y berzas.

Andaba el hombre cabizbajo y triste cuando, un día al salir de misa, puso sus ojos en una dama. Creyó Pietro que se le venía toda la sangre a la cabeza: tal era la hermosura de aquella joven. Su pelo ensortijado caía como aguas sobre sus hombros; sus ojos brillaban como los luceros matutinos y sus labios, encantadores pétalos, eran, como dijo el poeta, «el nido del niño alado». Pietro se enamoró perdidamente de la joven y quiso saber su nombre y paradero. No tardó en averiguar que vivía en un palacio, junto a la catedral, y sin dudarlo más, envió cartas pidiendo a la joven que lo recibiera.

La muchacha, que tenía un carácter dulce y sencillo, recibió al artista con agrado.

—Permitid, señora -le decía Pietro–, que estampe en el lienzo vuestra belleza.

La joven se negó a prestarse como modelo pues, decía, en Toledo hay muchas hermosas y no le cabía a ella tal dignidad. Pietro se enojó, porque creía que la dama le negaba este servicio por ser él un mal pintor.

No obstante, los dos jóvenes trabaron amistad y se veían regularmente en los jardines del palacio. A cada paso, Pietro le instaba y la apremiaba para que se dejase retratar; y cuando la conversación no versaba sobre las artes pictóricas, el artista la cortejaba y le declaraba abiertamente su amor sincero. Por aquel tiempo los poetas llamaban a sus amantes de modos extraños y eran muy comunes *Filis*, *Amaltea* o *Dorila*. Este último nombre fue el que Pietro escogió para su dama, y le decía:

—¡Oh, Dorila! Permite que mi pobre arte te haga inmortal...

Tanto estrechó Pietro a la pobre Dorila que, finalmente, ésta accedió a ser retratada. Al día siguiente, sin pérdida de tiempo, el pintor se presentó en el palacio con carboncillos y lienzos, y así dio comienzo a su trabajo. El arte de Pietro no destacaba en las escenas religiosas, ni daba con los colores en los paisajes, ni su pericia se demostraba en los bodegones, pero tenía alguna habilidad en los retratos y, por esta razón, no dudaba que el retrato de Dorila sería aclamado por el mundo.

Pero se equivocaba. Por mucho que se esforzaba, le resultaba imposible dar con los trazos adecuados. Buscaba la perspectiva, el gesto, el alma de Dorila, pero su mano se negaba a ejecutar lo que tenía en mente. Durante muchos días estuvo Pietro intentando perfilar la hermosa figura de su amada sin conseguirlo. Su mal humor y su amargura se hacían patentes: la belleza de Dorila no se dejaba representar en el lienzo y los días pasaban sin que el cuadro se rematara.

Abatido y ensimismado, acudió a la catedral y ante el mismísimo Cristo oró fervientemente para que Dios le ayudase en la tarea.

—Quítame, Dios mío, lo que más quiera en el mundo, pero dame fuerzas para concluir el retrato de Dorila...

De este modo rezaba cada mañana. Cierto día acudió a casa de su querida decidido a intentar retratarla por última vez, jurándose que si no lo lograba, abandonaría para siempre su arte y volvería a Italia.

Pero en esta ocasión su mano cedió a la rigidez habitual y en el lienzo se plasmaron las líneas maestras de una imagen hermosísima. ¡Por fin Dorila aparecía! Su gesto, su dulzura, su alegría, el brillo de sus ojos, el encanto de sus labios... todos los colores, y las sombras y los perfiles parecían fluir como por arte de encantamiento. Pietro estaba exultante de alegría: por fin el retrato iba a concluirse y su magnífica ejecución rendiría a Dorila.

Pero por aquellos días la salud de Dorila comenzó a quebrarse. A medida que su figura se reflejaba en el lienzo, la hermosura de la dama parecía marchitarse. Un dolor en el corazón le comía las entrañas y a duras penas la joven podía prestarse como modelo. Pietro no se percataba de ello y su alegría no tenía límites.

—Mañana estará concluido el retrato –decía el pintor, sin ver el gesto dolorido de su amada.

Toda la noche estuvo trabajando en el cuadro, enajenado y glorioso: no había pincelada errada, no había rasgo inútil, todo era perfecto en su obra y la imagen de Dorila parecía viva y presta al movimiento.

A la mañana siguiente su corazón brincaba de alegría: no serían las ocho cuando corrió al palacio de su amada. Por fin había concluido el retrato. Pero un velo de sombras cubría el lugar: una comitiva fúnebre salía de la casa: la joven ama había muerto aquella misma noche y los doctores nada pudieron hacer para salvar su vida.

Comprendió entonces Pietro cuánto mal había hecho a su dama y una amargura profunda se apoderó de su alma. De este modo Dios le había arrebatado lo que más amaba en el mundo, a cambio de un capricho, de una vanidad de artista.

Se dice que Pietro abandonó Toledo aquel mismo día, aunque los cronistas no pueden asegurar si entró en un monasterio o se echó a los bosques, pues nada se supo de él a partir de aquella mañana. Es seguro que murió pronto y que la pena consumió su sangre en pocos días. Por lo que toca a su cuadro, el *Retrato de Dorila* pasó de mano en mano, se presentó en algunas academias, estuvo cubierto de polvo y sólo algún erudito extravagante reparó en él. En la actualidad, nada fijo se sabe de esta obra, aunque algunos afirman que el retrato anónimo que se custodia en cierta galería italiana es el mismo cuadro que pintó Pietro Bartolomé a su amada Dorila en Toledo.

La capa de Luis Candelas

Debajo de la capa de Luis Candelas
mi corazón amante vuela que vuela.
Madrid te está buscando para perderte
y yo sólo te busco para quererte.
Canción

Nadie sabe, a ciencia cierta, qué ocultaba la capa de Luis Candelas. Los relatos y leyendas acerca de este personaje son innumerables y parece mentira que la breve vida de este bandolero fuera suficiente para llevar a cabo tantas hazañas como se cuentan de él. Su fama como delincuente y bandido no ha podido superar la que tenía como amante, aunque es probable que en su persona se hayan fundido dos caracteres distintos: el del proscrito y el de don Juan.

A continuación se narra cierta aventura muy popular, en la que, como se podrá imaginar el lector, hay tantas falsedades como hechos verídicos e históricos.

Corrían años turbulentos en España: tras las sucesivas invasiones francesas, las traiciones del rey Fernando y las iniquidades de los gobiernos de la *ominosa década*, el país parecía comenzar lentamente su recuperación. Sin embargo, la situación política era desastrosa y los gobiernos se sucedían uno tras otro, mostrando sus incapacidades y sus fracasos. La última esposa del moribundo Fernando VII se llamaba Cristina y su hija, Isabel, estaba destinada a ser la reina de España. Pero, en el invierno de 1836, Cristina, ya viuda, sólo esperaba la mayoría de edad de su hija y se acomodaba a lo que los políticos quisieran hacer del país. En febrero de 1837, no será necesario recordarlo, el periodista más importante de aquellos días se quitó la vida.

Ya por entonces las correrías de Luis Candelas eran conocidas, e incluso en el Palacio Real se hablaba de este bandido apuesto y elegante. En la sala de la modista de la reina, varias damas de alta alcurnia se prueban vestidos, escogen telas preciosas y seleccionan los lazos y cintas que lucirán en el próximo baile. De paso, charlan animadamente...

—Dicen que ese bandido tiene el porte de un capitán.

—No lo dude, señora marquesa: la vizcondesa de... asegura que Luis Candelas es el hombre más galante que ha conocido en su vida.

—¡Pues claro: la señora vizcondesa no ha *conocido* a muchos!

—No sean ustedes picantes, señoras. De todos modos, no se puede negar que ese bandido es osado. Dicen que se hizo pasar por indiano rico y que, cuando lo invitaban a casas de postín, desvalijaba los arcones.

—¡Oh! –exclamó la más joven de las damas, cubriéndose el pecho con aire sorprendido.

—Sí, así es –dijo otra hermosa–. ¿No saben ustedes que llegó a robar en casa de un oidor de la Real Audiencia, haciéndose pasar por pajarero?

—¿Y qué me dicen, señoras, del sacrilegio del año pasado? El dueño de la tienda juró que había venido un hombre muy cortés, vestido de secretario episcopal, y que, estando solos, lo amordazó y robó todos los cálices, y pátinas, y cristos, y niñosjesús que había en la casa. Hasta un sagrario de plata se llevó.

—¡Pero es tan guapo...! –dijo una damita rubia, mientras suspiraba y dejaba ver los encantos de su escote.

—Como que la mitad de las damas de Madrid están deseando que Luis Candelas entre y las robe –afirmó la modista de la reina.

—¡A mí no me importaría! –exclamó una hermosa, echándose a reír y provocando la pícara risa de todas las demás, las cuales, seguramente, estaban de acuerdo con ella–. Y ved, señora duquesa, lo que se dice de aquella muchacha que todas conocemos: cuando Luis Candelas la raptó con la intención de pedirle a su padre una buena cantidad de reales, se aseguró que la mocita quedó encantada con él y que, aunque su padre pagó el rescate, ella no quería dejar a su bandido. Y desde entonces no hace más que mirar por el balcón, esperando que vuelva Luis Candelas.

En estas conversaciones andaban aquellas damas, elogiando y suspirando por el famoso bandolero del Avapiés: todas parecían desear algún lance amoroso con él, mas turbábanse cuando pensaban en ello. En aquella salita del palacio, la modista aseguró que la comadrona que lo trajo al mundo se espantó cuando pudo comprobar que el niño tenía en el paladar una cruz de San Andrés, lo cual era signo de brujería. De su capa se contaban también maravillas y, según otra señora, los poderes de esa prenda le habían procurado huidas muy extrañas y misteriosas. Se decía, por ejemplo, que dicha capa lo hacía invisible y que de este modo entraba en las casas para robar. Además, andaba metido en políticas, y conoció a muchos de La Fontana de Oro y de Lorencini...

En esto, un golpe fuerte abrió la ventana de la sala y una figura misteriosa, envuelta en una capa negra, se perfiló en el quicio. ¡Era el mismísimo Luis Candelas que, pistola en mano, irrumpía de semejante modo en la sala de modistas de la reina!

—¡Ea! ¡Reunión de damiselas tenemos! ¡Guardad silencio, hermosas!

Cubriéronse las señoras que no estaban vestidas y las que lo estaban cruzaron sus manos sobre el pecho, como guardándose del asalto. Apenas podían articular palabra y, más bien, admiraban la apostura y galantería de aquel bandido. Sin perder un instante, Luis Candelas fue recogiendo, con dulzura y amabilidad, todas las joyas de las señoras: los anillos, las diademas, las pulseras, los collares... Todo lo hizo con una elegancia sin par, hasta el punto que cada damita esperaba su turno con paciencia y después le entregaban cuanto tenían con gusto y placer.

Después de mucho tiempo, Luis Candelas abandonó la sala por donde había venido y nunca más volvieron a verlo. Allí quedaron las señoras, con una sonrisa dulce y los ojos soñadores, pero sin joyas. Todas suspiraban y miraban la oscuridad de la ventana por donde había entrado aquel hombre...

Luis Candelas fue ejecutado el día 6 de noviembre de 1837 en la plaza de la Cebada de Madrid. Fue capturado cuando huía a Francia en compañía de su joven amante, Clarita. En la prisión de Madrid coincidió con Salustiano Olózaga, un político liberal. En la cárcel, el bandolero tramó una huida sensacional pero, a última hora, cedió su puesto a don Salustiano, que pudo huir mientras el bandolero quedó preso y dispuesto a ser ajusticiado. Fue ejecutado a garrote y se le quebró el pescuezo.

Mito y leyenda de don Juan

Yo a las cabañas bajé,
yo a los palacios subí,
yo los claustros escalé,
y en todas partes dejé
memoria amarga de mí.
José Zorrilla

La leyenda y mito de don Juan era anterior a la obra de fray Gabriel Téllez (Tirso de Molina) titulada *El burlador de Sevilla y convidado de piedra*. Seguramente no se trataba más que de una ilusión o recuerdos vagos de un hecho real o legendario: un caballero, un joven tal vez, encuentra un cráneo pelado, se detiene ante una tumba o un monumento funerario y se burla de la muerte: invita a cenar al muerto, pero éste, contra todo pronóstico, acude a la cita y lo reprende; en casos extremos, se lo lleva con él al infierno. Esto era cuanto tenía el dramaturgo del siglo XVII y lo que había podido extraer de los romances y baladas de entonces, los cuales sugerían ya el argumento del mito más controvertido de la literatura española.

Tal y como afirma don Luis Fernández Cifuentes en su erudito ensayo sobre Don Juan, el poeta barroco sólo contaba con materiales dispersos, pero añadió nuevas características al personaje: a partir de su obra, el burlador no sólo se mofa de los muertos, también afrenta a los vivos: «siente un placer especial en engañar a las mujeres y no tiene reparo en matar a los que interfieren en sus labores de seducción».

En fin, hasta la famosa obra de José Zorrilla, *Don Juan Tenorio* (1844), los autores se esforzaron en dar cuerpo a un personaje singular: el seductor, el burlador, el donjuán. Cada uno (Tirso de Molina, Zamora, Molière, Da Ponte, Lord Byron, etc.) aportaba nuevos rasgos en la pintura de este hombre apuesto, elegante, fanfarrón y pendenciero.

Respecto a la popularidad del mito de don Juan, ya Moratín se había percatado, a finales del siglo XVIII, de que tal vez los eruditos no compartieran el gusto por un personaje semejante, pero era indudable que el pueblo lo amaba hasta el extremo. En un ensayo tan ameno como imprescindible, el profesor Francisco Rico sugiere (o afirma) que sólo las mujeres estaban en contra de don Juan *(Breve biblioteca de autores españoles*, 1990). Lo cual es cierto si se considera que las mujeres son las víctimas de este crápula inmisericorde. Sin embargo, es difícil saber a punto fijo qué interesa especialmente de don Juan: ¿su osadía? ¿Su capacidad amatoria? ¿Su erotismo? ¿Su rebeldía social y religiosa? Su popularidad guarda relación con la figura mítica: es la representación de un argumento abstracto, pero los espectadores en el teatro tienden a ensoñaciones más cercanas: seguramente todos los hombres quisieran ser don Juan, porque ir de alcoba en alcoba sin remordimientos, gozando a todas las damas que salgan al paso, es una idea recurrente en el sexo masculino. A los hombres también le gustaría tener la apostura y gallardía de don Juan: hablar como él, seducir como él, tener su valor, correr aventuras sin cuento... Las damas, por su parte, conocen que serían burladas por don Juan, pero lo dejan escapar porque saben que ése es su cometido y el *burlador* se va contento *creyendo* haber engañado a la mujer. La mayoría de las mujeres no están dispuestas a admitir que gozarían de buen grado una aventura con un hombre como don Juan, muy superior en todo a lo que tienen en sus casas. Aunque la idea de un asalto erótico las hace estremecer, existe también un impulso irrefrenable, una querencia soterrada a esta fantasía amorosa. Por otro lado, don Juan, como mito moderno, ha perdido algo de su vigor; precisamente porque las damas de nuestro tiempo no toleran al fanfarrón clásico, al mujeriego, «en términos corrientes y molientes». El don Juan al que todos envidiamos o deseamos es el de la fantasía o ensoñación: el que representa un amor «a capricho, inagotablemente variado, alegre, venturoso», y éste sigue triunfando en las tablas y en los sueños de hombres y mujeres dispuestos a vivir una aventura erótica sin compromisos sociales, religiosos o éticos.

El siguiente relato es una recreación basada en la obra de teatro de Tirso de Molina, El burlador de Sevilla, *y en la famosa pieza de José Zorrilla,* Don Juan Tenorio. *Aunque ambos dramas son sustancialmente distintos, los dos señalan las características primordiales de su personaje central, don Juan. El resumen que a continuación se hace de las aventuras del héroe se propone condensar dichos rasgos, que convierten al libertino sevillano en un mito, en una leyenda.*

En una taberna sevillana, allá por los años de 1540, un hombre se ocultaba bajo su capa. Algunos fanfarrones y bravucones se cuentan sus fingidas hazañas y alardean de sus fechorías. El embozado apenas presta atención a estos pendencieros portuarios y mira a un lado y a otro, como si estuviera esperando a alguien.

Al cabo de un tiempo entra en el mesón otro embozado y se dirige, sin dudarlo, a la mesa de nuestro amigo. Ambos se saludan cordialmente, como si se conocieran desde hace mucho tiempo... Y así es, en efecto. El uno es don Juan Tenorio y el otro, don Luis Mejía. A su alrededor se juntan otros hombres, de daga en faltriquera, y todos se abrazan y beben: a buen seguro están celebrando una reunión singular. Allí tomó la palabra don Luis Mejía y dijo:

—Veamos, don Juan. Todo fue porque un día dije que España entera conocería los hechos de mi persona.

—Y yo -contestó don Juan- os rebatí, afirmando que nadie obraría con más saña y maldad que Tenorio, como es notorio.

Recordaron ambos que, hacía un año justo, los dos habían apostado que serían los más perversos que hubiera conocido el mundo y que, al cabo de ese tiempo, se reunirían para dar cuenta de sus hazañas. Apremiado por todos los bravucones, don Luis Mejía comenzó a hacer relación y lo que contaba estremecía a propios y extraños:

—Pues tratando de dar buen fin a mis intentos, me dirigí a Flandes: se asegura que allí hay campo ancho para amores y pendencias. Pero la diosa Fortuna me volvió la espalda, y perdí todo mi caudal en un mes; de modo que me uní a unos bandoleros y, juntos, asaltamos el palacio episcopal de Gante. El jefe de los bandidos quiso quedarse con mi parte, así que lo maté. Todos me declararon nuevo capitán, pero yo huí con todo el botín y los dejé sin blanca, pues ya se conoce que quien roba a un ladrón tiene cien años de perdón. De Flandes pasé a Alemania, pero allí un monje jerónimo me delató: el dinero, que todo lo compra, compró también mi libertad; y me fui a buscar al fraile, al que encontré y maté sin reparos. Francia es un buen país, y allí acabé: en seis meses que estuve en París, todos hablaron de mí. Escándalos, daños, injurias y lances... donde quiera que hubiera pendencia, allí estaba yo... En fin, no quiero alargar mi historia, sólo sépase que, como dijo el poeta, «por donde fui, la razón atropellé, la virtud escarnecí, a la justicia burlé y a las mujeres vendí». Decid vos ahora, don Juan.

Tomó entonces la palabra el caballero Tenorio y habló del siguiente modo:

—Buscando lugar para emplazarme y dar fin a mis empresas, a Italia me fui, porque allí tiene el placer un palacio, según dicen. Y como resulta que en Italia tiene su lugar la Guerra y el Amor, no hay lugar mejor. Busqué amores y desafíos... ¿a qué dar más señas? Roma es lupanar de un extremo a otro y yo, gallardo y calavera, no podría contar las mujeres que gocé y los cuernos que amarré. Como puede suponerse, tuve que huir de la ciudad al cabo de un tiempo, y me uní a los ejércitos de España, pero tras cinco o seis desafíos abandoné la carrera militar y paré en Nápoles. Y allí hice cuanto mal se pueda imaginar: de las cabañas a los palacios, y del coro al claustro, no quedó novicia virgen, ni marido sin coronar; no reconocí sagrado, no respeté la justicia y no distinguí clérigo o seglar. Mil veces me batí y mil veces maté; mostrad vuestras cuentas y ved si os salen más muertos y más damas que a mí.

Los testigos compararon las cuentas de uno y otro. Don Luis había matado a veintitrés, pero don Juan había abatido a treinta y dos. Don Luis había conquistado a cincuenta y seis damas; pero don Juan había engañado a setenta y dos.

Don Juan, en efecto, había estado en Nápoles y allí tuvo lugar una de las aventuras más tremendas del infame seductor. Octavio, hombre apuesto y galante, pretendía casarse con Isabela, una dama hermosísima perteneciente a la corte de la reina. Don Juan, ni corto ni perezoso, había entrado de noche en la alcoba de la muchacha y, haciéndose pasar por Octavio, la había gozado abundantemente. Don Pedro Tenorio, embajador de España en Nápoles, acabó descubriendo la trampa y sugirió a su sobrino que huyera del país y que estuviera en guardia, porque su fechoría sería perseguida con saña y su vida corría peligro. Don Juan embarcó con dirección a Sevilla, donde debería reunirse con don Luis, el otro apostante, pero la embarcación naufragó frente a las costas de Tarragona. Puesto que el destino interfería en sus designios, don Juan aprovechó para engañar a la joven Tisbea, una pescadora a la cual gozó con fruicción durante una semana sin descanso. Le prometió que se casaría con ella, pero al fin la abandonó.

Don Juan llegó finalmente a Sevilla y tuvo la reunión con don Luis, como se ha relatado. Todos los fanfarrones de Hispalis estuvieron de acuerdo en que Tenorio era el más ruin, el más violento, el más calavera de los hombres conocidos. Admiraban su virtud amatoria y se asombraban ante los números que presentaba: un día para enamorarlas, otro para consiguirlas, otro para abandonarlas y dos para sustituirlas. Y sólo una hora para olvidarlas. Así era don Juan, todo un galán, todo un criminal.

En aquella misma reunión tabernaria, don Luis, a la sazón Marqués de la Mota, confirma que está hastiado de vagar por esos mundos de Dios y que piensa poner fin a sus aventuras casándose con doña Ana de Pantoja. Don Juan, dispuesto a no perdonar ocasión propicia, afirma que antes de verificarse la boda, gozará a doña Ana. Indignado, don Luis amenaza a don Juan, pero éste sostiene que doña Anita caerá en sus brazos y que pasará la noche con ella.

Los dos amigos, enemigos desde entonces, se separan con el gesto torcido y don Juan comienza a urdir su plan. Llegado el caso, don Juan Tenorio escala la casa de doña Ana, dispuesto a gozar los dulcísimos encantos de la doncella pero, cuando alcanza el patio, se encuentra con don Luis. El pendenciero Tenorio llama a sus criados y ordena que secuestren al novio. Don Juan ríe a carcajadas y piensa en la fama que este lance puede acarrearle. Se interna en las galerías de la casa y, al paso, le salen Brígida y Lucía, dos hermosas damas que acompañan a doña Anita. Mientras las embelesa con su palabrería, don Juan las goza en la cocina y en el sótano, y después con ambas del brazo pasan a la despensa, donde entre harinas, panes y verduras dan rienda suelta los tres a las más lujuriosas hazañas. Tras más de seis horas de ludibrio sin fin, Lucía entrega la llave de la alcoba de doña Anita. Ni la capa se aderezó don Juan, derecho se va a la habitación donde la doncella duerme plácidamente...

Don Diego Tenorio, padre de don Juan, había recibido cartas de su hermano, desde Nápoles. En ellas, el embajador daba noticia de los amplios desmanes que su sobrino Juan había dejado atrás. Sugería, por tanto, que alejara al infame calavera de la ciudad y que estuviera atento, porque el sobrino era incorregible y no cabía duda de que continuaría dando que hablar. Don Diego Tenorio, abrumado por las pendencias de su vástago, lo llamó a palacio y le ordenó que dejase Sevilla y fuese a Lebrija, donde nadie supiera ni su nombre ni la vergüenza de la casa de los Tenorio. Sin embargo, don Juan miró de soslayo a su padre, se envolvió en su capa y despreció todos sus consejos. Es más, le dijo que traía en mientes la más terrible aventura que hubieran visto las Españas. Y mandando al diablo a su propio padre, salió de la casa.

La última maldad urdida por don Juan consistía en asaltar el convento donde está doña Inés, hija del Comendador de Calatrava, don Gonzalo de Ulloa. Para lograr su fin, don Juan cuenta con la inestimable ayuda de Brígida, una verdadera Mesalina con apariencia de beata, a la que el vil conquistador utiliza como alcahueta. Brígida, sólo por gozar los placeres celestiales de don Juan, traiciona las leyes conventuales y franquea la entrada del conquistador al monasterio. Una vez dentro, la palabrería embaucadora del don Juan logra convencer a Inés de Ulloa y la rapta, llevándola a una quinta suya cerca de Lebrija.

La indignación y la admiración corre de boca en boca en Sevilla. Los hombres de honor y las damas sensatas reniegan de don Juan y admiten que sus fechorías no pueden llegar más alto: ha profanado el claustro sagrado y con argucias y añagazas ha embaucado a Inés de Ulloa. Los fanfarrones portuarios ríen y se asombran ante esta nueva proeza del rey de los galanes.

El Comendador, don Gonzalo de Ulloa, no sabe a qué atenerse. Hace preguntas, indaga, pero nadie sabe darle noticia de dónde puede hallarse su hija. Sólo conoce que está en manos de un villano y que la deshonra ha caído sobre su familia: no queda más remedio que la venganza. A su ayuda acude don Luis Mejía, antaño amigo de don Juan, y víctima también de las tropelías del Tenorio. Don Luis informa al Comendador de que Inés está en una quinta próxima a Lebrija y que allí permanece al dudoso amparo de don Juan.

Sin tardanza, ambos salen de Sevilla con guardias y criados, dispuestos a poner fin a tanta infamia. Don Juan, que sabe de su llegada, los hace pasar. Ahora bien, han de entrar sólo los dos caballeros, sin guardia y sin compañía.

Por fin, el Comendador tiene enfrente a don Juan Tenorio. Éste, con su habitual descaro, afirma que ama a doña Inés y que su único fin es desposarse con ella. Don Gonzalo no puede soportar tanta desvergüenza y villanía: lo llama cobarde y traidor, y lo maldice.

—Un caballero –le dice– se avergüenza de vos: no sé cómo puedo soportar tanta vileza. ¡Cobarde! ¡No hay bajeza a la que no oses, si supones que saldrás con bien! ¿Y aún quieres tomar a mi Inés como esposa? ¡Entrégamela al punto o aquí mismo te mataré!

Y don Luis Mejía, que estaba a su lado, afirma:

—Ya se ve, don Juan, hasta dónde ha llegado tu valor. Míranos, aquí junta Dios al padre de doña Inés y al vengador de doña Ana. La justicia te espera tras esas puertas y has de rendirte o soportar nuestra venganza.

Harto y más que harto de tanta amenaza, don Juan se levanta de su escaño y con voz atronadora exclama:

—Pues no admitís mi amor con doña Inés, ni admitís que pueda haberme corregido, ¡venza el infierno!

Y sacando su espada, lucha con ambos y los mata.

El alboroto es tremendo y la justicia entra en la sala, pero don Juan ha tenido tiempo de huir, lanzándose al río y perdiéndose de vista.

Traen a doña Inés, la cual ve a su padre yaciendo en un mar de sangre... Su débil corazón no puede soportar la amargura y la pena, y se quiebra ante semejante espectáculo. Cae implorando perdón y...

Pasaron los años y de aquel triste suceso las gentes comenzaban a olvidarse.

En cierta ocasión acertó a pasar por Sevilla un hombre incógnito y se hospedó en una discreta posada junto al Guadalquivir. Aunque procuraba ocultarse, algunos vecinos aseguraron que conocían a aquel hombre, pero a ciencia cierta no sabían quién era.

Un día estaba paseando este caballero por las calles de Sevilla y llegó a un extraño lugar: parecía que el edificio había sido reconstruido y que allí donde estuvo un palacio había ahora un panteón. El forastero quiso saber por qué razón el palacio se había convertido en tumba e interrogó al escultor.

—Pues sepa usted, don forastero, que este palacio perteneció a don Diego Tenorio, un varón estimado y noble cual pocos. Pero, para su desgracia, tuvo un hijo mil veces peor que el fuego y, según dicen, un aborto del abismo. Era tan cruel y sanguinario que no respetó ni el cielo ni la tierra; era vil, quimerista, seductor y jugador de fortuna. Si es cierto cuanto dicen de él, estará en el infierno o llegará pronto.

El forastero volvió el gesto y observó con veneración el recinto mortuorio.

—Vea usted -continuó el escultor-: don Diego dejó dicho que toda su fortuna se empleara en hacer de su palacio un panteón, y que aquí quedaran en piedra esculpida todas las fechorías de su hijo. Aquí están enterradas todas sus víctimas, mas me he cuidado de componer las estatuas de los nombres más celebrados: don Diego Tenorio, que murió de vergüenza; don Luis Mejía, Marqués de la Mota; doña Ana de Pantoja; don Gonzalo de Ulloa, el Comendador de Calatrava; y su hija, doña Inés, que murió de pena en un convento cuando se vio abandonada y sola.

Un terror venerable infundía este suntuoso panteón a todos cuantos lo veían. A todos excepto a don Juan, pues éste era el caballero que interrogaba al escultor. Su alma, aún más endurecida, ni respetaba ni temía la memoria de sus víctimas. Ya no tenía conciencia ni corazón: era un monstruo convencido de que Dios se había alejado de él.

El escultor huyó del lugar sospechando del forastero y don Juan quedó solo en el panteón.

En la soledad sepulcral don Juan lamenta su vida pasada y piensa en los días perdidos de la juventud, entre pendencias y aventuras desatinadas. Se acerca a la sepultura de doña Inés y derrama lágrimas sobre ella... De pronto, una sombra se yergue y le habla:

—Don Juan... Yo mi alma ofrecí a Dios, a cambio de tu alma impura... Y así me veo condenada a vivir en esta tumba, por amar con delirio a un Satanás hecho hombre. Esta noche se cumple el plazo, don Juan, para que entreguéis vuestra alma a Dios o los dos perezcamos en el infierno...

Y la sombra se desvaneció.

Aún estaba aterrorizado don Juan y su imaginación forjaba delirios y fantasmas cuando entraron en el recinto algunos valentones, como aquellos que vimos en la primera escena de este drama. Todos conocieron al punto a don Juan y, con halagos y bravuconerías, lo abrazaron y lo felicitaron: «¡Nadie como don Juan!», decían. Animado por las fanfarronadas y vilezas de aquellos infames, don Juan apartó sus miedos y creyó que la sombra de doña Inés había sido un engaño de su fantasía.

Uno de los infames, llamado Avellaneda, le preguntó qué hacía allí y si no temía a los muertos. Don Juan respondió que, si volvieran a la vida, de nuevo los volvería a matar. Y prosiguiendo en sus desmanes, invitó a sus amigos a cenar allí mismo.

—Y no seré tan descortés: ved aquí a don Gonzalo de Ulloa, el Comendador, también lo invito a él. ¡Que venga a cenar con nosotros! Aunque... bien pensado, tal vez no pueda venir. ¡Ja, ja, ja, ja!

Se encargó, pues, la cena, con perdices, pollos, terneros, corderos, frutas, quesos y pan y vino. Don Juan narraba al por menor todas sus hazañas, llevadas a cabo en los años que estuvo fuera de Sevilla, y los bravucones lo miraban embobados: tales eran los desmanes que había hecho, que ni veinte jueces serían capaces de escribir todos los delitos que había cometido. Había matado a caballeros y aldeanos, con razón y sin ella; había desvalijado catedrales e iglesias; había entrado en los monasterios y los conventos; había rondado a las novicias; había cornamentado a trescientos franceses y a quinientos italianos, por no contar a los holandeses y alemanes; había forzado a cuarenta doncellas y se habían entregado a él cientos de mujeres; había fornicado –y esto gustó mucho a los fanfarrones– en cuarteles, en conventos, en iglesias, en palacios, en castillos, en lupanares, bajo los puentes y en las torres, en las trincheras y en los hospitales, en salas, en alcobas, en cárceles, en cementerios, en barcos, en la montaña y en las esquinas de Roma... Don Juan prosiguió con sus lances de amor...

De pronto sonaron unos aldabonazos en la puerta del palacio sepulcral.

Todos quedaron quietos y en silencio. Los más prudentes se retiraron hacia la puerta, y otros tomaron sus espadas. Don Juan los tranquiliza y les dice que no ha sido nada, mas vuelven a llamar con más brío y los fanfarrones palidecen de terror.

—¡Es el Comendador! -dijo Avellaneda-. ¡Tú lo invitaste y ha venido!

—Pues si ha venido -contestó don Juan-, que pase. ¿No pasan los fantasmas las puertas y los muros?

Y no había acabado de pronunciar estas palabras cuando todos los amigos de don Juan cayeron por tierra como desvanecidos y sin conocimiento. Al cabo, como una sombra, la estatua del Comendador entró filtrándose por el muro y se plantó en la sala.

—¿Tembláis, don Juan? -preguntó la estatua con voz sepulcral.

—¡Dios mío!

—Aquí me tienes, infame, y conmigo han venido las víctimas de tu desvergüenza -y aparecieron tras él mil fantasmas con sus pechos corroídos y la carne podrida-. Don Juan, tu vida se acaba: tú me ofreciste viandas; ceniza y fuego te ofrezco yo. Ven. En el fuego perecerás, por tus crímenes y sacrilegios. Ven. Arrepiéntete. Ven. Ven.

Y tendiéndole la mano, toma a don Juan de la suya. Se oyen entonces las campanas de una iglesia cercana, que tocan a muerto; y junto al gran panteón se ven pasar hachas de fuego y un féretro. Nadie llora la muerte del difunto, sino que las culebras y los escorpiones se ceban en el cadáver, transportado por siete hombres con mortajas...

Don Juan siente que sus entrañas están siendo devoradas por el fuego y pide confesión, pero la tierra se abre a sus pies y la estatua lo arrastra consigo al abismo: «Ya es tarde, ya es tarde», dicen todos los muertos, mientras se oyen en lo profundo las últimas voces de don Juan, que pide perdón por sus pecados...

Pueblos y Lugares

Los Pirineos

Al menos existen tres historias que relatan cómo se formaron los montes Pirineos y en ellas se mezclan de modo sorprendente distintos argumentos, a cada cual más extraño. La única versión cierta es que los Pirineos se formaron cuando la placa tectónica africana empujó la base continental euroasiática: éste es el origen de los Alpes, de la Cordillera Cantábrica y, también, de la Cordillera Pirenaica.

Sin embargo, una explicación tan prosaica no convence a todos y hay quien afirma que en la formación de estos montes tuvo mucho que ver el mismísimo Hércules:

Se dice que en la antigua región de Narbona vivía el rey Bébrice, el cual tenía una hermosa hija llamada Pirene. La fama de la belleza de Pirene se había extendido por el mundo y desde los más remotos lugares llegaban a Narbona príncipes y pretendientes que deseaban tomarla por esposa. Acertó a pasar por allí Hércules: andaba éste persiguiendo a los Geríones con los cuales tuvo enconada guerra durante muchos años. Estando en el palacio del rey Bébrice, también Hércules pudo admirar la singular hermosura de Pirene, y quedó prendado de ella. La joven Pirene, ingenua y dulce como era, cayó rendida en brazos del héroe, puesto que desde hacía mucho conocía su historia, su fortaleza, su sagacidad y su buen corazón. Al cabo, Hércules tuvo que partir pero la joven Pirene descubrió que estaba esperando un hijo del semidiós. Pasados nueve meses, Pirene alumbró una serpiente y todos en el palacio quedaron horrorizados. Pirene fue expulsada de la casa de su padre y ella misma, sobrecogida por aquel parto repugnante, se echó al monte desesperada. Lloraba la joven su suerte y no deseaba para sí más que la muerte. No tardó en ocurrir: caminaba triste y sin consuelo por el monte cuando unas fieras salvajes la atacaron y la devoraron, esparciendo sus restos por las agrestes selvas.

No pudo Hércules olvidar a su amada y al cabo del tiempo volvió a Narbone: allí le contaron lo sucedido y lo expulsaron de la ciudad, pues había seducido a la princesa y la había convertido en madre de un monstruo. Entristecido, Hércules encontró los huesos de la hermosa Pirene extendidos por el monte y quiso darle sepultura. Con sus prodigiosos brazos tomó muchas rocas y las fue apilando a lo largo de aquellas sierras, pero ni el esfuerzo ni el paso del tiempo mitigaron el dolor de su corazón ni pudo olvidar la dulzura de su amada. De modo que continuó durante muchos años apilando enormes rocas en aquel lugar, construyendo de este modo la más inmensa tumba que pudiera imaginarse. Y al fin, cuando Hércules tuvo en paz su alma, vio que había elevado el túmulo de Pirene hasta más allá de las nubes, y que en los lugares más altos había nieves perpetuas... Desde entonces aquellas montañas se llaman Pirineos, en honor de la princesa que amó a Hércules.

Numancia

La verdadera historia de Numancia está teñida de hazañas y gestos legendarios. El asedio a la famosa ciudad celtíbera ha sido pretexto para la composición de odas, elegías y tragedias (como la de Ignacio López de Ayala, en el siglo XVIII, *Numancia destruida)*. En la actualidad, de aquella gloriosa población no quedan sino los vestigios, en un cerro pelado y yermo, cerca de la ciudad de Soria. El visitante puede imaginar, visitando aquellas ruinas, cómo se vivía en el siglo II a.C., pero acaso sea necesario recordar que la mayor parte de los restos numantinos pertenecen a la ciudad romana, reedificada y diseñada por los soldados de la metrópolis. Los baños, los mosaicos, las columnas y otros elementos urbanos apenas dejan entrever un pasado aún más antiguo, en el que los iberos vivían en un estado casi primitivo.

En el año 133 a.C. los numantinos vieron con horror la llegada de las tropas de Escipión. Durante casi veinte años, los iberos habían soportado toda clase de penalidades y habían luchado valerosamente contra los soldados romanos, pero el gran héroe de Cartago había prometido domeñar la resistencia de Numancia. Desde luego, Escipión no era Hostilio Mancino: éste no era más que un cónsul vulgar y pusilánime al que los iberos habían hecho firmar la paz más vergonzosa para Roma.

Las desgracias para los numantinos comenzaron cuando, en plena invasión romana, habían tenido la honrosa pero peligrosa idea de acoger a los rebeldes lusitanos, los cuales a duras penas se rendían al poder omnímodo de Roma. La resistencia de los celtíberos era, pues, más tenaz de lo que se esperaba y, además, el tipo de guerra que llevaban a cabo los habitantes de Hispana no era el más favorable para las tropas de la República: los habitantes de la Península solían apostarse en bosques y desfiladeros desde donde atacaban a las tropas romanas con piedras y armas primitivas. El mismo Julio César conocía bien los talentos de los bárbaros y él mismo utilizó a los honderos de las Baleares en sus conquistas. Los hispanos, por tanto, han tenido una especial predilección por la llamada «guerra de guerrillas» y esta estrategia, desde luego, descomponía a los formidables pero rígidos ejércitos de Roma.

Pero volvamos a Numancia. Decíamos que los numantinos habían albergado a los lusitanos rebeldes, lo cual había hecho fracasar un antiguo tratado entre los íberos y los romanos. Según dicho tratado, firmado por Sempronio Graco, la ciudad ibera mantenía cierto grado de independencia, y el pacto de no agresión parecía desenvolverse con toda normalidad. Pero el apoyo a la rebeldía lusitana irritó sobremanera a Roma, que decidió poner fin a la independencia numantina y castigar su insolencia. Durante veinte años, como se indicó arriba, los celtíberos defendieron su territorio y su ciudad, derrotando una y mil veces a los severos escuadrones romanos.

Pero estas victorias llegaron a su fin cuando en el horizonte se perfilaron los batallones de Publio Escipión Emiliano. Este hombre, curtido en las guerras contra los cartagineses, sabía muy bien cómo dominar a los terribles iberos y no dudó en llevar a cabo una estrategia largamente utilizada con muy buenos resultados. Estableció, en torno a la ciudad, una empalizada y una muralla; además, dividió su ejército en dos partes y construyó sendos campamentos, uno a cada extremo de la ciudad asediada. De los bosques cercanos se trajo madera suficiente para levantar siete torres, desde las cuales se observaban todos los movimientos enemigos y se alertaba en caso necesario. Escipión estaba seguro de que Numantia no tardaría mucho en rendirse: sin agua, ni alimento, ni provisiones de ningún tipo, era fácil que el hambre y la sed hicieran mella en la unidad ibera y que, muy pronto, o se rendían o comenzaban las desavenencias entre ellos y la ciudad caería en su poder.

Pero Escipión no contaba con el valor de los numantinos. Durante muchos días, los iberos intentaron averiguar cómo hacer frente al asedio romano. Mas no había modo: salir a campo abierto era entregar la ciudad; los romanos eran más numerosos, mejor pertrechados y adiestrados en la guerra frontal. Y si resistían el asedio, acabarían por morir de hambre y sed. Aún así, optaron por la resistencia.

La penuria llegó a extremos inconcebibles: comenzaron por comerse los caballos, después los perros y los gatos, y hasta las ratas acababan en la cazuela. Se veían obligados a beber la sangre de los animales para no perecer de sed y cada gota de lluvia era oro puro en aquel terrible estado. No tardaron en aparecer los primeros cobardes, dispuestos a claudicar y a rendirse del modo más ignominioso. Escipión, por su parte, enviaba mensajeros con la intención de encizañar a los jefes iberos y les prometía lo que jamás iba a cumplir.

Se dice que los numantinos acabaron comiéndose los cueros de las sandalias y más: que los mismos muertos de hambre servían para alimentar a los que aún quedaban vivos. No es cierto, como se dice, que se comieran a los niños, aunque es probable que algún numantino se hiciera cortar un brazo o una pierna para dar de comer a su familia.

La desesperación, finalmente, llegó a su culmen: no había salida. La venganza de Roma había sido terrible y, quisieran o no, Numancia acabaría doblegada. Pero aún quedaba por ver la hazaña más grande que recordaran los tiempos: los numantinos incendiaron su aldea, se acuchillaron unos a otros y se lanzaron desde las torres en una inmolación heroica. Hasta el Foro llegaron las noticias de este suceso y Escipión no pudo llevar a Roma más que cenizas y a algunos cobardes que no tuvieron agallas para quitarse la vida en aquella gloriosa ocasión.

Para siempre quedó en la memoria de los pueblos, como dice Tácito, la manera tremenda de ceder un pueblo a las tropas romanas, y Numancia se convirtió de este modo en el símbolo de la rebeldía ante la nación más grande que vieron los siglos.

San Andrés de Teixido

Se dice que San Andrés estaba triste. La razón, según cuentan, tenía un punto de envidia y otro punto de compasión. Al parecer, San Andrés había observado que de todos los lugares del mundo venían a Galicia los peregrinos. Éstos, fuese cual fuese su patria, no dudaban en echarse a los caminos y en hacerse a la mar con el único fin de visitar la tumba de Santiago. Los peregrinos sorteaban grandes dificultades, peligros, enfermedades, asaltos de bandidos... no importaba: lo principal era seguir el Camino Francés que viene desde el monasterio de Cluny, el Camino Inglés, más corto, y que partía en La Coruña, el Camino Portugués o la Ruta de la Plata. Todo por abrazar al Apóstol y ganarse el perdón de los pecados.

No es que San Andrés le tuviera ojeriza a su condiscípulo Santiago, es que no hallaba razón para que éste tuviera tantos devotos y él, ninguno. El santuario de San Andrés se encuentra un poco a trasmano, en el cabo norte de Galicia, llamado Ortegal. Nótese también que el acceso era muy penoso y que a San Andrés de Teixido se llega de muy malas maneras, tras subir cuestas empinadas y pedregosas y tras bajar molestos barrancos.

El caso es que a San Andrés de Teixido no iba nadie, mientras que Santiago de Compostela bullía en contento, algarabía y piedad devota. Estaba en estas meditaciones San Andrés cuando, a la revuelta de un camino, se le apareció Nuestro Señor Jesucristo.

—¿Por qué andas triste y desconsolado, Andrés? –le preguntó.

—Maestro, tengo una gran amargura: que a Compostela van todos los peregrinos del mundo y a mi santuario no viene nadie. Y esto ha de señalar, por fuerza, que algún pecado he cometido y que no me amaste tanto como a Santiago, y por esta razón mi santuario está vacío.

Dicen que Jesús sintió lástima de su discípulo Andrés y tomándolo del brazo le dijo:

—Yo te digo, Andrés, que no fuiste menos que Santiago y que tanto te amé a ti como a él. Y te prometo que nadie ha de entrar en el Reino de los Cielos sin pasar antes por tu santuario. Y quien no haga esta peregrinación en vida, la hará en la muerte.

Por esta razón dicen los gallegos que

a San Andrés de Teixido
vai de morto o que non vai de vivo.

Y así es, en efecto. Muchas gentes, sobre todo en Galicia, no faltan a esta promesa que Jesús le hizo a San Andrés y, a pesar de los muchos inconvenientes que tiene el camino, acuden a San Andrés de Teixido para evitar la peregrinación tras la muerte. Muchos devotos cargan con piedras durante toda la caminata y las depositan en los llamados *milladoiros*, tal y como se hace en otros tantos lugares santos. Tanto como dura el camino, los viajeros han de tener cuidado con las serpientes, los sapos, los lagartos y otras alimañas propias de aquellas tierras: se dice que en esos animales están encarnadas las almas de los que no quisieron peregrinar en vida a San Andrés y, por tanto, deben hacerlo en muerte, convertidos en esos animales repugnantes.

En fin, peregrino, recuerda las palabras del Santo y no olvides que a San Andrés de Teixido va de muerto el que no va de vivo.

Leyenda de la bandera de Aragón, Cataluña y Valencia

Existen varias historias muy semejantes en estas tres regiones españolas que narran, con alguna diferencia en nombres y épocas, el origen de las barras encarnadas que distinguen la bandera de estos pueblos. En la actualidad, la bandera de Cataluña muestra un fondo de oro sobre el cual pueden verse cuatro barras rojas; la de Aragón es idéntica, salvo por el escudo estampado en el centro; por su parte, la bandera de Valencia, llamada *senyera*, se conoce por la franja azul junto al mástil, pero también consta de las cuatro franjas rojas.

En cada una de estas tres partes de España se refieren leyendas que explican el porqué de su escudo de armas y en cada una de ellas se arrima el ascua a la sardina más cercana, esto es: se hace protagonista de la leyenda al héroe local más popular o se sugiere que las cuatro barras rojas nacieron de las hazañas de sus compatriotas. En cualquier caso, la versión más conocida es la siguiente:

Corrían los tiempos oscuros de la Edad Media, cuando gran parte de la Península se hallaba en manos de los moros, y cuando León, Castilla y Aragón apenas eran capaces de hacer frente a las hordas musulmanas. Por aquel entonces reinaba en Francia Carlos I, cuyos territorios se extendían por media Europa y alcanzaban hasta Barcelona: en aquellos días Cataluña se llamaba la Marca Hispánica o el Franco Condado, por pertenecer al reino de Francia. Carlos I de Francia no se veía menos apremiado que los pobres reyes de Hispania, ya que los fieros normandos asolaban las costas del norte, abordaban los barcos de comercio y de guerra, e incendiaban las aldeas marineras. Ante tan terrible aprieto, el rey envió noticias a su sobrino Wilfredo, que a la sazón era conde de Barcelona. Le pedía, o le rogaba más bien, que acudiera en su ayuda para derrotar de una vez por todas a las huestes normandas.

No dudó Wilfredo, llamado *el Velloso*, en acudir en ayuda de su tío. Un gran ejército de catalanes se puso en marcha y, llegados a las costas, entablaron fiera batalla contra los normandos. Hubo gran carnicería y las costas francesas se tiñeron de sangre: los muertos yacían entre las rocas de los acantilados y en las arenas; y ni siquiera Wilfredo se libró de una profunda herida provocada por una saeta normanda, lanzada desde los barcos norteños.

Pero al fin, los catalanes derrotaron a los invasores y éstos huyeron asombrados y atemorizados ante el valor de aquellos soldados venidos desde Hispania. El rey Carlos quiso recompensar a Wilfredo y le prometió grandes tesoros y haciendas. Pero Wilfredo negó con la cabeza y dijo:

—Ni riquezas ni bienes quiero, mi señor. Sólo lamento que habiendo dado los catalanes la sangre por Francia, nuestro escudo aparezca sin blasón ninguno y sin honores.

Pues era cierto que el escudo de Wilfredo no era más que un campo de oro, sin distinción ni ornamento.

Quiso entonces el rey Carlos honrar a su sobrino y a todos los catalanes, y mojando los cuatro dedos de su mano derecha en la sangre que aún destilaba la herida de Wilfredo, con un gesto imprimió en el campo de oro las cuatro barras rojas que hoy ondean en la bandera de Aragón, de Cataluña y de Valencia.

La lavandera de El Hornillo

Tienen los caminantes una costumbre peculiar: es ésta la de adentrarse en montes y sierras, buscando lugares amenos donde descansar o solazarse un tanto, alejados del bullicio cotidiano y de los sinsabores comunes. El caminante que esto escribe se hallaba en cierta ocasión en los pinares de la Risquera, cerca del pueblo llamado El Hornillo, en la provincia de Ávila. Queda esta aldea un tanto a trasmano y más vale llegarse a ella desde Arenas de San Pedro, porque por el norte uno se topa con las inmensas moles graníticas del monte Almanzor y su imponente circo glaciar, fabricado por la naturaleza en el principio de la Creación.

Este pueblo que digo goza de un excelente clima y por esta razón se cultivan allí desde hace mucho tiempo las cerezas, que compiten en sabor y dulzura con las del valle del Jerte. Sus gentes son amables y laboriosas, y uno puede hallar en El Hornillo condumio bastante cocinado al estilo castellano. De este pueblo sale un camino hacia el monte, hacia la Risquera y desde allí cruzando el arroyo de Cañamarejo se llega, por una senda empinada, hasta el lugar que llaman Los Roperos. Este espléndido lugar debe su nombre a una antigua costumbre: las mujeres iban a lavar su ropa a estos lavaderos naturales; las piletas fueron horadadas por el agua desde tiempos inmemoriales y la gran cantidad de cascadas, arroyos y surtidores lo convierten en el mejor lugar para hacer la colada. En las grandes losas o lanchas de granito las mujeres de El Hornillo tendían la ropa blanca y pasaban el día entre risas y chascarrillos hasta que el atardecer las devolvía a la aldea.

Pues bien, estaba el caminante en este maravilloso lugar: imaginaba a las jóvenes lavanderas hacer su trabajo y en sueños podía oír las risas de las muchachas. En esto, la voz de una joven lo sobresaltó:

—Has de saber, viajero, que este lugar es sagrado.

—Por cierto que lo es –contestó el caminante–. Y si no lo es, debería serlo, que no he encontrado jamás en mis caminatas un lugar tan ameno y sosegado como éste.

Tenía la joven la mirada más profunda que nunca se viera, lo cual sobresaltó un tanto al andariego; y su voz era tan dulce y severa al mismo tiempo, que cualquiera habría dicho que se trataba de un ángel o cosa parecida.

—No queda memoria -continuó aquella joven misteriosa- de los tiempos en que muchachas como yo subían a este lugar con el humilde canasto de ropa. Tal día como hoy, hace tantos años, las gentes de El Hornillo se disponían a honrar a su Dios como conviene: en las plazas y en las esquinas las mujeres disponían los mejores paños y fabricaban delicados altarcillos en los que venerar al Señor. Las rosas, los geranios, los claveles y la albahaca perfumaban el aire y en aquella mañana primaveral todo era bullicio y alegría. No quisieron los labradores salir a cuidar sus sembrados, ni los pastores sacaron aquel día sus ganados al campo. Las hilanderas guardaron su rueca y las lavanderas vistieron las mejores galas... Todas, salvo una. Dicen de aquella joven que era la más hermosa y gentil de cuantas mujeres había en El Hornillo: su dulce hablar, su risa, su pelo moreno, sus manos como palomas... todo era en ella gracias y alegría. Mas quiso su pecado ser la avaricia e imaginó que, mientras en la aldea todos pasaban el tiempo en fiestas, ella podría adelantar trabajo y ganar el dinero que le faltaba. Así, bien de mañana tomó el camino de Los Roperos y partió del pueblo sin ser notada, con su cesto de ropa y el jabón de lavar. Aún quedaban estrellas en el cielo cuando Eloísa, que así se llamaba la lavandera, llegó a Los Roperos. Como era bien hacendosa, se puso a la labor sin tardanza y, entre cantar y cantar, y lavar y lavar, pronto se le llegó el mediodía. De lejos podía oír el tañido de las campanas en el pueblo y la algarabía de sus convecinos, pero ella se decía: «Gozad, gozad, que mientras vosotros gozáis, yo gano mi dinero y para mi gusto lo gastaré». En fin, la joven lavandera acabó su tarea y, puesto que aún era pronto para regresar, quiso disfrutar de su día con un refrescante baño en aquellas pozas de agua fresca. Como no había nadie que la espiara, desnudóse y, entre risas y cantares, gozó de aquel paisaje en soledad y placer. Cansada ya del baño, tendióse desnuda al sol en una de las rocas y allí le sobrevino un profundo sueño. Aún dormida, pudo escuchar una voz grave y profunda que decía: «Pues has preferido trabajar y gozar en este lugar en vez de honrar al Señor tu Dios, ¡quédate aquí dormida para siempre!». Y así fue.

Esperaba el caminante que la muchacha concluyera el cuento pero, cuando quiso volver la cabeza, la joven había desaparecido. La buscó por todos los lugares y la llamó sin descanso, pero no hubo forma de hallarla. Como llegara el atardecer en tan infructuosa búsqueda, el viajero decidió volver los pasos hacia El Hornillo. Pero antes giró la mirada hacia aquel lugar maravilloso y, en la misma piedra donde estuvo sentado escuchando el relato de la joven misteriosa, pudo adivinar la silueta de una mujer tendida: allí estaba, tal y como la joven la había descrito y tal como quedó dormida para siempre.

Los lugareños conocen esta figura con el nombre de *la mujer muerta*, y la historia es bien sabida entre niños y viejos. Pero el caminante no quiso contar a nadie lo que le había sucedido y, al día siguiente, volvió a sus quehaceres cotidianos.

El montón de trigo

En la Sierra de Madrid, pasando el pueblo de Cercedilla, se accede por un valle frondoso al collado de la Fuenfría, desde donde puede admirarse la extensión de Castilla y, si el viajero abre bien los ojos, puede llegar a distinguir La Granja de San Ildefonso e, incluso, la ciudad de Segovia. En este collado de la Fuenfría hay, en efecto, una fuente de agua muy fresca y un ameno prado donde los madrileños y los segovianos pasan las tardes apacibles de la primavera. A un lado se yerguen las abruptas cimas de Siete Picos y, al otro, un cerro pelado llamado Montón de Trigo. Este monte, que no llega a los dos mil metros de altitud es, probablemente, la montaña más hermosa de la provincia de Madrid. La belleza de su perfil, semejante en todo a un montón de trigo, ha propiciado la creación de leyendas, en las cuales se explica el origen «verdadero» de la montaña. Sin embargo, la historia del Montón de Trigo es casi un cuento y, según se narra, parece bastante moderno.

Hace muchos, muchos años, tal vez siglos, había en las estribaciones de la Sierra un paraje maravilloso. Al abrigo de las montañas, los frutos parecían crecer y brotar como por ensalmo. Los almendros y los cerezos ofrecían sus preciadas joyas a los lugareños, pero había también manzanos, naranjos y perales a discreción. A las afueras de la aldea estaban los campos, sembrados con avena y trigo, y allí crecían las espigas más hermosas y granadas que jamás se vieran.

Por la época en que sucedió esta historia, los trigales ofrecían un aspecto magnífico. La brisa acostaba las espigas y las cuadrillas de segadores estaban ya preparadas. El amo, un hombre seco y avariento, ordenó que comenzara la tarea y en pocos días se hicieron todos los trabajos: se dejó el campo convertido en rastrojera; tan bueno era el trigo que los capataces mandaron que se segara a rapaterrón, sin dejar paja en tierra. Se llevó el trigo a la era y, con aquellos trillos buenos de madera y piedra, varios asnos giraban una y otra vez hasta desbrozar paja y grano. Después se aventaron las mieses y el amo vio con agrado que las parvas eran hermosas.

Estaba el avaricioso dueño contemplando la bondad de la cosecha cuando llegó un mendigo y le habló de semejante modo:

—Señor, vengo de muy lejos, pasando muchas miserias y tengo hambre y sed. Dadme algo con que pueda alimentarme y Dios le concederá cuanto pida.

El amo, que era de suyo avariento, no pudo evitar un gesto de repugnancia al ver a ese mendigo a su lado. Traía los cabellos largos y sucios, y tenía como llagas en la frente, en las manos y en los pies. Vestía un andrajoso gabán y un zurrón viejo y asqueroso.

—¡Vete de mi vista, pordiosero! ¡No tengo nada para ti!

El peregrino se entristeció y señaló con su mano sangrante el gran montón de trigo que había frente a él.

—¿Y ese trigo? -dijo el miserable-. ¿No me daréis, por Dios, un puñado de ese montón de trigo?

—¡Ea! No es trigo, sino tierra... ¡Vete de aquí y no molestes más!

El mendigo observó con pena el grano dorado y volviéndose dijo:

—Perdone el señor, no lo había distinguido bien: en verdad es sólo tierra.

El amo no pudo contener su sorpresa cuando, a su propia vista, el montón de trigo se convirtió en piedra, y tierra, y roca. Toda su ganancia se había perdido por avaricia y quedó arruinado para siempre.

Aquel montón de trigo, convertido en áridas peñas, creció y creció durante los años siguientes, hasta convertirse en el cerro pelado que es hoy, donde a duras penas crecen algún matorral y cizañas. Los pinos albares de la Fuenfría fueron invadiendo sus laderas, pero su cumbre áspera no permite siquiera que nazcan las tristes florecillas de las montañas. Desde la lejanía, el famoso cerro parece la imagen acabada de un verdadero montón de trigo, mas su color grisáceo y pardo recuerda que, en efecto, sólo es tierra, y peñas, y roca, donde viven las culebras y los alacranes, y de donde no puede obtenerse ningún fruto.

La Brecha de Roland

N'at tel vassal suz la cape del ciel.
(No hay un caballero como él bajo el cielo.)
Chanson de Roland

Hay en el norte de la provincia de Huesca un lugar tan hermoso que con dificultad puede hallarse uno semejante. Cuando llega el viajero a Torla, un pequeño pueblo de calles empinadas y casitas de piedra, debe ir un tanto más allá y entrará en el actual Parque Nacional de Ordesa y Monte Perdido. Los visitantes más perezosos no cruzan siquiera el Puente de los Navarros, pero el viajero curioso sigue adelante y difícil será describir las maravillas que puede gozar: cascadas cristalinas, prados amenos, bosques umbríos, colosales montañas... En ocasiones, los jóvenes llegan hasta Bujaruelo; otras veces siguen el valle de Ordesa hasta dar con las faldas del imponente Monte Perdido, que vigila las cumbres de los Pirineos con sus 3.355 metros de altitud. Cerca de este coloso de piedra está la Brecha de Roland o de Roldán. Este lugar es uno de los más imponentes y misteriosos que se puedan conocer: las inmensas moles de roca parecen separar Francia y España de modo definitivo, pero en mitad del gigantesco muro se abre una hendidura, una descomunal tajadura que produce asombro y terror en aquellos que la contemplan. Esta brecha, que parece cortada a pico, es un paso natural entre Francia y España, pero su acceso es difícil y los riesgos de caída son muchos. Del lado francés está el circo de Gavarnie, con su imponente cascada y una caída de mil metros hacia una sima profunda y terrible. Del lado español están las peladas cumbres de Monte Perdido, una cueva de hielo y los bosques y valles de Ordesa.

La historia legendaria tiene una respuesta que explica esta formación pétrea y su impresionante aspecto:

Carlomagno, el emperador de Francia, tenía un sobrino, llamado Roland, cuyo valor y apostura eran bien conocidos en los lejanos tiempos medievales. De Roland o Roldán se cuentan innumerables leyendas, y es el protagonista del canto épico más importante de la literatura francesa: la *Chanson de Roland*. Como es sabido, los francos entraron en guerra con los reinos hispánicos y los sarracenos. La batalla más importante fue la que tuvo lugar en Roncesvalles, donde los franceses resultaron vencidos. En este emplazamiento Roldán demostró que era un verdadero héroe y se comportó con la dignidad y valentía que todos le reconocían, pero finalmente cayó abatido por los escuadrones del rey Marsil. Viendo que su derrota era segura, Roldán trató de avisar a su tío Carlomagno e hizo sonar el olifante. Las tropas francesas ya no podrían salvarle de una muerte segura, pero al menos su tío comprendería que habían sucumbido llenos de gloria y honor. El supremo esfuerzo para hacer sonar el olifante le reventó las sienes, y quedó tendido en el campo de batalla. Los enemigos lo tuvieron por muerto, pero él se despertó y huyó de aquel trágico escenario. No tardaron mucho los sicarios del rey Marsil en darse cuenta de que Roldán había escapado, y rápidamente aparejaron sus caballos y salieron tras él.

Grandes fueron las penalidades de Roldán por las ásperas montañas del Pirineo: confundido y turbado, no sabía dónde estaba su patria ni qué camino podría ser el que le llevara junto a los suyos. Caminando entre rocas y pedregales, seguido de cerca por la jauría de los sarracenos y los navarros, llegó a un valle donde los árboles se entretejían en mil enramadas y un río saltaba de roca en roca. De tanto en tanto, ya desfallecido, miraba hacia atrás y podía oír el galope de sus perseguidores y los fieros ladridos de los perros que seguían su rastro. Roldán no se dejó abatir y prosiguió su alocada huida: sabía que al otro lado de aquellas montañas estaba Francia y morir en su patria era todo cuanto pedía a Dios.

Los vientos helados de aquellas cumbres herían su rostro, las rocas llagaban sus pies y aún tuvo que soportar los salvajes ataques de los lobos. Pero todo lo sobrellevó con una fuerza de ánimo casi sobrenatural. Se arrastraba ya por las faldas del Monte Perdido, cuando a su espalda pudo oír los rugidos de la jauría y los alaridos de sus enemigos: lo tenían a la vista.

Sólo un héroe puede tener presencia de espíritu en estos trances funestos. Más allá de las fuerzas humanas, Roldán perseveró en su agónica huida. Mas estaba ya en las lindes de Francia cuando ante él descubrió un gran muro de piedra. Dios y la Naturaleza habían querido privarlo de su mayor anhelo: morir en tierra francesa, en los brazos de su amada Alda. El héroe estaba herido de muerte y acaso ni el mismo Dios le daría fuerzas para cumplir sus deseos.

Ante aquella mole rocosa, Roldán desenvainó su espada *Durendal* y la lanzó por los aires: esperaba que los franceses conocieran por este gesto que él había amado a su patria con todo su corazón y que sólo la mala fortuna había impedido que sus restos mortales hubieran llegado a Francia. Pero su esfuerzo fue inútil; el gran muro rocoso era muy alto y la espada golpeó en la piedra y cayó de nuevo a sus pies.

Los enemigos se hallaban ya muy cerca. Roldán tomó de nuevo su espada y trató de arrojarla al otro lado de la montaña, pero su brazo herido y maltrecho no pudo salvar la terrible barrera, y *Durendal* cayó otra vez a su lado.

Ya desistía Roldán de su intento cuando, al volverse, vio de cerca a sus enemigos: ciego de ira y rabia, lanzó con furia su espada contra la roca y, con un estruendo descomunal, la montaña se abrió en dos, dejando el paso libre hacia Francia. La brecha le permitió ver por última vez el suelo de sus padres y, agotado por el esfuerzo supremo, se le partió el corazón y murió. Cuando llegaron sus enemigos, lo encontraron allí tendido y quedaron asombrados al ver la hendidura que había en la montaña, la cual no habían visto nunca antes. Desde entonces, aquel lugar recibe el nombre de la Brecha de Roland, o Roldán, en honor del héroe galo.

Las lágrimas de la reina y el cerco de Zamora

Guarte, guarte, rey don Sancho,
no digas que no te aviso...
Romancero viejo

Larga es la historia de Castilla y León, larga y hermosa como pocas: las angostas calles, las catedrales y las murallas de sus ciudades aún guardan los secretos, los misterios y las leyendas de un pasado glorioso. Una de las historias más queridas y conocidas del reino de Castilla y León es la que relata las guerras entre Sancho y sus hermanos, allá por el siglo XI.

De todos los reyes que gobernaron aquellas tierras, el más estimado fue tal vez Fernando I, llamado *el Magno*. Las cruentas luchas contra los moros habían dado sus frutos y el reino se extendía por buena parte del norte de Hispania. Galicia, León y Castilla eran un solo reino y el poder de Fernando I era conocido ya en el resto de Europa. Por desgracia, también le llegó la hora al rey y, no queriendo desairar a ninguno de sus hijos, repartió el reino del mejor modo que supo: en el lecho de muerte otorgó a Alfonso el reino de León y a Sancho le concedió Castilla. Tenía además el rey dos hijas, Urraca y Elvira, hermosas en extremo y queridas por todos. El rey, ya con las angustias de la muerte, cedió la ciudad de Toro a su hija menor, Elvira, y a Urraca le entregó su ciudad más amada: Zamora. Advirtió a sus hijos que nadie osara importunar a Elvira y Urraca y maldijo a quien se atreviera a asaltar las ciudades que había nombrado. Todos asintieron, excepto Sancho, que volvió el rostro y calló.

Dividido el reino, cada hermano se fue a sus ciudades y todo pareció quedar en calma. Pero Sancho ya urdía su traición: enojado con su padre, se negó a respetar el pacto y muy pronto quiso apoderarse de León, y de las ciudades de sus hermanas.

Mientras esto sucedía, Urraca había ido a tomar baños a Beleña, en la actual provincia de Guadalajara. En el castillo que aún puede contemplarse residía la reina de Zamora junto a una pequeña corte de caballeros y damas. Bajando por una ladera puede encontrarse, junto al río Sorbe, el manantial donde Urraca y sus damas pasaban las tardes de primavera.

En cierta ocasión, Urraca estaba tomando los baños: observó que su dama principal se mostraba compungida y taciturna, y preguntó las razones de tan extraño comportamiento. La dama no quiso responder pero, apremiada por la reina, confesó que en las ondas del agua había visto guerras y muertes, y desgracias sin cuento.

Esta noticia produjo un inmenso dolor a la reina y no pudo menos que echarse a llorar con gran amargura.

—Ved, mi reina -dijo la dama-, que vuestras lágrimas se convierten en sangre.

Así era en efecto, que las lágrimas de Urraca, cayendo en el agua, se convertían en rubíes y tomaban el color rojo. Lloró la reina sin consuelo y la pena apagó la hermosura de su rostro. Desde entonces, en aquel lugar pueden verse los rubíes y piedras de colores que cubren el fondo del estanque.

Tal y como aseguró la dama de la reina, los estados de Castilla y de León se verían envueltos muy pronto en cruentas luchas. A su regreso de Beleña, doña Urraca pudo saber que Alfonso había renunciado a su herencia y que había huido a Toledo; que León y Galicia estaban en manos de Sancho y que éste tenía la intención de conquistar también Toro y Zamora, incumpliendo de este modo el mandato de su padre, el rey Fernando, y arriesgándose a que sobre el propio Sancho cayera la maldición que el monarca profirió en su lecho de muerte contra los que no acataran sus órdenes.

Poco duró el asedio a la ciudad de Toro, pues su reina, la joven Elvira, prefirió ceder su herencia a Sancho y no entablar batalla con él. No tardó mucho el ambicioso Sancho en dirigirse a Zamora con sus huestes. Entre sus guerreros ya destacaba un joven castellano llamado Rodrigo Díaz de Vivar, a quien los moros temían como alma que lleva el diablo y que muy pronto comenzaron a llamar Sidi o Cid, que significa «señor». Este Rodrigo Díaz de Vivar se había trasladado de muy joven a Zamora, donde entonces residía la corte, y había sido compañero de juegos de Urraca y la pequeña Elvira. Llegados los quince años el cariño volvióse amor, y puede decirse que Rodrigo bebía los vientos por Urraca y que en más de una ocasión se habló de boda. Cuando fue el tiempo de ordenarse caballero, la misma Urraca le calzó las espuelas a Rodrigo, en la iglesia de Santiago de los Caballeros, extramuros de la ciudad de Zamora, donde se realizaban aquel tipo de ceremonias.

Pero volvamos a Sancho: estando ya frente a las murallas, el orgulloso castellano envió mandados a su hermana Urraca, prometiéndole grandes regalos si cedía la ciudad a su imperio. Urraca se negó una y mil veces, y maldijo a su hermano: le recordó la orden de su padre y le instó a que se retirara de la ciudad. Airado y soberbio como era, Sancho ordenó la batalla. El nuevo rey capitaneaba sus huestes y las enviaba contra la fortaleza del lado de la vega, pero los zamoranos resistían con gran valor aquellos envites y había gran mortandad entre los partidarios de Sancho. Al contrario, por el lado que el Cid atacaba, la brecha se hacía cada vez mayor y los soldados de Urraca estaban en trance de rendirse. Viendo esto, la reina de Zamora no dudó en asomarse a las murallas y desde allí, señalando al que fuera su amigo y amante, le gritó:

—¡Afuera, afuera, Rodrigo, soberbio castellano! ¡Más te valdría recordar que yo misma te calcé espuelas y te hice caballero en el altar de Santiago! ¡Tú, traidor en armas y amores, me abandonaste por Jimena, con ella sólo tienes dineros, conmigo habrías tenido un reino! ¡Bien te casaste, Rodrigo, que dejaste a la hija de un rey por casarte con la de un vasallo!

Dejó caer entonces su espada Rodrigo, y recordó los dulces momentos que viviera en aquella ciudad a la que ahora trataba de asolar. Sus estrechas calles, sus rincones apacibles y hermosos... sus gentes, a quienes tanto había querido. Giró el rostro y gritando a sus soldados dijo:

—¡Afuera, afuera los míos! ¡Que desde aquella torre me han lanzado una flecha y me han herido el corazón! ¡Afuera! ¡Afuera! ¡Que ya no siento ningún remedio y he de vivir penado el resto de mis días!

No quiso Rodrigo responder a Sancho cuando éste le preguntó por qué había abandonado la lucha y cuál era la herida que había sufrido. Solo y triste, se recogió en su tienda y lloró amargamente los amores perdidos y el recuerdo de su amada Urraca.

Zamora no se rendía a pesar del asedio. El rey Sancho había renunciado a la batalla, pero había dispuesto a sus soldados en torno a la muralla, de modo que nadie podía entrar o salir de la ciudad. Esperaba que el hambre y la sed consumiera los ánimos de aquellos indómitos ciudadanos o, al menos, que Urraca tuviera lástima de sus penurias y acabara por rendirse.

Pero la reina de Zamora, acosada por su hermano, abandonada por Rodrigo Díaz de Vivar e injuriada por los soberbios castellanos, ideó un maléfico plan: buscó entre todos los zamoranos al más osado y, en reunión secreta, le ordenó salir de las murallas al cobijo de la noche y asesinar a Sancho mientras dormía.

Vellido Dolfos era el nombre de este criminal: nada temía, pues iba a ser colgado por asesino y traidor. No dudó este hombre pendenciero en cumplir su promesa a cambio de la libertad y de algunas monedas. Abandonó el castillo una noche cerrada y se internó, como serpiente, en los cuarteles castellanos. Aún se ignora cómo pudo introducirse (si no fue por artes mágicas) en la tienda de Sancho y allí, alevosamente lo apuñaló. Dando alaridos y ensangrentado, blandiendo el puñal homicida, Vellido Dolfos huía al tiempo que intentaba alcanzar un pequeño postigo de la muralla.

Rodrigo, que estaba desvelado, lo oyó y montando su caballo lo persiguió tan velozmente como pudo. Pero, en tan sorpresivo lance, no pudo calzar las espuelas, aquellas que Urraca le ofreciera para ordenarlo caballero, y sin tener con qué azuzar a su caballo, no pudo alcanzar al asesino. Por una pequeña puerta, Vellido Dolfos se internó en la ciudad: quedó para siempre en la memoria del pueblo aquella infamia y el postigo pasó a llamarse el Portillo de la Traición, que aún puede verse en las murallas zamoranas.

Otras muchas historias podrían contarse con motivo del asedio de los castellanos a la ciudad de Zamora. Gran parte de ellas se encuentran maravillosamente descritas en los romances antiguos y en las crónicas medievales. Se recuerda, por ejemplo, el reto de Diego Ordoñez a los zamoranos: acusaba a todos de ser traidores y profirió insultos terribles contra hombres y mujeres, viejos y niños. Arias Gonzalo le replicó desde las almenas y, como era costumbre, el retador debería luchar contra cinco hombres. Los hijos de Arias Gonzalo fueron los encargados de vengar las infamias castellanas pero, uno tras otro, Diego Ordóñez fue matándolos a todos. El quinto hijo, el menor de todos, quiso también defender el honor de la ciudad, pero sabiéndose menos diestro comenzó a cabalgar por el campo, como si huyera. Tras cinco combates, el caballo de Diego Ordóñez estaba cansado y, dejándose alcanzar, el benjamín de Arias propinó tan duro golpe al castellano que allí quedó muerto sin remedio.

Ocurrió después que Rodrigo Díaz de Vivar fue acusado de traición, pues que se suponía que tuvo alguna participación en la muerte de Sancho, por lo cual fue desterrado de Castilla. En este punto comienza el cantar de gesta más importante de la literatura española: el *Cantar del Cid*, donde se narran al pormenor las aventuras del héroe castellano y la conquista de Valencia, con otros sucesos maravillosos. Castilla y León quedó, tras el asesinato de Sancho, en manos de su hermano Alfonso, que volvió de Toledo para ser nombrado rey con el nombre de Alfonso VI. Urraca, la reina de Zamora, fue enterrada en el Panteón de los Reyes, en San Isidoro de León.

Leyenda de San Miguel de Aralar

Hace muchos, muchos años, las sierras de Navarra estaban pobladas por dragones y horribles monstruos que acechaban en las cumbres y en las grutas. En las sierras de Urbasa y Andía podían verse inmensas extensiones de hayedos y robledales, donde a duras penas se internaban los habitantes de los pueblos cercanos. Algunos pastores que se adentraron en los bosques jamás aparecieron y los paisanos de Olazti o del valle de Zunbeltz vivían en perpetuo espanto.

Por aquella época habitaba en los caseríos de Goñi un joven valiente y decidido: su nombre era Teodosio y su fama se había extendido más allá de los límites de su pueblo. Cuando el rey de Navarra lo llamaba, Teodosio no dudaba en montar en su caballo y acudir a la batalla. Entre los francos y los aragoneses era bien conocido y los enemigos de Navarra solían preguntar: «¿Viene contra nosotros Teodosio de Goñi?», y si la respuesta era afirmativa sentían temblar las piernas y un miedo pánico les invadía el alma.

Teodosio estaba casado con una joven hermosa, llamada, al parecer, Constanza, y ambos vivían apaciblemente en su caserón salvo cuando el bravo mozo era solicitado por el rey. En muchas ocasiones Teodosio se vio obligado a partir de su pueblo y enzarzarse en cruentas batallas contra los francos, los aragoneses o los soberbios castellanos.

En cierta ocasión, Teodosio volvía a su pueblo cansado y maltrecho, aunque traía el corazón alegre, porque tras muchos días de lucha al fin podría abrazar a su esposa de nuevo. El valeroso joven dejaba que el caballo siguiera su propio instinto y, de tanto en tanto, dormía sin descabalgarse, y así hacía el camino...

Tras unas rocas junto al sendero, Teodosio pudo ver a un hombre encorvado y de tez oscura y rugosa que andaba entre las hierbas, como suelen andar los ermitaños que buscan raíces y otras plantas. Aquel hombre, al ver a nuestro héroe, se acercó al camino y le dijo:

—Tú eres Teodosio de Goñi, bien te conozco. ¡Ay de ti, valeroso caballero! Has de saber que tu esposa, Constanza, te ha deshonrado y que ha cometido graves pecados contra ti y contra tu familia. Muchos pastores y soldados la han gozado y su nombre anda en boca de todos para tu desgracia.

Gran amargura produjeron estas palabras en el pecho de Teodosio y su frente se inflamó de ira. Aún estuvo en trance de degollar allí mismo al ermitaño, pero éste se deslizó como una culebra entre las rocas y desapareció dejando un fuerte olor a azufre en el aire.

No lo pensó dos veces el valiente Teodosio: espoleó a su cabalgadura y se encaminó a su casa. Abrió la puerta con su hacha y subió las escaleras hasta su alcoba y allí vio la ruina de su casa y de su fama: dos bultos se ocultaban tras las mantas y, sin dudarlo, les dio tan severos espadazos que toda la sala quedó teñida de sangre e incluso su mismo rostro parecía herido de muerte. Abandonó enloquecido la casa y no sabía si quitarse la vida o internarse en la sierra y dejarse morir de hambre para que se lo comieran las alimañas. Un punto de piedad lo llevó a la iglesia y pensó en declararlo todo al cura y encomendarse al perdón de Dios. Pero, hete aquí que en la puerta de la iglesia se topó con... ¡su mujer!

Salía Constanza de misa y sintió gran alegría al ver de nuevo a su marido. Teodosio estaba aterrorizado y no sabía si aquella mujer era figura verdadera o fantasma o espíritu.

—¡Oh, mi amado Teodosio! –decía Constanza con alegría–. Aún llevas en tu rostro la sangre de nuestros enemigos, deja que yo te limpie y te colme de cariño. Has de saber, esposo, que han venido a visitarme tus padres y que con gusto les he cedido nuestra alcoba donde, a estas horas, tal vez estén durmiendo...

Teodosio creyó enloquecer: ¡había asesinado a sus propios padres por creer las infamias del demonio! Ahora se percató del engaño y su corazón sentía las ansias de la muerte. Abandonó allí mismo a su esposa y corrió por las calles como un loco, mientras gritaba: «¡Dios mío, Dios mío! ¡Soy un asesino criminal! ¡Soy un asesino criminal!».

Durante muchos días Teodosio estuvo vagando por los bosques y los valles, pero no encontraba consuelo y los remordimientos le carcomían el alma. Decidido a purgar su culpa, se dirigió a Iruña y se presentó ante el obispo. El desgraciado Teodosio cayó a sus pies e imploró perdón por sus pecados. El obispo conoció la gravedad del hecho y no pudo absolverlo: «Ve a Roma» le dijo, «y pide al Santo Padre que te conceda el perdón que yo no puedo otorgarte».

El pobre desgraciado vistió ropas de peregrino y, con el corazón maltrecho, se dirigió a Roma. Cada día que pasaba era un suplicio para él, pues se acordaba del horrendo crimen que había cometido por imprudencia y desatino.

En Roma, el Papa le impuso una pesada carga: le instó a caminar por esos mundos de Dios con una gran cruz a cuestas y le obligó a portar grandes cadenas sobre sus hombros, sus brazos y sus pies. «Y cuando las cadenas se rompan por sí mismas, entonces podrás volver a tu casa y tus pecados te serán perdonados», así habló el Santo Padre. «Pero no olvides» continuó, «que has de erigir una capilla a San Miguel allí donde pierdas las cadenas».

Las gentes de Italia y de Francia vieron con lástima cómo aquel hombre fuerte se veía sometido a tan grave castigo. Intentaban auxiliarlo o le proponían desembarazarlo de las cadenas, pero Teodosio no quería hablar con nadie ni permitió jamás que le ayudaran a cargar con el madero. Al contrario, pensaba que la penitencia era poca para el crimen que había cometido y, por esta razón, se internaba por los lugares más abruptos y pedregosos, en los que sus pies pudieran llagarse y herirse a conciencia.

Muchos años duró este castigo pero, al fin, las cadenas iban perdiendo su antigua fortaleza y algunos eslabones se iban cayendo; de lo cual dedujo Teodosio que Dios y San Miguel comenzaban a compadecerse de él y que muy pronto se vería libre de tan cruel penitencia. Estaba orando a su santo de rodillas bajo un roble, ya muy cerca de su casa, cuando oyó un temible rugido. Cerró los ojos el penitente y cubrió su rostro con las manos: bien conocía que el dragón de Aralar estaba cerca y que en breves instantes sería despedazado y muerto. «Tan cruel destino», se decía, «lo tengo merecido y no otro debía ser mi final». Los temibles rugidos del dragón se acercaban cada vez más y aun podía sentir el fétido aliento del descomunal monstruo, que arrojaba llamas por su boca y destrozaba con sus garras los árboles y los arbustos.

Teodosio se vio muerto y, con ánimo sereno, imploró a su santo:

—¡San Miguel me valga! ¡San Miguel se apiade de mí!

Y, en esto, un gran trueno pareció quebrar la bóveda del cielo y un rayo implacable descendió de las alturas y atravesó de parte a parte al dragón. San Miguel, en forma humana, se presentó ante el penitente y le dijo: *«Nor Jaungokoia bezala?»*, que en lengua vasca quiere decir «¿Quién sino Dios?», y al punto cayeron las cadenas que atenazaban a Teodosio y quedaron reducidas a polvo de cenizas.

Asombrado y con el corazón lleno de gozo, Teodosio volvió a Goñi y allí contó a todos las aventuras que le habían acaecido, y su esposa tuvo gran alegría y lo colmó de caricias y dulces palabras.

Poco tiempo después, Teodosio y Constanza cumplieron las órdenes del Papa e hicieron levantar en aquel mismo lugar una iglesia a San Miguel. Allí vivieron como eremitas, consagrados al bien de los demás y a la oración. Los habitantes de San Miguel de Aralar aseguran que bajo los cimientos de la iglesia se hallan enterrados ambos esposos.

Burgos

Por besar mano de rey
no me tengo por honrado...
Romancero

El peregrino se había extraviado.

Quería entrar en Burgos antes de la anochecida, pero el sol caminó deprisa y las sombras ocultaron los senderos. Desde un otero podía ver las luces de la ciudad, mas no quiso ir a la aventura entre zarzas y ortigas, con riesgo de caer por barrancos y pedregales. Allí, al arrimo de una encina pasaría la noche y, a la mañana siguiente, continuaría su camino hacia Santiago de Compostela.

Tuvo suerte el romero y al poco llegó un pastor de ovejas merinas, con quien compartió el vino y el queso que aún llevaba en las albardas. Al calor del fuego, los recientes amigos conversaron apaciblemente: hablaba el pastor de su rebaño y si era tiempo de esquilar, o si el queso estaba bien curado, o si aquellos montes eran propios para el pastoreo. El peregrino narraba sus aventuras en Puente la Reina y en Logroño, y decía cuántos deseos tenía de visitar el Papamoscas de Burgos, Frómista, León y llegar al fin a Santiago, para abrazar al Apóstol.

A pesar del vino y la amena conversación, el pastor se mostraba intranquilo y, de tanto en tanto, miraba a un lado y a otro, como buscando algo. Quiso saber el peregrino si tenía temores o había alguna cosa que le infundiera miedo. El buen hombre contestó que precisamente aquella noche no era buena para estar en el campo, porque era noche de Difuntos y, afirmaba, había oído hablar de apariciones y fantasmas en aquel lugar, cerca del monasterio de Fresdelval. El romero, que era tan supersticioso como su acompañante, quiso tranquilizarse y dijo:

—¡Ea, amigo! Ésos son cuentos de viejas: echemos un tanto de vino al gaznate y se curarán nuestros temores.

Pero aún no había acabado de pronunciar estas palabras cuando los dos pudieron oír el sonido de un caballo cabalgando en los matorrales cercanos... Giraron el rostro y pudieron ver la silueta de un caballero sobre su corcel: la luz de la luna se reflejaba en la armadura y aun se distinguía perfectamente la espada y la lanza.

El pastor y el peregrino se agazaparon junto a la lumbre y observaron con terror que el brioso caballo se dirigía hacia ellos: era un imponente ejemplar, y los pálidos fulgores de la noche parecían envolver sus crines. Sin duda, caballo y caballero eran fantasmas: almas en pena que vagaban en la noche de Difuntos en aquel solitario paraje. Traía el jinete una espada, la más brillante y pulida que hubieran visto jamás...

El misterioso espectro se detuvo ante ellos, mas no levantó la celada de su yelmo. De pronto, volvió grupas y espoleando a su cabalgadura remontó el collado y fue a situarse en lo alto de la loma. Allí estuvo un buen tiempo, como si estuviera observando la ciudad de Burgos. El pastor y el peregrino comprendieron, por los gestos del caballero, que una suerte de triste melancolía lo embargaba.

Al poco, tiró de las riendas y, veloz como el viento, se dirigió al otro extemo del otero, desde donde podía ver toda la extensión de Castilla. En ese lugar permaneció también, sin moverse y con el gesto sereno. De nuevo volvió atrás y quedóse mirando la ciudad de Burgos y sus inmediaciones. Mirando a un lado y a otro, todo le pareció conforme y comenzó a bajar por la cuesta de los Grillos, donde nuestros amigos estaban sentados observando tan extraña conducta.

Cuando el misterioso caballero pasó junto a ellos, se detuvo un instante y, sin descubrirse, les dijo:

—Recordad que yo, Rodrigo Díaz de Vivar, vigilo Burgos y Castilla.

Quedaron aterrados los hombres cuando oyeron aquella voz sepulcral y apenas pudieron susurrar un lastimero «Sí, señor» o un «Dios nos ampare».

El caballero fue descendiendo el barranco hasta que todo volvió a quedar en silencio. El pastor y el peregrino apenas podían creer lo que habían visto y quedaron sumidos en el más terrible de los espantos.

A la mañana siguiente, los dos amigos se despidieron. El pastor volvió a su pueblo y contó el suceso maravilloso que le había acaecido, asegurando que el Cid iba durante la noche de Difuntos a aquel lugar, para asegurarse de que Burgos aún estaba allí y de que Castilla continuaba siendo tan hermosa como siempre, y que el mismísimo Rodrigo Díaz de Vivar se lo había dicho así. El peregrino bajó a Burgos y contó la misma historia en los mesones y en las posadas de la ciudad:

—...y cada noche de Difuntos –decía– Ruy Díaz sube a aquel otero y vigila sus tierras de Castilla; y vuelve otra vez al cortado para admirar su ciudad, Burgos, y así pasa toda la noche. Y si queréis comprobarlo, id y lo veréis.

Fernán González y la independencia de Castilla

Castellanos y leoneses
tienen grandes divisiones...
Romancero

Dicen las antiguas historias que en Castilla no había rey ni gobernador. Y así era, porque Castilla no era más que un condado sometido al imperio de los reyes de León.

Corrían los tiempos oscuros de la Edad Media y aún no se había cumplido el siglo X cuando nació Fernán González, nieto del primer conde de Castilla, Nuño Rasura. El pequeño Fernán González estaba destinado, por tanto, a ocupar un puesto dentro de la nobleza cristiana, pero su personalidad y su ingenio le valieron un nombre y una fama que será recordada durante muchos siglos en Castilla, su patria.

Su infancia está jalonada de episodios sorprendentes y he aquí uno especialmente significativo: dicen las crónicas que los reyes de Aragón veían amenazada sus tierras, sobre todo porque el Condado de Castilla comenzaba a tener cierta importancia y no había en aquella parte guerreros más valientes ni tropas más osadas. De modo que durante algunos años, los aragoneses intentaron raptar o matar a quien, por línea sucesoria, debería ocupar el escaño del Condado: Fernán González. Nadie en los salones del palacio parecía advertir este peligro y el joven rapazuelo andaba a sus anchas por las galerías y jardines.

Aún no se sabe cómo pudo ocurrir: lo cierto es que un *olentzero* lo raptó. Los olentzeros son carboneros del País Vasco y del norte de Castilla, que viven en las montañas y traen regalos a los niños en Navidad. El carbonero que raptó a Fernán González era, al parecer, un caballero: sin duda estaba al tanto de las maquinaciones de los aragoneses y se llevó al niño a las montañas, donde lo crió no para ser un rústico, sino para ser conde. Bien sabía el incógnito caballero disfrazado que Fernán González debería escribir una de las páginas gloriosas de Castilla y así, no le enseñaba a cortar leña, sino a montar a caballo y a partir lanzas; lo adiestraba en el ejercicio de las armas y las justas, torneos y tablados.

Algunos cronistas aseguran que este caballero, o ayo, era el mismísimo San Eustaquio, el cual se aparece en Francia vestido de carbonero en recuerdo de un hecho singular: que los hijos del Santo fueron salvados, precisamente, por un carbonero. Si se tiene por verdadera esta historia, habría que conceder que Castilla le debe mucho a San Eustaquio, el carbonero, porque gracias a él tuvo el Condado un capitán valiente, ingenioso y esmerado.

Ya había vuelto Fernán a su patria, después de haberse instruido en las cosas de la guerra y en la nobleza cortesana. Y finalmente tomó posesión del condado de Castilla, porque así se había determinado y porque así había de ser necesariamente, para mayor gloria de su patria.

Cierto día se hallaba el conde disfrutando de una cacería en sus dominios y ahora se verá lo que sucedió: un jabalí tremendo saltó en la espesura, hozando y gruñendo como una marrana de matanza, y los caballeros cazadores se espantaron al ver tamaña fiera. Salvo el conde Fernán González, que montó su ballesta en un santiamén y le lanzó el dardo con mucha destreza. Aún no se sabe cómo pudo errar el disparo, lo cierto es que el jabalí pareció esfumarse como por arte de encantamiento y huyó tras unas matas. Fernán González picó espuelas y salió tras él; tanto corría el jabalí, tanto el caballero, que los cortesanos quedaron lejos y no estaban dispuestos a matar a sus caballos en tan alocada persecución. Así que el tercer conde de Castilla se vio solo, mas ello no le arredró. Con su lanza en ristre, sólo se ocupaba de seguir las huellas de la fiera y sólo cabía un deseo en su pecho: darle caza y muerte.

Con todo, el bosque se hizo cada vez más espeso, y las zarzas y los robles jóvenes hacían casi intransitable aquel paraje. Con su misma espada el conde Fernán González desbrozaba el terreno y, en vista de lo espeso de la fronda, descabalgó y continuó a pie tras el jabalí.

Ya casi lo había alcanzado, cuando se abrió de pronto el bosque y en un claro pudo divisar una ermita. El jabalí hizo un quiebro y, levantando la hierba del prado, corrió en dirección al santuario, escondiéndose en él. Fernán González se acercó a la pequeña ermita y entró en ella santigüándose. El jabalí parecía amedrentado y aterido, y había ido a refugiarse bajo el altar. Tan pronto como el conde vio aquel prodigio, comprendió que era deseo de Dios que aquel animal viviera y, arrodillándose, comenzó a orar.

Un viejo monje asomó por la sacristía y, aunque el joven Fernán González apenas podía vislumbrar una larga barba y unos ojos brillantes, supo pronto el cazador que aquella circunstancia era cosa de prodigio y maravilla. Todo lo confirmó el monje misterioso, que habló de este modo:

—Buen conde Fernán González, no quiere Dios que vayas tras las fieras del monte, sino tras los infieles que acechan allende tus fronteras. Ve a luchar contra moros y defiende tu patria, porque las tristuras que sufras vendrán a darte gloria y fama durante muchos siglos.

El más terrible, el más fiero y el más valiente de los sarracenos era, sin duda, Abuamir Mohamed, llamado por los cristianos Almanzor, *el Victorioso.* El ejército moro se hallaba cerca de Soria, pertrechado del mejor modo posible, y su sola presencia infundía temor. Las dagas, cimitarras, escudos y lanzas se veían brillar a lo lejos, y la tierra parecía temblar cuando aquel numerosísimo ejército se ponía en marcha.

Desde un otero cercano, Fernán González dispuso su pequeña tropa. Los cristianos se santiguaban y rezaban para que Dios les permitiera salir con vida de aquel encuentro: estaban persuadidos de que iban a salir derrotados de aquella batalla pero, a lo menos, esperaban vivir, aunque fuese en tierra mora, como eunucos o esclavos.

—¡Levantad el pendón de Castilla! –gritó el conde–. ¡Que lo vean esos perros infieles!

El solo nombre de su patria enardeció a los guerreros, los cuales blandieron sus espadas, que deseaban ya probar la sangre del enemigo.

Un caballero desconocido partió el primero y quiso enfrentarse con el moro, pero la tierra se abrió y quedó sepultado...

—¡Ésta es la señal! –anunció Fernán González–. ¡Ni la tierra ni los moros soportarán el brazo de los castellanos! ¡A ellos!

Y las tropas cristianas se lanzaron contra Almanzor y los suyos. El conde lanzaba tan fieros tajos que derribaba a los moros por pares, degollándolos y mutilando sus miembros. El esfuerzo de su capitán animaba a los castellanos y no había entre ellos ninguno que retrocediera. La valentía dejó en aquel lugar de Calatañazor profunda memoria y fama; y aunque los sarracenos eran muchos y estaban dispuestos del mejor modo posible, los cristianos vencieron allí y continuaron venciendo hasta que ni uno solo de los reyes musulmanes quedó en la Península.

De aquella terrible carnicería salieron los castellanos triunfantes y victoriosos: su botín era inmenso, y los broches, cadenas y piedras preciosas fueron cargados en cuarenta cofres, que se trasladaron a tierras cristianas para honra de los súbditos de Fernán González. Éste quiso ofrecer el tesoro al monje que le auguró tanta fortuna e hizo levantar en aquel mismo lugar una iglesia que, con el discurrir del tiempo, vendría a llamarse San Pedro de Arlanza.

Las antiguas crónicas dicen que los pescadores del Guadalquivir, mientras tendían las redes, cantaban una copla famosa:

En Calatañazor
perdió Almanzor
el atamor.

También se asegura que el belicoso general moro murió en aquella ocasión, aunque nunca se supo dónde estaba su cadáver. Otros aseguran que huyó y que, avergonzado por haber sido derrotado por tan pocos cristianos, fue a refugiarse en los bosques y las montañas, donde murió de tristeza y pena.

Desde la victoria en Calatañazor, los musulmanes apremiaron a los cristianos con más tributos. Las ciudades cercanas a la frontera eran saqueadas sin escrúpulos y, a cada paso, los sarracenos recordaban la humillación que Fernán González les había hecho padecer. Como castigo, los moros talaron muchos bosques, asolaron villas y aldeas, envenenaron las fuentes y los ríos, y quemaron cosechas. A muchos nobles se les impuso la obligación de ceder cien doncellas al año, escogidas entre las más hermosas que hubiera, y durante años y años, los cristianos cedían a esta innoble proposición, de modo que podían verse grandes caravanas de mujeres que pasaban a Córdoba, Sevilla y Granada como esclavas y concubinas.

En cierta ocasión se hallaban reunidos los más notables señores en León, tratando asuntos propios de la guerra y de la paz, cuando llegaron los mensajeros de Abderramán, el califa.

—Recordad, señores –decían–, que habéis de entregarnos cien mujeres de vuestros estados, puesto que éste es el deseo de nuestro señor Abderramán.

Allí mismo se alzó Fernán González y dijo:

—Buscad esas doncellas en otro lugar, porque castellanas no serán.

Viendo la osadía del conde castellano, alzóse también don García de Navarra y dijo:

—Buscad esas doncellas en otro lugar, porque navarras no serán.

Mucho agradó esta respuesta al rey don Ramiro II de León, que era por entonces el monarca más poderoso de la cristiandad y dijo:

—Buscad esas doncellas en otro lugar, porque leonesas... no serán.

Pero los mensajeros de Abderramán no pudieron buscar las doncellas en ninguna parte, porque allí mismo les cortaron la cabeza.

Tamaña afrenta resultó intolerable en Córdoba y Abderramán salió con sus ejércitos, dispuesto a vengarse y a castigar a los cristianos. Hizo tantos desmanes que sería indecente narrarlos al por menor: dígase sólo que «descabezaba a los hombres y a las mujeres arrancaba los pechos», como dice un cronista. ¿Para qué amargarse en la pena de ver aldeas calcinadas, cadáveres en los caminos, ahorcados en los cerros, los ganados muertos, las mieses echadas a perder?

Ante estas algazaras, el rey don Ramiro de León hizo llamar a sus nobles, entre los cuales estaba Fernán González, y les dijo:

—Triste es nuestra suerte, caballeros. Abderramán III, el califa, viene contra nosotros y sus tropas son tantas y tan bien pertrechadas que no podremos hacerle frente de ninguna manera. Nuestro reino está perdido sin remedio, nuestras mujeres serán llevadas a Córdoba y Granada, nuestros hijos serán degollados y nuestros súbditos perecerán de hambre. No nos queda otro remedio que encomendarnos a Dios.

Allí hablaron los dos hombres más valientes de la corte:

—Sant Yago –dijo don García–, que está enterrado en Galicia, muchas veces ha venido en nuestro valimiento: en Clavijo vino el Santo en su caballo blanco, para derrotar al moro. Y por esta razón en Sórzano las doncellas suben a la ermita de la Hermandaña vestidas de novia, para orar a Nuestra Señora y a don Santiago, que nos libró del tributo de las Cien Doncellas.

—En Castilla -añadió Fernán González- tenemos santo también: llámase Sant Millán de la Cogolla, y nos hace tantos favores que a él pediremos que nos ayude en este trance.

—Sea como queráis -dijo don Ramiro.

Y así, los caballeros estuvieron rezando durante toda una noche a sus santos, porque el lance era horroroso y con toda seguridad los cristianos saldrían derrotados en la batalla. No obstante, el tributo vergonzoso de las Cien Doncellas no podía sustentarse más, y mejor era morir que transigir en el infame trato.

Corría el año 938 y las tropas de Abderramán III estaban asentadas cerca del castillo famoso de Simancas. Los dos ejércitos se vieron desde lejos. Bien se notaba que los soldados moros eran muchos y poderosos, y que con mucha dificultad sólo algunos cristianos quedarían con vida. Los abanderados levantaron temerosos los pendones de Asturias, de Zamora, de León, de Castilla y de Navarra, y a lo lejos se vio brillar la media luna de los sarracenos.

Ante la muerte inminente, los cristianos se hincaron en tierra y rezaron para que Dios les ayudara en la batalla; suplicaron a Santiago y a San Millán que les infundiera fuerza en el brazo y ánimo en el corazón...

Allí, en lo alto del otero estaban cuando Abderramán observó que los cobardes cristianos parecían rendirse, humillados como mujerucas y golpeándose el pecho como pordioseros. Sin dudarlo, ordenó sus tropas y se lanzó contra ellos, creyendo la batalla ganada.

Pero he aqui que de entre los cristianos salieron dos caballeros: montaba uno un corcel blanco como la nieve y el otro un alazán negro como el carbón. Brillaban sus espadas con un fulgor nunca visto y arremetieron contra los infieles de un modo maravilloso. A duras penas los mejores caballos cristianos podían seguirlos: cortaban, tajaban y abollaban, y las cimitarras sarracenas silbaban a su alrededor sin producirles ningún daño. Animados por el coraje de los dos desconocidos, los cristianos espolearon a sus bestias y se echaron sobre el moro con gran violencia. Allí rodaron tantas cabezas que la tierra se tiñó de sangre y por todos lados había cadáveres y muertos. Los caballos musulmanes acezaban en el lodo, heridos y moribundos, aplastando a sus jinetes, que invocaban al falso Alá. Fernán González se distinguió entre todos los cristianos, y ensartaba en su lanza los corazones moros sin darles tregua alguna. El propio rey don Ramiro echó mano de su espada leonesa y colocándose al frente de los suyos, era glorioso verlo blandir su hierro y herir de muerte a aquellos perros infieles...

Ya la batalla estaba decidida y los moros pedían una clemencia que no se les concedió: más de siete mil musulmanes murieron en aquel lugar y los que quedaban vivos fueron pasados a cuchillo sin contemplaciones. Todos fueron llevados a una cueva y allí se apilaron los cadáveres; después se trajeron cuarenta lobos de Asturias para que se los comieran.

Los festejos y los desfiles de la victoria duraron nueve días y en los reinos cristianos se gozó de la alegría del triunfo. El rey de León mandó que vinieran los dos caballeros que habían iniciado la batalla, porque quería honrarlos y concederles muchas prebendas, pero no aparecieron jamás, ni sus caballos tampoco. Hay quien afirma que el caballero del corcel blanco era Santiago, llamado *Matamoros* desde entonces, y que el jinete que montaba el alazán negro era el mismísimo San Millán. De este modo fueron escuchadas las plegarias de los cristianos y de este modo ayudó Dios a los suyos, concediéndoles la victoria en aquella batalla memorable.

Corrieron los tiempos y el conde Fernán González continuaba demostrando su valor y su osadía en todos los reinos cristianos. Leal con su rey, Ramiro II de León, el conde castellano gozaba de cierta independencia y sus territorios se extendían hacia el sur de modo prodigioso. Los moros temían su nombre y los reyes alababan su piedad y su coraje.

No obstante, surgieron las envidias y las rencillas: el rey de Navarra, que era por aquellos años Sancho Abarca, tentaba la suerte y se internaba algunas veces en territorio castellano; incluso llegaba a pedir tributos en las aldeas de Fernán González, por lo que fue reprendido muchas veces por el conde. El navarro, orgulloso y fanfarrón, no quiso hacer caso de las advertencias y Fernán González acabó matándolo cerca de Collandia.

De otro lado, el rey de León estaba también muy preocupado por la fama y extensión del condado de Castilla y veía que Fernán González había adquirido tantas posesiones que bien podía competir con él. Así la cosa, impuso a los castellanos muchos gravámenes y las grandes riquezas de Castilla pasaban a manos leonesas con gran desazón. El conde castellano notaba con gran dolor la desconfianza del rey don Ramiro y, pese a su proverbial lealtad, sentía que los leoneses sólo pretendían ofenderlo y humillarlo. Determinó por tanto no volver a León y defender su patria con uñas y dientes.

Algunos hechos memorables sucedieron por entonces y las crónicas hablan mucho del conde castellano y los prodigiosos hechos de armas en los que participó. También sufrió cautiverio en Navarra, del que fue liberado por una dama misteriosa. Pero el suceso más importante de la vida de Fernán González tuvo lugar años después.

No era rey de León don Sancho Ordóñez, como dice el romance, sino Ramiro II. Ya se ha referido que las disputas entre Fernán González y él habían pasado a mayores, y los enfrentamientos entre castellanos y leoneses se habían tornado casi en guerra declarada. Los mensajeros partían de León y Burgos, y se cruzaban en el camino. En los pliegos se podían leer las mayores afrentas y si Fernán González llamaba hideputa al rey, éste afirmaba que el castellano era hijo de padres traidores. Las fronteras estaban atestadas de soldados y continuamente eran lugar de enfrentamiento, por lindes, pasos y puentes.

El abad de Sahagún veía con gran lástima cómo dos cristianos se enfrentaban y guerreaban, sin tener en cuenta que el enemigo común (los moros) estaba al acecho y que en cualquier instante podría echarse sobre ellos y destruirlos. El pobre abad iba de un lado a otro, intentando convencer a los dos bandos de la inutilidad de tanta querella. Incluso el hermano del conde y el tío del rey mediaron entre Fernán González y don Ramiro. Pero estas treguas no duraban más de quince días, y al cabo volvían las disputas y los enfrentamientos.

En cierta ocasión estaba Fernán González en Carrión de los Condes y supo que el rey había partido de Sahagún para pasar a Castilla. El soberbio castellano dijo que el rey pasaría a Castilla sólo sobre su cadáver y que lo esperaría en el valle del río Carrión. Allí fueron a verse los dos enemigos declarados: en medio del río estaban los dos, observándose con gesto pendenciero. El rey volvió la grupa de su caballo, en señal de desprecio hacia el conde; pero éste hizo también lo propio y, tirando de las riendas, la caballería tiró una coz y salpicó de barro al monarca leonés.

—¡Hideputa condejo! –gritó enfurecido don Ramiro de León–. Si no fuera por la tregua acordada ante el abad de Sahagún, ahora mismo os cortaría la cabeza, y con la sangre de vuestro corazón teñiría las aguas de este vado.

—¡Tenéis mucha gracia, don Ramirillo! –respondió el conde–. Vos venís en una mula vieja, y yo en un caballo ligero; vos traéis un sayo de seda, y yo arnés trenzado; vos traéis espada de moro, yo traigo lanza de Castilla; vos traéis cetro de rey, y yo flechas de hierro; vos traéis guantes delicados, y yo traigo los de caballero en armas; vos traéis sombrero de fiesta, yo traigo mi yelmo de batalla; vos venís con cien hombres cortesanos, yo traigo trescientos caballeros armados. Yo, señor, vengo a la guerra y vos ¿daréis un paso?

Los frailes que allí había les recordaron que estaban en tiempo de tregua y que no faltaran a su palabra. Con grandes gestos procuraban apaciguar los ánimos de los dos, mas el rey y el conde se miraban con odio y ambos tenían las manos en las empuñaduras de las espadas.

—Sea –dijo don Ramiro–, cumpliré la tregua.

—Sea –dijo el conde–, mas si pasáis a Castilla os rebano el cuello.

Era muy cierto que la soberbia del rey leonés le había hecho cometer una imprudencia y que había acudido a la entrevista más dispuesto para el paseo que para hablar de guerra. De modo que tuvo que retirarse humillado y dando la espalda a los soldados castellanos, los cuales no hubieran dudado un instante en echarse sobre los leoneses si Fernán González se lo hubiese ordenado. Afortunadamente para los leoneses, el rey no quiso pasar el vado y todos salvaron la vida.

Había que ver a don Ramiro cuando volvía a León: mascullaba su odio y su rencor, mas lo que le hería en el alma era la afrenta y la humillación sufrida. Por el camino se juró treinta veces matar al conde y destruir para siempre a los malnacidos castellanos.

Al poco de llegar a León, convocó las cortes. Que vinieran todos los grandes del reino sin falta. Y todos los nobles, señores, condes y caballeros acudieron de inmediato, salvo Fernán González, que se negó a pasar a tierras leonesas y afirmaba que aquellos dominios pertenecían a un extranjero y que nada tenía que hablar con el rey don Ramiro.

Llegó un mensajero a Burgos y se presentó en el palacio de Fernán González. Venía de parte del rey de León:

—Buen conde Fernán González, el rey manda que vengáis a las cortes de León. Manda decir que, si vais, os entregará Palencia y Palenzuela, las nueve villas y Carrión, Torquemada, Mormojón, Lobatón y Tordesillas. Venid, buen conde, o se os tratará como a traidor.

Echó mano a la espada el conde, mas se contuvo, y dijo:

—No tenéis culpa vos, mensajero: yo no tengo miedo al rey ni a todos los que con él están. Decidle a don Ramiro que tengo villas y castillos, y que todos aguardan mis órdenes. Las tierras de mi padre son tierras de caballeros y las que yo gané a los moros las he poblado con ricos labradores. A quien no tenía más que un buey, yo le entregaba otro; al que casa a su hija, yo le doy la dote; al que le faltan dineros, yo se los presto. Que sepa vuestro rey que los castellanos me aman y me respetan: pregúntale si sus vasallos hacen lo mismo por él. Grandes tributos nos hace pagar, pero de hoy en adelante ni un maravedí de Castilla irá a las arcas de León.

A pesar de las grandes disputas, también había períodos de paz entre leoneses y castellanos, especialmente cuando algún clérigo mediaba o cuando algún personaje de postín obligaba a firmar treguas. Pero, más que cualquier otra cosa, lo que pacificaba a Fernán González y a don Ramiro eran las incursiones moras. Cuando los sarracenos asaltaban castillos en la frontera, o cuando se internaban en los campos cristianos, o cuando asolaban poblaciones limítrofes, entonces los dos enemigos declarados olvidaban sus rencillas y sólo tenían un objetivo: vencer a los infieles.

Sucedió que los musulmanes andaban haciendo razias y batidas en las aldeas fronterizas y don Ramiro convocó cortes por ver qué se haría en aquel caso, cuántos soldados se enviarían y si era necesario que los señores acudieran también para someter al moro.

Fernán González no tuvo, en este caso, inconveniente alguno en acudir a la corte leonesa, aunque no olvidaba las ofensas y los desplantes; por su parte, tampoco olvidaba nada el monarca don Ramiro.

El conde de Castilla se pertrechó del mejor modo posible y escogió entre sus armas las de más valía, entre sus caballeros, los mejores, y entre sus damas, las más hermosas. Y marchó a León. Montaba Fernán González un corcel hermosísimo, blanco y gallardo como no se viera otro. Sus vasallos decían que dicho caballo había pertenecido a Almanzor y que el conde lo había ganado en la famosa batalla de Soria. Cuando entró en el palacio del rey, el castellano hizo que le trajeran a su azor, un ave de prodigiosas virtudes, que lucía tanto en el brazo como en el aire. Todo lo hacía Fernán González para demostrar la importancia de su persona y, por ende, la importancia de su condado: Castilla.

Cuando el rey lo vio aparecer con tanta galanura, sintió celos y envidia, y pensó que de nuevo el conde de Castilla quería hacerse valer y que con aquellos lujos pretendía igualarse al monarca legítimo. De modo que, para molestar a Fernán González y, sobre todo, para probar su fidelidad, don Ramiro le habló del siguiente modo:

—Querido Fernán González de Castilla: mucho me complace veros en esa figura tan caballeresca. A decir verdad, vuestro caballo es el más lozano y vivo que he visto en mi vida... y vuestro azor, sin duda cazará los pichones con la misma elegancia que vos cazáis moros.

—Si los deseáis, el caballo y el azor son vuestros, porque todo lo que hay en el reino de León os pertenece –contestó el conde castellano.

—¡Oh, no! –fingió el monarca–. No ha de ser así: quiero comprároslos; poned el precio.

En estas palabras vio Fernán González la soberbia del leonés y cuánto lo humillaba delante de todos los nobles.

—Sea como queráis, señor –contestó el conde–. Habéis de pagarme cien maravedís por ellos, mas si pasa un día, serán doscientos, y si pasan dos, cuatrocientos; y si pasan tres, ochocientos; y así en adelante hasta que me paguéis el caballo y el azor.

El rey aceptó el trato pero jamás estuvo en su pensamiento abonar la cantidad fijada, sino que sólo quería enojar al castellano y ofenderlo una vez más. De modo que pasó un día, y dos, y tres, y treinta, y un año, y dos, y tres... Fernán González sabía bien cuáles eran las intenciones de don Ramiro, pero él iba haciendo sus cuentas y mandó que viniera a Burgos un judío que vivía en Tordesillas, y le encargó que fuera calculando el precio del caballo y el azor, teniendo en cuenta que cada día el valor se doblaba. Al cabo de una semana, los dos animales llegaban a los 6.400 maravedís, pero ésta era poca suma para el rey de León. Cumplidas las dos semanas, el azor y el caballo valían 409.600 maravedís, pero incluso esta gran cantidad de dinero significaba poco para el rey Ramiro. Un mes había pasado desde que el rey leonés prometiera pagar lo que debía, mas Fernán González no había recibido el importe; hizo llamar al judío que llevaba las cuentas y le preguntó cuanto debía León a Castilla.

—Señor, León os debe trece mil cuatrocientos veintiún millones y setecientos setenta y dos mil ochocientos maravedís.

Pasaron los meses, y los años, y de León no llegaban noticias del pago, pero Fernán González no quiso hacer riña por ello. Sin embargo, ordenó que ningún señor de Castilla pagara tributos a León y dispuso guarniciones en las fronteras con el reino de don Ramiro.

Cuando supo esto el rey, hizo llamar al conde, el cual vino a León, pero ni quiso besar la mano del monarca, ni se hincó de rodillas ante él, como hubiera hecho cualquier vasallo.

—¡Maldito rebelde! –vociferó don Ramiro–. Sois un hideputa traidor: os habéis alzado contra mí y habéis puesto guardias en las fronteras de vuestro infame condado... mis tesoreros me dicen que ha más de un mes que no me pagáis lo que se me debe y que mis recaudadores son apaleados en vuestras villas... ¿Y aún venís con esos aires y no os inclináis ante mí?

—Señor –contestó Fernán González–, hace ya más de siete años que me prometisteis el pago de mi azor y mi caballo, y habéis faltado a vuestra palabra. Castilla os pagará los tributos cuando vos me paguéis lo que me debéis.

El rey hizo llamar a sus notarios, a sus secretarios, a los escribanos, a los administradores y a cuantos leguleyos había en el palacio y les dijo:

—¡Traed mis arcas! ¡Subid acá mi oro! –Y dirigiéndose al conde, lo amenazó–: ahora os pagaré lo que os debo y después os tendré preso durante setenta días, así conoceréis cómo ha de tratarse a un rey y así sabréis quién es Ramiro de León.

Pero cuando los escribanos comenzaron a hacer cuentas, su rostro se demudaba y palidecían de terror. Los administradores miraban de reojo las arcas llenas de oro y veían que, a medida que iban sumando días y maravedíes, todos los tesoros de León no alcanzarían a pagar la deuda del azor y el caballo. Finalmente, el rey protestó:

—¡Ea, lacayos! ¿Cuánto se le debe al conde?

Los escribanos sólo habían hecho la cuenta hasta el día mil y uno: un lacayo entregó el papel al monarca:

CONTADOS MIL Y UN DÍAS,
Y FALTANDO AÚN LAS CUENTAS DE MIL QUINIENTOS CINCUENTA Y CUATRO DÍAS,
LEÓN DEBE A DON FERNÁN GONZÁLEZ LA CANTIDAD DE
12.675.060.022.823.000.000.000.000.000.000 MARAVEDÍS.

Abrumado, sorprendido, aterrado, estupefacto, el rey Ramiro dejó caer el papel a sus pies y ordenó que no siguiesen haciéndose las cuentas. Comprendió entonces que la burla del caballo y el azor le había resultado demasiado cara. Se incorporó en su trono y descendió los peldaños que le separaban del conde Fernán González. Con gesto abatido, puso su mano en el hombro del castellano y, arrepentido por sus rencores, le dijo:

—Conde Fernán González: sois ya muy poderoso y Castilla se ha levantado contra mí en justicia. Vos mismo sois justo y habéis soportado con resignación mis ofensas: Castilla os pertenece y es vuestra, que vuestra patria os colme de los honores que merecéis. De ahora en adelante, nos trataremos como iguales y acaso, con el paso de los inviernos, el castillo de vuestro pendón y el león rampante de mi bandera podrán ondear juntos de nuevo.

Así, como se ha dicho, logró Fernán González la independencia de Castilla y los súbditos del conde castellano no tuvieron que volver a pagar tributos. Cuando este impuesto vergonzoso fue abolido, los castellanos y los leoneses dejaron de mirarse con rencor y se trataron «como iguales», porque así lo dijo el rey Ramiro. Con todo, no dejó de haber alguna trifulca y alguna pendencia, pero muy pronto, tal y como dijo el monarca, los pendones de Castilla y León ondearon como una sola bandera. Durante muchos siglos la enseña del león y el castillo vio la gloria de innumerables hazañas: estuvo sobre la Alhambra y pasó el Atlántico, logró victorias en Europa y en los lejanos mares de Asia. No había lugar en el globo donde la bandera de Castilla y León no fuera respetada y temida. La impericia de monarcas extranjeros privó después a esta gloriosa nación de sus tesoros y la sumió en la más absoluta miseria.

Aún andan los castellanos y leoneses tratando de recuperar lo que les han robado y tratando de olvidar las afrentas que han sufrido; mas las antiguas banderas de Castilla y León permanecen unidas en un solo pendón y los colores púrpura y blanco de la enseña son, todavía, el orgullo de los hombres de aquellas tierras.

La serpiente de la Albufera

En la actualidad, la Albufera de Valencia es un lugar hermosísimo. Los turistas y viajeros pueden admirar un cañaveral inmenso, donde anidan aves de distintas formas y colores, y donde la Naturaleza parece haber ganado la batalla a la civilización. Los amantes de la ornitología tienen allí un verdadero paraíso, y las playas del Saler y de Perelló son la delicia de los bañistas.

Sin embargo, no siempre fue así. Antiguamente, cuando Picassent era sólo un grupo de barracas dispersas y Almussafes podía aún recordar los tiempos de los moros, por entonces, decimos, la Albufera era un pantanal donde resultaba peligroso internarse. La franja que separa la laguna de la costa era en aquel tiempo un lugar baldío, donde los pinos crecían en la arena, apremiados por el salitre de un lado, y el cenagal del otro.

En este paraje agreste y deshabitado comienza nuestra historia.

Pepet era un muchacho que no contaba aún los diez años. Su familia, pobre y casi miserable, había abandonado la región y habían dejado al niño en manos de unos hacendados de Almussafes. Los señores no se ocuparon mucho de él y cuando tuvo edad para pastorear, lo enviaron a la Albufera a cuidar cerdos.

El mozo no conocía más que los pantanales, los cañaverales, las garzas, los patos, las culebras, los escorpiones y los cerdos que tenía que guardar. Para ser ciertos, Pepet apenas sabía hablar, porque no tenía con quién: sólo sabía que, de tanto en tanto, un hombre mudo iba hasta la piara, llevaba unos cochinillos y se llevaba los cerdos gordos y bien criados.

La amargura, la tristeza y la pena se fueron apoderando de su joven corazón y, tendido en su choza, imaginaba que tal vez había para él una vida mejor, lejos de los mosquitos de la Albufera y de los cerdos del amo.

Sólo con su ingenio, Pepet se había fabricado una flauta, aprovechando una caña rota y una navaja que llevaba siempre consigo. Poco a poco, el muchacho perfeccionó su arte y adivinó que, para que su flauta sonara con distintos tonos, habría de hacerle al menos siete agujeros. En fin, todo lo tenía que aprender por sí mismo y con grandes dificultades.

Pepet pasaba las horas muertas tocando su flauta, imitando el gorjeo de los pájaros o el silbo del viento. Una tarde, cercano el atardecer, observó que, mientras él hacía sonar el instrumento, unas hojas se movían en la Albufera. Siguió tocando, por ver que ocurría, y vio salir del agua una pequeña culebrilla.

Al día siguiente probó fortuna y, sentado frente a la charca, hizo sonar su flauta: de nuevo la culebrilla salió del agua y se estuvo allí mientras Pepet tocaba. Tanto ilusionó al muchacho este comportamiento, que volvía cada día a la orilla y daba su serenata a la serpiente. Así pasaron muchos días, tantos que la culebra, cuando sentía los pasos de Pepet, salía del agua y allí se pasaba horas, escuchando la dulce melodía del niño. Parecía que aquel reptil entendía y disfrutaba con la compañía de Pepet. Éste, por su parte, estaba bien contento porque, al fin, podía decir que tenía una amiga.

Durante toda una noche estuvo pensando el muchacho qué nombre le daría a la serpiente: Visanteta, Dolors, Mica... ¡Amparín! La alegría de Pepet no tenía límites: no sólo tenía una amiga, sino que ésta tenía un nombre bien bonito. Pasaron los meses y el rapazuelo no faltaba a la cita con Amparín: cada día tocaba mejor la flauta e, incluso, la serpiente acudía sólo con decir su nombre. En fin, la amistad entre la culebra y el niño se fue haciendo cada vez más estrecha.

A pesar de querer mucho a Amparín, Pepet volvió a recaer en su antigua tristeza: «¡Qué vida ésta» se decía, «qué vida la mía, que sólo como mendrugos y mi única compañía es una culebra!». Con la llegada del invierno, su pena se tornaba lastimosa y cualquiera se hubiera compadecido del joven Pepet. No faltaba a su cita con Amparín, pero sus melodías eran tristes y amargas, como la vida que llevaba.

Una mañana de primavera, Pepet vio salir el sol por oriente y pensó que debía abandonar aquella existencia triste y solitaria. Cogió su zurrón y partió camino de Nazaret, junto al río de Valencia. Después entró en la ciudad del Cid y de allí pasó a Zaragoza, a Burgos y a otras ciudades de Castilla...

El soldado que entró en una taberna del Carmen de Valencia se parecía poco a aquel pastorcillo de cerdos de la Albufera. Sus brazos se habían hecho fuertes, su rostro estaba curtido por el aire del norte, su cabellera negra y larga reflejaba osadía y valor, sus ojos tenían el brillo de la alegría y de la honradez. Allí estaba, con otros camaradas soldados, riendo y cantando amigablemente, contento con su fortuna y con su vida.

Después de la fiesta, Pepet volvió a la posada y, como cada noche, pensó cuánto había cambiado y qué feliz era en su nueva posición. Recordaba, con amargura y con nostalgia, sus años de pastoreo, cuando sólo tenía una amiga: la serpiente Amparín. Turbado por el recuerdo, decidió ir a la mañana siguiente a la Albufera y probar fortuna: tal vez aparecería su antigua amiga.

Pepet hizo sonar su flauta, de la cual no se había desprendido jamás, y entonó la más dulce melodía. De pronto, las aguas de la Albufera se agitaron violentamente, y una enorme serpiente, viscosa y repugnante, saltó hacia la orilla enredándose en los pies del soldado. Pepet trató de zafarse de aquel abrazo mortal, pero los ojos de aquel reptil se clavaron en los suyos con fiereza: ¡aquellos ojos! ¡Aquellos ojos amarillos eran los de su amiga Amparín, convertida en un monstruo horrendo! Con la fuerza de la bestia inmunda, Pepet fue perdiendo su aliento, mientras Amparín se enroscaba en su pecho y convertía sus nauseabundos anillos en cadenas de hierro. A Pepet se le quebró la espalda y, estrechado en las fauces de su traidora amiga, murió.

Lentamente, con un susurro despacioso, la serpiente llevó su cuerpo a las aguas de la Albufera y allí, en el lodazal, lo devoró.

Leyla y la fortaleza de Magacela

Los cristianos alcanzaban ya la frontera del río Guadiana. Desde las torres del castillo de Amed-ben-Alí podían divisarse los pendones del Reino de León y aun podían distinguirse los brillos y resplandores de los escudos y armaduras de aquellos fieros soldados. Los leoneses ya habían tomado Albalá; los zamoranos, Aljucén; y los asturianos no habían pasado de Alcuéscar. Pero, allá por el siglo XIII, las tropas mandadas por el Maestre de Alcántara, don Arias Pérez, se aprestaban a cruzar el río y a instalar sus reales en el campo que hoy se llama de La Serena.

El moro Ben-Alí admiraba con tristeza las numerosas tropas cristianas y, en su fuero interno, bien seguro estaba de no poder resistir el empuje de los leoneses. Emplazado en una almena de su fortaleza, el príncipe moro observaba los movimientos de los ejércitos enemigos y veía, con lástima, cómo uno tras otro iban cayendo todos los castillos de sus parientes y amigos.

Mas antes de rendir su castillo, Ben-Alí estaba dispuesto a dejarse la vida en el campo de batalla. «Antes muerto que esclavo; antes muerto que vencido», se decía mientras ordenaba a todos sus vasallos que colocaran los arneses a sus cabalgaduras, que afilasen sus cimitarras y que hicieran sonar los timbales de la guerra.

Cuando todo estuvo listo para la batalla, Ben-Alí hizo llamar a su hija Leyla, una hermosa muchacha de ojos hechiceros y de carácter vivo.

—Hija mía –le dijo–; yo he de marchar a la batalla sin saber si he de regresar. Te encomiendo que defiendas el castillo como si de tu propia vida se tratara, y te dejo con cuarenta hombres, los mejores que tengo. Que Alá esté contigo.

Y diciendo esto, salió por la puerta de la fortaleza seguido de los abanderados, los clarines, los timbales de guerra, y ciento veinte soldados armados hasta los dientes.

No hubo lugar, porque la enseña de la Cruz de Alcántara venía guarnecida por tres mil cristianos vestidos de punta en blanco, con sus corazas, sus escudos y sus aceros toledanos. Las riberas del Guadiana se tiñeron de sangre y allí perecieron todos los moros que, inflamados de ardor guerrero, habían partido aquella mañana en busca de la muerte y la gloria.

Los cristianos, mientras estaban expoliando los cadáveres sarracenos, dieron con Ben-Alí, muerto y cruzado por cuarenta saetas. Don Arias Pérez ordenó que se le cortara la cabeza y se le sacaran los ojos. Y después que se verificó este horror, mandó que cuatro esclavos moros llevaran el cuerpo del moro a la fortaleza: toda su intención era desmoralizar a los pocos guerreros que hubieran quedado en el castillo.

Cuando Leyla recibió los despojos de su padre, comenzó a llorar con grandes angustias y sintió que se le iba la vida. Mas, al punto, recordó las palabras de su progenitor y ordenó a sus guardias que aprestasen todo para la defensa heroica del castillo.

No tardaron en llegar las huestes leonesas y, al cabo de unos días, la fortaleza y su reina Leyla estaban padeciendo el asedio cristiano. El Maestre de Alcántara no podía sufrir la inactividad y no esperaba que los moros se rindieran fácilmente. Una y otra vez atacaba las murallas, pero los hombres del castillo se defendían con vigor. Don Arias podía ver la figura de un guerrero vestido con sedas y joyas, que animaba a sus soldados con la furia de un titán y blandía la cimitarra como si del mismo Almanzor se tratase. Fuera quien fuese el caudillo de la fortaleza, no cabía duda de que era un caballero cumplido, un valeroso guerrero que debería ser honrado en su muerte.

Corrieron los días, pero el castillo no se entregaba. Desesperado, don Arias arengó a sus tropas y les dijo que de ese año de 1229 no pasaba la conquista de aquel bastión. Los soldados comprendieron perfectamente las palabras de su capitán, porque tal día no era otro que el 31 de diciembre de 1229 y, por tanto, no había plazo: la fortaleza habría de caer esa misma noche. El Maestre ideó una añagaza y ordenó que todos los caballeros, a lomos de sus corceles, tomaran antorchas y se acercaran por un extremo al castillo; mientras, amparados en la oscuridad, los infantes asaltarían la muralla por el otro lado. Así se hizo, como mandó don Arias: los jinetes formaron hilera y se acercaron cautelosamente a las torres... cuando los moros descubrieron las luces, los cuarenta guardias que quedaban se fueron a proteger aquel flanco, al tiempo que los infantes cristianos entraban sin resistencia por el opuesto.

La fechoría fue rápida y cruel, porque todos los moros fueron degollados o muertos a espada en aquella heroica defensa. Los cristianos abrieron las puertas y don Arias pudo entrar en su ansiada fortaleza.

Leyla había oído el clamor de sus hombres pero, segura de la derrota, no quiso abandonar su alcoba y continuó con la cena que una esclava suya le había aderezado. Desde sus salas podía escuchar las espuelas de los cristianos y los ultrajes que cometían en su casa. También pudo oír a don Arias, que gritaba: «¡Buscad al caballero que mandaba el castillo, buscadlo!».

Estaban ya muy cerca de la alcoba donde cenaba Layla y ésta podía distinguir claramente las blasfemias y los aullidos de los cristianos, revolviéndolo todo y convirtiendo el castillo en despojos del reino musulmán. Ordenó a su sirvienta que le trajera las armas y los vestidos de guerra y, con serenidad sublime, se aprestó para la última batalla. Cuando estuvo preparada, tomó su daga y la enterró en su joven pecho. La sangre brotó tiñendo de carmesí las sedas y el oro.

—Amarga cena -dijo mientras expiraba.

Cuando don Arias irrumpió en la sala, pudo ver al *gran guerrero* que yacía muerto en el suelo, y una joven muchacha que lloraba a su lado.

Ordenó que nadie profanara aquel túmulo: que tomaran el cuerpo de la hermosa Leyla y que los doce caballeros más fuertes de su tropa velaran el cadáver hasta el amanecer, y después que lo enterraran con todos los honores.

Los lugareños afirman que el nombre de Magacela, en la actual provincia de Badajoz, se debe a las últimas palabras de la hermosa y valiente Leyla: «Amarga cena».

La Torre del Oro de Sevilla

Todas las ciudades y pueblos de España pueden contar leyendas, a cada cual más llamativa y apasionante, pero la audacia imaginativa de los andaluces conviene destacarse. Es por ello que en Andalucía cada casa, cada plaza y cada esquina son *pruebas* de un pasado legendario, misterioso o sobrenatural.

Una de estas *pruebas* irrefutables es la Torre del Oro. Como se sabe, la torre sevillana vecina del Guadalquivir es una de las maravillas andaluzas y uno de los símbolos de la ciudad. Cualquier sevillano bien nacido asegura que la Torre en cuestión estuvo «verdaderamente» cubierta de oro en tiempos de los musulmanes, y que su resplandor podía verse desde las marismas e incluso desde el mar abierto. Los más exagerados afirmarán que la Torre no sólo estaba cubierta de oro por fuera, sino también ¡por dentro!, lo cual es bastante probable teniendo en cuenta el uso que se le dio en los siglos XV y XVI.

Sin embargo, la leyenda más atractiva respecto a la hermosa Torre del Oro es la que tiene como protagonistas a una hermosa joven y al rey don Pedro I, llamado *el Cruel*, allá por el siglo XIV. De este rey se cuentan los hechos más sanguinarios y despóticos, y la tradición lo ha colocado como personaje central de narraciones donde es necesario un malvado o un tirano. Pues bien, este don Pedro se había enamoriscado de una dama sevillana cuya hermosura se alababa en todos los patios de Sevilla. La joven, cuyo nombre no se conoce a punto fijo, estaba ya casada con un caballero, pero éste se hallaba fuera de la ciudad por precaución, ya que era de todos conocido que estaba aliado con don Enrique, el hermanastro de don Pedro. Otras versiones aseguran que, simplemente, el caballero estaba «en la guerra». En lo que todos los sevillanos están de acuerdo es que don Pedro comenzó a asediar a la joven y que, cuanto más la veía, más enamorado estaba de ella. Sin embargo, la dama era muy pudorosa y, para evitar tentaciones, se recluyó en un convento a la espera del regreso de su amado esposo.

No gustó nada esta resolución en la corte de don Pedro y, sin tardanza, ordenó que se profanara el retiro conventual y se secuestrara a la hermosa dama. ¿Para qué decir los llantos y las amarguras de la joven prisionera? Los sevillanos aseguran que su pelo era tan semejante a las madejas de oro que de esa comparación le viene el nombre a la Torre donde fue encerrada. Los pescadores del Guadalquivir y los ciudadanos tenían tanta lástima por la muchacha como temor del rey, de modo que comenzaron a hablar de la Torre del Oro por no decir la «Torre de la prisionera» o la «Torre de la infamia», como convenía al caso.

Amargada por su funesta suerte, la dama quiso evitar la causa de sus desdichas y se hizo rasurar la cabeza, mientras lanzaba sus cabellos de oro por un ventanuco de su prisión. Este suceso asombró a los sevillanos, los cuales renunciaron a llamar de otro modo cualquiera a la Torre desde la cual habían visto caer oro verdadero y cierto.

No contenta con tal hazaña, la hermosa joven quiso marcarse el rostro con un puñal y pidió a la vieja que la custodiaba un arma para desfigurarse. La vieja, avarienta y pérfida, salió de la celda, mas, en vez de buscar una daga, se fue a palacio y contó al rey todo cuanto había hecho la joven y cuanto deseaba hacer.

—¡Maldita sea mi suerte! -gritó don Pedro al conocer los hechos, y corrió hacia la Torre donde estaba la dama de los cabellos de oro.

Ya en la Torre, don Pedro perpetró horribles crímenes contra la virtud de la dama y, dejándola humillada y malherida, renegó de ella.

Se dice que la joven volvió al convento y que allí murió de pena y de vergüenza, mucho antes de que su marido regresara.

La maldición que don Pedro hiciera sobre sí mismo se vio cumplida años más tarde en el castillo de Montiel, en la actual provincia de Ciudad Real. Para resolver los derechos de sucesión al trono de Castilla, don Enrique de Trastámara convino una reunión con don Pedro el Cruel y, una vez allí, la conferencia acabó en disputa. Varios nobles se echaron sobre don Pedro y allí mismo quedó muerto. Preguntado Beltrán de Guesclin si había ayudado a don Enrique en el asesinato de su hermanastro, el noble francés replicó: «Ni quito ni pongo rey, pero ayudo a mi señor». Acaecieron estos hechos en el año de 1369.

El lago de Sanabria

En el extremo noroccidental de la provincia de Zamora hay un lago de origen glaciar, el más grande de la Península. Situado en las montañas, los bosques y ríos circundantes ofrecen en su entorno toda la majestuosidad y hermosura de la Naturaleza, especialmente en otoño, cuando los robles comienzan a teñir de ocres y amarillos aquellos nebulosos paisajes. En las riberas del lago pueden descubrirse varios pueblecillos: en Ribadelago apenas queda nadie, pues la presa del Tera se quebró a mediados del siglo pasado y muchos aldeanos murieron sin remedio. Aún pueden verse los estragos que causó aquel torrente de agua desbocada. Más arriba, en las faldas de la montaña, está San Martín de Castañeda, con su hermosa iglesia románica, desde donde puede observarse en toda su plenitud la hermosura del lago.

Es probable que Miguel de Unamuno tuviera presente la imagen de este lago y las leyendas que de él se cuentan, cuando escribió su mejor novela: *San Manuel Bueno Mártir* (1931).

El origen del lago remite, por supuesto, a una leyenda, de la cual hay tantas versiones como aldeanos en aquellas tierras. Una de las más comunes supone que en el lugar que hoy cubren las aguas había un valle profundísimo y, allí, un pueblo. Esta aldea se llamaba, al parecer, Valverde de Lucerna o sólo Lucerna. Cuentan que Jesucristo pasó por allí en figura de peregrino y que, cuando pidió posada, ninguno de los habitantes quiso abrirle la puerta ni darle cobijo. Un cronista moderno afirma que «hubo quien le echó los perros», pero este extremo no ha podido ser confirmado. El caso es que el divino peregrino se sentó junto a la iglesia, dispuesto a pasar la noche al raso: cosa verdaderamente cruel, porque en aquellos parajes el viento es helado e incluso en las noches de verano se agradece una manta.

Acertó a pasar por allí Matías, el panadero, y, compadeciéndose de él, le invitó a pasar la noche en su casa, aunque no tenía más que un jergón y un saco para que pudiera cubrirse. Aceptó el extranjero la oferta y, al día siguiente, encargó al panadero que le hiciera un pan para el camino: cuando el pan reciente salió del horno, Jesús lo dividió en dos partes. La parte más escasa se la guardó en el zurrón, y el mendrugo grande lo depositó en un saco.

—Y ahora, humilde panadero, coge a tu mujer y a tus hijos, y sube con el saco a lo alto de aquella montaña, porque muy pronto este pueblo estará cubierto por las aguas.

Y golpeando el suelo con su cayado, brotó de la tierra un manantial de agua fría.

El panadero iba subiendo por la ladera y veía que el manantial no cesaba de lanzar aguas y que el pueblo se anegaba sin remedio. Cuando llegaron a la cumbre, la mujer abrió el saco que el peregrino les había entregado y pudo contemplar maravillada que había más de cuarenta panes en el interior. No quiso alegrarse el panadero, que volvía los ojos hacia el pueblo y veía cómo sus vecinos perecían ahogados, con sus vacas y sus terneros, con los cochinos y las gallinas... y no había modo de salvarlos.

Dicen los habitantes de aquellas ásperas tierras que, arrepentidos, los aldeanos intentaron salvar las campanas de la iglesia. Pero no hubo modo de sacarlas de allí y quedaron tocando mientras el agua cubría el pueblo. Por esta razón, se asegura que en la noche de San Juan se oyen las campanas del pueblo sumergido. Unos afirman que, para oír el tañido, es necesario estar sin pecado; y otros sugieren que sólo quien se bañe en el lago y meta la cabeza bajo las aguas, podrá oír cómo tocan a muerto.

Y esto último es bien fácil, porque el lago es un lugar peligroso en el que no conviene hacer caso de estas habladurías: el agua es muy fría y sus profundidades son desconocidas, de modo que mejor será permanecer en la orilla, y suenen las campanas cuando quieran.

Granada

Corría el año de 1481 y Muley Hazén entraba en la maravillosa ciudad de Granada con sus ejércitos. Venían de cumplir una gloriosa hazaña: la conquista de Zahara. Tras el rey moro venían cuatrocientos guerreros montando caballos blancos; llevaban las lanzas adornadas con cintas de colores; las adargas blancas y las mallas ajustadas y lucientes; las aljubas escarlatas brillaban como el sol; las plumas, los mantos con bordados de oro, las espuelas plateadas, los estribos remachados... Todos eran caballeros cumplidos, los mejores que hubo en Granada, y volvían de Zahara con un gran botín: los cofres de oro y brillantes, espadas de Toledo, escudos de Castilla... y los moros de la Alhambra recibieron a su rey entre vivas de alegría y contento.

Sin embargo, un tesoro traía el rey, para él lo más querido: la joya más preciosa de los castellanos estaba ahora en su poder. Era doña Isabel de Solís, la mujer más hermosa que vieran ojos moros, la más dulce y de buen corazón. Venía en un caballo negro, cubierta la cabeza con un manto grana, y escoltada por seis guerreros almohades engalanados como reyes.

Muley Hazén la llevaba a Granada como prisionera, pero el monarca no sabía que era su corazón el que estaba ya encadenado: amaba casi sin saberlo a doña Isabel y poco a poco su pasión se convirtió en locura. Veía a la hermosa cristiana pasear por los jardines de la Alhambra y ella era la flor más hermosa, la más delicada y fragante.

En cierta ocasión, el rey estaba espiando a su hermosa cautiva desde una celosía y se retorcía las manos preguntándose cómo podría poseerla y hacerla su esposa. Con él estaba el astrólogo Ben Amed, que era también doctor y sabio de la Ley de Alá. El alfaquí conoció de inmediato las pasiones del rey y le dijo:

—Muley Hazén, abrid los ojos y ved si habéis conquistado Zahara o Zahara os ha conquistado a vos. Las estrellas vaticinan la ruina de Granada y las cenizas de vuestros enemigos se levantarán contra vuestro reino...

—¡Callad, maldito agorero! -gritó el rey.

La dulzura y belleza de doña Isabel cautivaron al moro y a los pocos días se les pudo ver conversando entre los jazmines de la Alhambra.

Los historiadores no han podido averiguar si doña Isabel amaba fielmente a Muley Hazén o si sus actos procedieron del temor y el cautiverio. Lo cierto es que la cristiana abjuró de su religión y se convirtió al Islam, llamándose desde entonces Zoraya. Algunos meses después, el rey la tomaba por esposa de su harén y favorita de la corte.

Ha de saberse que este amor irritó a muchos: los Abencerrajes, familia poderosísima en Granada, no veían con buenos ojos la preponderancia de una infiel en la Alhambra y consideraban que aquella situación era peligrosa, con riesgo de traición. Con más odio y rencor se comportaba Aixa. Esta mujer había sido, hasta la llegada de doña Isabel, la favorita del rey y su esposa predilecta. Con ella el monarca había tenido varios hijos, de los cuales el primogénito era Boabdil, llamado a ser el sucesor de Muley Hazén y rey de Granada. Aixa recelaba de Zoraya, la renegada, porque suponía que los hijos de ésta arrebatarían el trono a los suyos; pero aún más le dolía el desprecio con que el rey la trataba desde que doña Isabel llegó a la Alhambra.

El resentimiento y los rencores comenzaron a extenderse por todo el palacio. Aixa conspiraba a espaldas de Muley Hazén e instigaba revoluciones y acechanzas. Contaba, para ello, con los Abencerrajes, los cuales juraron fidelidad a Boabdil, el heredero. Éste fue el comienzo de las guerras civiles de Granada, en las que unos estaban a favor del rey legítimo y su adorada Zoraya, y otros luchaban por la herencia de Boabdil, esgrimiendo la traición de Muley Hazén.

Por entonces doña Isabel se había rodeado de príncipes y caballeros favorables a la conquista cristiana y, desde sus puestos, hacían pactos con Isabel y Fernando, reyes de Castilla y Aragón. Con ira veían los Abencerrajes que su reino se perdía sin remedio y con gran odio Aixa comprobaba que su hijo Boabdil jamás se sentaría en el trono de la Alhambra.

Zoraya logró infundir en el corazón del rey un rencor ponzoñoso y le convenció de que los hijos de Aixa tramaban su muerte. Viendo las guerras que los moros tenían entre sí, Muley Hazén comprendió la verdad de este consejo y mandó degollar a todos los hijos de Aixa, pero ésta actuó con sagacidad y escondió a Boabdil en una torre donde nadie podía encontrarlo. Grandes lamentos se hicieron en la fortaleza cuando se supo que los herederos habían sido muertos y decapitados. No acabaron aquí los sufrimientos, porque el rey ordenó que se presentaran ante él los Abencerrajes y en su presencia los hizo matar a todos sin piedad.

Los fuegos y las batallas podían verse desde las torres de la Alhambra: moros contra moros, hermanos contra hermanos, el reino de Granada se perdía sin remedio. Muley Hazén observaba con dolor este lamentable espectáculo, pero se resistía a ceder el trono a nadie. Unos y otros pedían ayuda a los cristianos, los cuales contemplaban con gusto cómo los sarracenos se mataban entre sí, haciendo más fácil la conquista de los reinos granadinos.

Aixa encendió el corazón de su hijo Boabdil. Éste era un muchacho débil y pusilánime, y sólo por orden de su madre se puso al frente de los Abencerrajes que aún quedaban vivos y de otros caballeros valientes. En el campo y en la montaña se emprendían violentas batallas y los muertos se contaban por miles.

A la vista de estas desgracias, el rey se sentía abatido y recordaba las profecías de su astrólogo. Lamentaba profundamente las guerras civiles y la inútil muerte de sus compatriotas. Envejecido prematuramente, Muley Hazén dejó el trono a su hermano Abdallah y una noche salió de la ciudad: una pequeña guardia de siete hombres custodiaba la deshonrosa huida del rey humillado. Tras él iba Zoraya, que veía cómo sus deseos de reinar en Granada se tornaban humo. Lentamente fueron ascendiendo hacia las cumbres nevadas, casi sin rumbo. Se dice que el rey, pronto a la muerte, quiso llegar a la Alcazaba Cadima, pero su caballo no quiso detenerse y siguió más allá y más allá... Los granadinos afirman que acabó sus días en las altas cumbres de Sierra Nevada y que está enterrado en las estribaciones de la montaña que lleva su nombre: Muley Hazén, o Mulhacén. De Zoraya o Isabel, las noticias son confusas: hay quien asegura que su corazón no pudo resistir tan vergonzosa huida y que murió de miedo y rencor a los pocos días. Otros, firman que doña Isabel fue recibida con honores por los cristianos, porque gracias a sus intrigas había logrado emponzoñar el corazón de los árabes, los cuales habían acabado matándose entre sí.

El caso es que Boabdil no tuvo resistencia en el asalto a la Alhambra. El hermano de Hazén, el cobarde Abdallah, se rindió al cabo de pocos días y el nuevo rey Boabdil y su madre Aixa subieron al trono de Granada.

Isabel de Castilla y Fernando de Aragón apremiaban a sus huestes y la ciudad se vio rodeada de cristianos dispuestos a acabar con la dominación árabe. Diezmados por las guerras intestinas, los moros no pudieron soportar el asedio castellano durante mucho tiempo y, tras crudelísimas batallas, el rey Boabdil, llamado *el Chico,* entregó la ciudad el día 2 de enero de 1492. Por la puerta de Hierro tuvo que huir una noche de terror y sangre, y subió a las montañas como antes había subido su padre, lleno de amargura y remordimientos. Al volverse atrás, con los ojos arrasados en lágrimas, vio por última vez la joya de los musulmanes: la ciudad de Granada y la fortaleza roja, la Alhambra. Allí ondeaban gloriosas las enseñas de Castilla y León, y al ver cuánto se perdía, Boabdil se arrodilló en tierra y comenzó a llorar con una pena que rompía el alma. Pero su orgullosa madre lo miró con desprecio y le dijo:

—Llora como mujer lo que no supiste defender como hombre.

LEYENDA DEL CONDE DE ZAFRA

La historia del conde de Zafra, en realidad, sólo se recuerda en la famosa frase proverbial «Llover más que cuando enterraron a Zafra», que se utiliza para designar lluvias copiosas o extremas. Con toda probabilidad el relato es una reconstrucción de una primitiva historia, seguramente, más compleja. Lo que se tiene en la actualidad es casi un cuento, simplificado en la historia popular. Pero estas simplificaciones son muy útiles desde el punto de vista narrativo o literario, porque condensan la acción y remiten siempre, como ocurre en el romancero, a los acontecimientos más emotivos y sustanciales.

En ocasiones se cita la fecha de 1460 para situar cronológicamente la peregrina historia del conde de Zafra; se habla de la ciudad de Granada o de la provincia; y, en fin, los protagonistas parecen extraídos de alguna crónica romántica, donde las predicciones de gitanas o las maldiciones tienen un lugar predominante. En el relato que ahora se va a leer se han tenido en cuenta las ya clásicas contradicciones y los típicos anacronismos de este tipo de leyendas, y se han subsanado remitiéndonos a crónicas antiguas que, si no son enteramente ciertas, guardan algún tanto de rigor histórico.

La leyenda del conde de Zafra comienza en los años de la conquista del Reino de Granada. Los reyes cristianos tentaban la suerte en las inmediaciones de la ciudad de la Alhambra y trataban de acosar a los infieles, los cuales sostenían guerras civiles que poco a poco iban minando su resistencia.

El conde de Zafra, hombre orgulloso y tirano donde los hubiera, había sido designado alcaide de un pequeño pueblo junto al río Darro. Desde la torre del castillo podía divisar la Alhambra y se le había encomendado la vigilancia de Granada. Cada día, el señor de Zafra enviaba mensajeros a la Corte cristiana indicando pormenorizadamente si los moros iban o venían, y cuáles eran sus preparativos de guerra.

Aquel verano hacía mucho calor y las lluvias de primavera habían sido escasas. Tampoco el invierno dejó neveros en las sierras, de modo que el estío se presentaba angustioso para todas las gentes de la vega granadina. No tardaron en aparecer los primeros síntomas de la sequía:

los pozos quedaban enfangados, las acequias no traían agua y los campos se morían sin remedio.

Como ocurre en estas ocasiones, los hortelanos ceden ante la agonía de sus plantas y las abandonan: racionaban el agua como mejor podían y acudían a los famosos tribunales de las aguas para dirimir los conflictos de regadío. Sin embargo, en aquella ocasión el peligro era mayor, porque la sequía fue pertinaz y la escasez de agua afectaba ya a la garganta de los hombres: verdaderamente se comenzaba a pasar sed.

Ni siquiera los moros, tan diestros en el manejo de las acequias, lograban mantener el abastecimiento de líquido para sus huertas y jardines, y la zona se convirtió pronto en un erial seco y desolado. Sólo en el castillo del señor de Zafra podían gozar con el privilegio de un pozo casi inagotable.

A pesar de las penurias de los aldeanos, el conde de Zafra se negaba a sacar agua de su pozo, afirmando que eran muchas las necesidades del castillo y que el agua de éste se dedicaría íntegramente al abastecimiento de las tropas. Era muy necesario mantener a la soldadesca contenta y sin resentimientos, porque la campaña contra el moro tocaba a su fin y eran momentos cruciales. Con todo, el conde de Zafra repartía cántaros de agua entre los cristianos, pero dejaba que los moros que aún permanecían en el pueblo se murieran de sed.

Cada mañana se formaban grandes hileras de gentes a la puerta del castillo y suplicaban por Dios un jarrillo de agua con el que mitigar la gran sed que pasaban. El conde de Zafra les concedía medio cántaro a cada padre de familia, pero había ordenado que no se le diera agua a los moros bajo ningún pretexto.

Cierto día, una joven mora logró hacerse un hueco en la muchedumbre y, con el rostro cubierto, pidió que se le llenara un cántaro para dar de beber a sus hijos. Los soldados le entregaron su cántaro lleno de agua pero, cuando iba a retirarse, la detuvieron, obligándola a que se descubriera el rostro y dijera si era mora o cristiana. La trampa se desveló y los vasallos del conde de Zafra la cubrieron de cadenas y la llevaron ante el señor. El conde, furioso, ordenó que azotaran a la pobre muchacha: tomó en sus manos el cántaro de barro y lo estrelló contra el muro del castillo. La vasija quedó rota en ciento once pedazos, y éste fue el número de latigazos que recibió la joven mora. Y todo esto lo hizo a la vista del pueblo, para que se conociera que nadie se burlaría del conde de Zafra.

Ensangrentada y moribunda, la muchacha fue expulsada del castillo pero, antes de abandonar el recinto amurallado, la joven se encaró con el conde y le dijo:

—¡Maldito seas tú y todos los que como tú son! ¡Del agua que nos robas has de morir y el agua ha de llevarse tu cadáver, infame!

No pudo tolerar estas amenazas el señor de la fortaleza y, sacando su espada, la mató allí mismo e hizo que se colgara el cuerpo desnudo de la muchacha en lo más alto de la torre, y que estuviera allí durante siete días.

Así se hizo y todos los lugareños comprobaron cuán terrible era el señor de Zafra y la violencia con que se empleaba contra los moros.

Pero los vientos fueron contrarios y muy pronto se verificó la maldición de la mora. Cumplidos los siete días, el cadáver podrido de la joven fue entregado a sus deudos y aquel mismo día el conde enfermó. Es de suponer que el agua del pozo se enturbió y que no sólo el conde se viera postrado y delirante. Lo cierto es que los galenos apenas pudieron hacer nada por salvarle la vida y, tras una larga lucha contra la enfermedad, la fiebre lo fue consumiendo y murió.

El mismo día de su muerte se reunieron en la capilla muchos nobles cristianos para velar el cadáver de su amigo y en aquel recinto de luto y tristeza se corrió la voz de la maldición de la mora. Durante toda la noche se oyeron truenos y se vieron los pálidos resplandores de los rayos, hasta que, de pronto, se desataron los cielos y comenzó a llover de un modo tremendo. El mismísimo firmamento parecía abatirse sobre Granada y los patios y las calles quedaron inundadas en muy breve tiempo. El río Darro, que había permanecido seco durante todo el verano, comenzó a arrastrar piedras y fango, y un torrente violentísimo ocupó el cauce. El castillo, situado junto al río, apenas soportaba las embestidas del caudal, que arrastraba a su paso árboles, maleza, puentes y rocas traídas desde la montaña.

Los nobles que velaban a Zafra vieron con temor que el palacio se tambaleaba y que el río amenazaba con inundar la capilla ardiente. Salieron del castillo y fueron a refugiarse en la iglesia, pidiendo a Dios que les librara de aquel nuevo diluvio universal.

En tanto, seguía lloviendo y los torrentes reventaban puentes y casas, añadiendo su furia a la del río Darro que, como fiero corcel, no había forma de dominar. Finalmente, el río comió los cimientos de una parte del castillo y los muros cayeron con estrépito sobre la corriente que, sin esfuerzo, arrastraba las rocas y las estrellaba en los márgenes. A la vista de todo el pueblo quedó el féretro del conde de Zafra y no faltó quien, en un murmullo, recordara las palabras proféticas de la mora injustamente asesinada.

Al fin, el río extendió sus lenguas de agua y atrapó el ataúd del conde: como un barquichuelo a merced de la tempestad, el féretro navegó sobre las olas del Darro y se perdió bajo los ojos del puente. Algunos aldeanos vieron que el muerto abrió sus ojos y que su rostro reflejó un terror angustioso, pero esto son habladurías. Lo cierto es que la torrentera llevó el cadáver de Zafra hasta el barranco y allí se despeñó hacia los abismos, sin que nadie volviera a encontrar su cuerpo ni se supiera más de las joyas y cordones de oro que lo adornaban en la hora de su muerte.

Al fin el cielo se abrió y dejó pasar los cálidos rayos de luz que, como siempre, hacen brillar la hermosa vega de Granada.

Mitología y Seres Sobrenaturales

La torre de Hércules

De Gerión o de los Geríones hay varias versiones en la mitología griega y latina. Según se refiere en alguna de ellas, este ser fantástico tendría tres cuerpos y tres cabezas; pero en otros lugares se dice que, efectivamente, eran tres individuos diferentes, llamados Euritión, Ortro y Geríones (Gerión). Hércules o Heracles persiguió durante muchos años a estos seres, o a alguno de ellos, y les dio muerte. Gran parte de la persecución tuvo lugar en las costas occidentales (en Hispania) y fue en estas lejanas tierras donde se produjo el maravilloso acontecimiento que se va a relatar: antiguas crónicas narran que Gerión embaucó a la hermana de Hercules y que la violó, pues de este modo quería burlarse de las acechanzas y hostigamientos del semidiós.

Cuando el poderoso Hércules supo la villanía que había perpetrado Gerión, no lo dudó y lo buscó en todos los lugares, en las playas y en los montes, con la intención de matarlo, pero no pudo dar con él. El infame Gerión ya había abandonado aquellas tierras y, robándole una barca a un pescador, había huido por mar poniendo rumbo al norte. Estaba el traidor contento y ufano, mofándose y riéndose a solas de la tropelía que había cometido, pero quisieron los dioses que aquellas carcajadas llegaran en el viento hasta tierra y desde un monte costero pudo Hércules ver la embarcación en que Gerión huía. No tardó mucho el héroe en encontrar una barquichuela y menos aún se demoró en hacerse a la mar, persiguiendo al embustero violador.

Gerión confiaba en la ventaja que le llevaba y en las velas que inflaba el viento, porque su barco era un tanto mejor que el de Hércules. Así discurrieron varios días, en los que perseguido y perseguidor se retaban desde sus naves y se alzaban el puño, como amenazándose y maldiciéndose. Por entonces bordeaban la antigua Lusitania y el viento los empujaba a las peligrosas costas de Galicia. El viento del sur hizo su oficio, pero favoreció al traidor llevándolo sobre las olas de modo que Hércules lo perdió de vista y creyó frustrado su empeño.

Gerión creyó que su enemigo jamás lo encontraría ya. Confiado en su fortuna y puesto que Hércules ya no se avistaba en toda la línea del horizonte, decidió poner pie en tierra firme. Fue a refugiarse en las escarpadas costas de Galicia, allí donde los vientos y las olas baten con furia contra las rocas. Se fabricó entonces un chozo con los maderos de su embarcación y, agotado por la persecución, se quedó dormido.

Estaba Hércules furioso por haberle perdido el rastro a Gerión y no hacía sino volver su mirada a un lado y a otro, sin hallarlo por parte ninguna. Pasó la noche en vela, aguzando el oído, por si algún sonido delatara la presencia de su presa; pero la noche era oscura como boca de lobo, el viento soplaba con fuerza y las nubes oscurecían el cielo: lo había perdido. Ya estaba Hércules mesándose los cabellos, desesperado ante este revés de la fortuna cuando el sol comenzó a brillar en el cielo, iluminando las verdes costas de Galicia y, del mismo modo que los dioses le volvieron la espalda durante la noche, ahora lo favorecían con sus designios: en la costa pudo ver una cabaña de pescadores en la que descansar y aplacar su ira.

Cuando entró en la pobre choza un rayo de venganza iluminó su rostro: allí estaba Gerión, durmiendo plácidamente y ajeno a la cruel muerte que le esperaba. Sin embargo, no quiso Hércules actuar como un traidor y agitando el hombro de su enemigo, le despertó.

—¡Levántate, infame! ¡Que los dioses me sean propicios y pueda derramar tu sangre!

Tres días con sus noches duró la fiera pelea en la que Gerión no cedía y Hércules no cejaba. Pero la fuerza sobrehumana de Hércules al fin se impuso, y de un golpe mortal derribó a su enemigo por tierra: con un violento y certero tajo de su espada separó la cabeza del cuerpo de Gerión y éste fue a rendir cuentas a los dioses del cielo.

Hércules derribó las armas de su enemigo, pasó sobre ellas y las enterró. Excavó una fosa en la tierra y arrojó allí la cabeza de Gerión, cubriéndola después con piedras; pero el cuerpo lo arrojó al mar, para que fuera pasto de los peces y de las alimañas marinas. Sobre la calavera de Gerión fue amontonando rocas, unas sobre otras, hasta que el túmulo se elevó veinte pies y se convirtió en una torre, llamada en la antigüedad la Torre de Hércules. Ordenó entonces que se levantara allí una ciudad y que los pobladores de aquellos campos, que andaban entonces dispersos, vinieran y habitaran en las casas conforme se hacía en Grecia, su patria. De todas las mujeres que llegaron, una fue por su hermosura y condición la que más agradó al héroe: la joven se llamaba Coruña y Hércules mandó que, de allí en adelante, la ciudad llevara el nombre de aquella muchacha.

Otras muchas cosas buenas hizo Hércules en aquellas lejanas tierras; entre ellas, ordenó que un fuego perpetuo coronara la torre que llevaba su nombre y que la luz de las llamas no se apagara ni de noche ni de día, para que los pescadores pudieran conocer la distancia que les separaba de la costa y para que todos recordaran la muerte de Gerión, el infame.

Los pobladores recordaron esta leyenda y estamparon en el escudo de la ciudad la figura de la torre, una calavera (la de Gerión) y dos tibias cruzadas. Las seis conchas que también figuran en el blasón de La Coruña se deben a la preminencia de la sede arzobispal de Santiago de Compostela, porque las conchas son el principal símbolo del apóstol.

Los peligrosos acantilados y escollos donde, según la leyenda, se desarrollaron estos acontecimientos reciben el nombre de Costa de la Muerte, no porque recuerden el episodio de Hércules y Gerión sino porque, desgraciadamente, muchos marineros han perecido en sus aguas. Se dice también que las misteriosas luces de la torre de Hércules atraen a los marineros, cuyas embarcaciones se destrozan en las afiladas aristas de las rocas y que allí las sirenas, los demonios y las brujas devoran los cuerpos de los infortunados pescadores...

El dragón y la princesa

La siguiente leyenda se cuenta, como hecho verídico, en muchos lugares de España y de Europa, pero en el País Vasco ha tenido una especial vigencia y los paisanos de Álava, Vizcaya y Guipúzcoa aseguran que la historia del dragón y la princesa tuvo lugar en las frondosas selvas de su patria y no en otros lugares.

Tal y como se viene relatando desde hace mucho tiempo, un pastor mostraba al viajero una profunda gruta excavada en la montaña. En verdad el viajero estaba asombrado porque la boca de la sima era aterradora y escalofriante. Lanzó el pastor una piedra y no se pudo oír el golpe contra el fondo, fuera roca o agua.

—Y ésta es la guarida del dragón –afirmaba el aldeano.

—¿Un dragón? –preguntó extrañado el viajero.

—Sí, señor: un dragón de siete cabezas, tan fiero y tan horroroso que ni los hombres ni los ganados osaban llegar hasta aquí. Y ni a siete leguas a la redonda. En mi pueblo, ése que usted puede ver allá abajo en el valle, todos los paisanos vestían de luto, ¿sabe usted por qué? Pues porque no había familia que no tuviera un pariente muerto en las fauces de esta alimaña. Y andaban tan atemorizados y espantados que cuando faltaba una oveja o una vaca, ya se sabía que el matador había sido el dragón y se encerraban en casa y no salían en siete días.

—Y ahora, ¿dónde está el dragón?

—Pues no sea impaciente, señor, que ahora se lo explico yo con todo detalle: ha de saber usted que no había en el pueblo caballero ni soldado que se quisiera enfrentar con el bicho. Cierto que algunos imprudentes se habían atrevido con él, pero murieron sin remedio y sus huesos deben estar aún ahí abajo, en lo negro de la gruta. El caso es que se reunió el concejo con el rey presente y se acordó que cada año se le entregaría al dragón una doncella y que entraría en el sorteo incluso la princesa. El dragón conoció este trato y aceptó de buen grado. Cada primavera se hacía asamblea y se echaba a suertes qué doncella se entregaría a una muerte tan penosa. Con tanta desgracia que el tercer año salió de la tinaja de suertes el nombre de la princesa, la mismísima hija del rey. Nuestro señor, que vivía en aquel castillo que usted puede ver en aquella loma, se tuvo por el más desgraciado de los hombres y no sabía cómo liberar a su hija de esta terrible muerte. Enloquecido y desesperado ante la pronta separación de su hija, el rey hizo saber que aquel entre todos los hombres del mundo que matara al dragón, tendría la mano de su hija y heredaría el reino. Pero nadie hizo caso del bando. De modo que a la mañana siguiente se subió a la princesa a este lugar y, una vez atada, fue abandonada a su suerte. Acertó a pasar por aquí un pastor que venía del reino de León, y venía con él un mastín: un perro tan grande y fiero que daba espanto verlo. El pastor vio que la princesa lloraba amargamente y le preguntó quién era y que hacía allí atada de tan mala manera. No tuvo tiempo la princesa para contestar: de pronto aparecieron las siete cabezas del dragón dispuesto a tragarse a la joven, al pastor y a su perro. Pero este can era más astuto y fuerte que la mismísima alimaña y, de un salto, atenazó al monstruo de tal modo que éste se derrumbó. El pastor no perdió el tiempo y de cuarenta soberbias puñaladas partió el inmundo corazón del dragón. Un caballero ambicioso pero cobarde había presenciado toda la escena, pero su ánimo débil le había impedido participar en la muerte del dragón y había permanecido oculto tras unos matorrales. Cuando comprobó que el monstruo había muerto, saltó raudo y vistió a la princesa con siete sayas; después cortó las siete cabezas del dragón y las ensartó en una vara. El pastor no le prestó atención, pero cortó siete pedazos de los vestidos y las siete lenguas del dragón, y marchó. Fue el caballero quien logró la gloria y la admiración de los aldeanos, los cuales vieron llegar a su princesa y al cobarde galán entre gritos de júbilo. No con menos alegría recibió el rey la noticia de la salvación de su hija. Preparó convites, hizo matar cien corderos, indultó a varios presos y en toda la comarca se gozó la liberación de la princesa y la muerte del dragón. Todos tenían al caballero como héroe y él no lo desmentía: de buen grado y alzando los brazos mostraba las siete cabezas ensartadas a todo el mundo. El rey ya había decidido cumplir su promesa y le ofreció la mano de su hija... Pero he aquí que apareció el pastor y, aunque no lo dejaban pasar, él se hizo un hueco y delante de toda la corte proclamó que él era el verdadero matador del dragón y que aquel caballero ufano era mentiroso y falso. «Éstas son las siete cabezas», dijo el caballero, mientras trataba de que echaran fuera al pastor. «Cierto», dijo el leonés, «mas esas cabezas no tienen lenguas»; y de inmediato mostró a toda la concurrencia las siete lenguas del dragón y los siete trocitos de sayas de la princesa. Quedó así probado que era el pastor y no el caballero quien había dado muerte a la alimaña. También quedó convencido el rey, el cual expulsó de su corte al caballero ambicioso y cobarde, y otorgó la mano de su hija al pastor. Buenas fueron las bodas que se celebraron y las tornabodas, mejores aún.

Quedó callado el pastor y observando que durante el largo cuento las vacas se habían esparcido mucho por el monte, le dijo al viajero:

—Y ahora, señor viajero, he de ir a lo mío.

Y se fue.

La mujer muerta

Las colecciones de mitología griega y romana describen con bastante minuciosidad las aventuras de Hércules, el semidiós hijo de Zeus y la mortal Alcmena. A pesar de ello, el héroe griego llevó a cabo muchas gestas que no aparecen en los libros pero que han quedado en el recuerdo de los pueblos. Se sabe, por ejemplo, que Hércules vivió en la Península Ibérica durante muchos años y que conoció las costas gaditanas, que fundó la ciudad de La Coruña y que, según crónicas antiquísimas, fue él quien construyó el acueducto de Segovia (aunque esto último es bastante poco probable). Sin embargo, otros muchos trabajos de Hércules han permanecido ocultos por el paso de los siglos y sólo pueden rescatarse en la memoria popular.

A una de estas hazañas se refiere la leyenda de la mujer muerta.

Hace muchos, muchos años, vivía en las estribaciones de las montañas un rey. Cierto que su reino era pequeño y que sus soldados nunca se atrevieron a cruzar los montes cercanos. El rey tenía una hija, muy hermosa y dulce, que era el placer de sus días. Con el discurrir del tiempo, la princesa llegó a tener edad casadera, pero el rey temía el momento en que un caballero le pidiera la mano de su hija. Ella era todo cuanto tenía y todo cuanto amaba, y la sola idea de perderla le hacía enloquecer.

Cierto día se hallaban las doncellas de la corte bañándose en el río, que bajaba limpio y fresco de las montañas, cuando apareció un caballero fuerte y galante como nunca se viera. Junto a él estaba un hombre gigantesco, de aspecto noble aunque rudo, con un bastón en la mano. El acompañante era Hércules, que al poco fundaría la ciudad de Segovia y construiría el acueducto con que servir de agua a todos los habitantes.

Aterradas ante esta visita inesperada, las doncellas corrieron asustadas hacia el palacio... pero la princesa salió del agua y, cubriéndose con un lienzo blanquísimo, preguntó a los dos hombres quiénes eran y qué venían a hacer a ese lugar. Los dos hombres respondieron con sobriedad:

—Hemos de fundar una ciudad.

Al poco llegaron los soldados del rey, que habían sido avisados por las doncellas, pero Hércules les hizo frente y los esbirros pronto adivinaron que no podrían nada contra él. Volvieron todos atemorizados al palacio e informaron al rey de la fuerza sobrenatural de aquel hombre. Viendo que era inútil luchar contra el destino, el rey los hizo llamar y los hospedó en su castillo sin exigirles nada y tratándolos del mejor modo posible.

Durante la cena, el caballero se levantó y con voz profunda dijo:

—Señor, os pido la mano de vuestra hija, la princesa.

Bien hubiera querido el rey mandarlo ahorcar en aquel mismo instante, pero la presencia de Hércules lo atemorizaba y, apartando de sí el plato en que comía, hizo un leve gesto de asentimiento.

Quedaron las cosas así y a la mañana siguiente el caballero y Hércules partieron hacia la llanura, donde debían fundar una nueva ciudad.

—Al cabo de siete días -había dicho el caballero- estaré de vuelta y tomaré por esposa a la princesa.

El rey no podía sufrir esta insolencia, pero aún menos lograba soportar el dolor de alejarse de su hija. «¡Usurpador! ¡Maldito usurpador! ¡Nadie me robará a mi hija, nadie robará mi reino», decía el monarca para sí, incontinente de rabia. Tres días habían pasado cuando, una noche, el rey tomó a su hija y se encaminó a los bosques de la montaña. Allí entre los pinos albares, la maleza y las fieras del monte, clavó un puñal homicida en el corazón de su propia hija, que cayó muerta sin remedio. Loco y desesperado, aterrorizado por su propia infamia, el rey lloró largamente sobre el cuerpo inerte de la princesa y, cuando el sol comenzaba a despuntar, volvió al castillo.

El monarca se encerró en sus aposentos, cerró con llave las cámaras reales y ordenó que por nada del mundo se le molestara ni se llamara a su puerta. Allí permaneció solo y comido por las angustias de los remordimientos. Y al tercer día, murió de pesar.

Al cabo, volvieron el caballero y Hércules, y encontraron que todos los habitantes del castillo guardaban luto riguroso. Interrogaron a un porquero y quisieron saber la causa de aquel dolor. El aldeano les dijo que la princesa había desaparecido una noche y que el rey, no pudiendo soportar su ausencia, se había muerto de pena.

La amargura oscureció el rostro del caballero y, desolado y triste, quiso volver a aquel remanso del río donde viera por vez primera a su dama. Mas, cuando quiso alejarse un tanto para sufrir en soledad tan terrible pérdida, descubrió el cadáver de su amada. Allí estaba la princesa, con las manos enlazadas sobre su pecho herido, mas con el mismo dulce semblante con que la recordaba.

—¡Hércules, Hércules! –gritó desesperado–. Ven, Hércules, amigo mío. Ven y mira lo que pueden las pasiones de los hombres. Yo he de irme y al lugar donde voy no podrás acompañarme; mas te pido, por nuestra sagrada amistad, que subas a estas montañas y esculpas en ellas la figura de la princesa.

Y diciendo esto, se internó en el bosque y no se supo más de él.

Hércules cumplió el encargo de su amigo y durante años estuvo trabajando en la cima de aquellas cumbres, con el fin de darle la figura de la princesa muerta. Y lo hizo con tanta maña y buena fortuna que, desde Segovia, mirando a la sierra, puede verse el perfil de la princesa recostada y con las manos en el pecho. Aún causa asombro entre los forasteros la vista imponente de la Mujer Muerta: las cimas de la Pinareja y Montón de Trigo, de 2.000 metros de altitud, son parte de esa maravilla natural, esculpida por Hércules en memoria de aquella princesa asesinada por su propio padre.

La ondina Carissia

Muchas son las historias que se cuentan de esta *xana*, llamada Carissia o Caricea dependiendo de los narradores. En términos generales puede afirmarse que la documentación al respecto es bastante confusa, variada y distinta hasta la irritación, y en muchos casos abiertamente contradictoria.

La acción de la leyenda de Carissia suele situarse en el lago Noceda, junto a las fuentes del Narcea y cerca de Monasterio de Hermo, un pueblo minero que debe su nombre a la antiquísima designación como sede eclesiástica del Alto Narcea. Sin embargo, hay quien coloca a la ondina Carissia en el lago de Carucedo, del que habla don Enrique Gil y Carrasco en su cuento *El lago de Carucedo* (1840) y en su novela romántica *El señor de Bembibre,* publicada cuatro años después. El lago de Carucedo está emplazado en las agrestes tierras de El Bierzo leonés.

Además, una tercera o cuarta versión de la leyenda supone que en el lugar del lago (en las actuales provincias de Asturias o León) había una aldea llamada Lucerna, que es el nombre mítico del país de las ninfas del agua y que se emplea en muchos otros lugares, por ejemplo en el Lago de Sanabria (Zamora).

De Tito Carissio se afirma que fue el encargado de someter a los celtíberos y astures allá por el siglo I a.C. Al parecer se le había encomendado la vigilancia de Castro Bergidum (Cacabelos), un emplazamiento berciano muy próximo a Las Médulas, donde se realizaban los trabajos de extracción de oro.

Una de las versiones de esta leyenda afirma que la ninfa de aquellas montañas se enamoró perdidamente de Tito Carissio y que incluso se hacía llamar con el nombre de su enamorado: Carissia. Pero el soldado romano la despreció y se burló de ella, y la pobre ninfa se deshizo en lágrimas. Las aguas del lago berciano son, al parecer, las lágrimas derramadas por Carissia durante treinta años. Otras fuentes aseguran que durante la noche de San Juan puede verse a la xana vagar por los contornos, esperando que un mozo la corteje, aunque los mismos autores que sugieren esta visión no dan mucho crédito a la tradición.

A continuación se relata una historia más verosímil, teniendo en cuenta que en raras ocasiones las xanas se enamoran de los humanos y que es más probable que los hombres caigan presos en los encantos de las damas del agua.

Los astures incomodaban ciertamente a los invasores romanos. Éstos, encabezados por Tito Carissio y Antisto, trataban de reducir a los salvajes habitantes de la montaña aunque, a decir verdad, en pocas ocasiones lo lograban. En Astúrica Augusta, situada en el páramo leonés, habían recibido órdenes tajantes de expulsar a los astures de las montañas norteñas y las tropas romanas, con mucha dificultad, habían llegado a las riberas del Narcea.

La campaña era en extremo difícil: los bosques de hayas, las fuentes, las torrenteras, las empinadas cumbres, el clima infame de aquellas tierras exasperaban a los romanos. Además, tenían que vigilar a los osos y el canto del urogallo era misterioso y tétrico para ellos: a veces pensaban que había almas en pena en aquellos lugares.

Carissio había ordenado acampar cerca de estos bosques umbríos, en un claro cercano al poblado de Hermu. Desde allí tratarían de seguir hacia el este, porque se sabía que los astures se habían reunido en las comarcas cercanas al río Nalón. Con todo, los capitanes romanos estaban desanimados y sin fuerzas: la campaña astur les agotaba, la pertinaz lluvia, los vientos helados de la montaña y las emboscadas de los indígenas eran para ellos una verdadera tortura.

Meditando en estas circunstancias, Carissio vagaba por los montes y trataba de dar con el medio más propicio para lograr la conquista o abandonarla por completo. En uno de estos paseos por los hayedos asturianos, Carissio descubrió a una mujer hermosísima que acicalaba sus cabellos con un peine de oro. Vestía una túnica blanca de lino y sus ojos tenían el verde intenso de aquellos bosques. Un arroyuelo gorjeaba y ponía música a la bella canción de la dama.

Casi sin sentirlo, Carissio entregó su corazón a aquella mujer, mas cuando quiso acercarse a ella, la joven se internó en el bosque y desapareció a su vista. Ciego de pasión, Carissio la persiguió entre las retorcidas y musgosas raíces de las hayas y, de tanto en tanto, descubría el luminoso vestido de la muchacha y veía cómo sus cabellos dorados jugaban con el viento. Al cabo de unos pasos, el romano se hallaba desconcertado y perdido, mas un poco más allá volvía a divisarla y su corazón se encendía aún más. Creía el soldado que la doncella le observaba desde los rincones del bosque y que, sin duda, se estaba burlando de él. La llamaba y le decía que sólo quería hablar con ella, pero la muchacha reía y volvía a esconderse.

Llegaron finalmente a un claro en el que había un lago. Carissio pudo ver a su amada a la orilla de las aguas, bailando y riendo como una muchacha sin juicio. El soldado romano se acercó a ella y trató de abrazarla, pero la xana se lanzó al agua y escapó de sus manos... Carissio comenzó a caminar por la orilla y sin darse cuenta se introducía cada vez más en el lago. Desde las aguas verdes, la muchacha hacía volar miles de gotas de rocío y su risa inundaba el paisaje. Carissio avanzaba hacia la dama que había hechizado su alma... hasta que su pie falló y se hundió en el fondo del lago. Unas débiles burbujas salieron a la superficie y, finalmente, el lago volvió a parecerse a un espejo limpio y pulido.

La brisa de aquellas sierras hizo ondear las aguas y una risa dulce y enamorada pudo escucharse sobre las copas de las hayas.

La xana del lago Noceda llevó desde entonces el nombre de Carissia o Caricea y de ella se cuentan muchas historias, porque está considerada una de las más peligrosas y crueles de Asturias. Un clérigo de Hermu, que pasaba temporadas enteras en aquellas tierras, tuvo el mismo final que Tito Carissio, porque se enamoró de la ondina Caricea y la siguió hasta el lago, donde acabó sus días.

Por esta razón, si el lector pasa alguna vez por esas tierras y descubre a una dama hermosísima que peina sus cabellos junto al lago, pase de allí y vuelva a su casa, que las xanas son dulces y encantadoras, pero sus enamorados mueren pronto.

Xana

Se dice que el rey Mauregato era uno de los hombres más torpes y necios que hayan conocido los asturianos. En efecto, este monarca gobernó en aquella parte de Hispania hace más de mil años, cuando Castilla permanecía bajo el imperio musulmán y Córdoba era la capital del mundo conocido. Cierto que los árabes pocas veces se animaban a cruzar las altas montañas de la Cordillera Cantábrica y que la pertinaz lluvia del norte los retraía sobremanera. Pero más que los aguaceros, el barro y las montañas, los musulmanes temían la fiereza de los vascones, los montañeses y los asturianos, de modo que permanecieron en la meseta castellana sin querer ir más allá. Sólo el ánimo resuelto de Almanzor permitió a los moros adentrarse en los verdes valles norteños y se cuenta, con cierta verosimilitud, que este caudillo árabe llegó a conquistar Santiago de Compostela.

Mas volvamos a nuestro rey Mauregato o Maragato: era éste individuo de la peor ralea que uno pueda imaginar. Holgazán, vicioso, cobarde y *bujarrón* (según se dice en Asturias), el rey había llegado a un acuerdo con los musulmanes: a cambio de no entrar éstos en sus territorios, el monarca asturiano les entregaría cien doncellas cada año. De este infame modo Mauregato se aseguraba la tranquilidad, a costa de las pobres jóvenes de Asturias que, año tras año, eran enviadas en carretas al otro lado de las montañas para solaz y divertimento de los viciosos moros.

Con todo, el rey Mauregato no se contentaba con enviarle cien doncellas cualesquiera, sino que las buscaba entre las más hermosas que hubiera en la comarca, acaso para demostrar a los moros que en su reino habitaban las mozas más dulces y galanas. De este modo, un año sí y otro también, las aldeas y pueblos de Asturias se veían privados de las muchachas más atractivas y, con grandes vejaciones, se las llevaban por esos montes hasta los campamentos musulmanes.

Pasaron así algunos años y, llegado el momento, de nuevo los soldados se vieron en el trance de salir por los caminos en busca de las cien doncellas más hermosas de Asturias. Llegaron los guerreros al pueblo de Illés, que es en nuestros días Avilés. Comenzaron entonces a visitar casa por casa, capturando a varias jóvenes hermosísimas. Entre éstas había una muchacha que, además de ser bellísima, tenía un genio y carácter muy particular. La moza, llamada Galinda, advirtió a los soldados del siguiente modo:

—Sabed, esforzados caballeros, que más que nosotras, hay en este lugar una doncella que nos supera en hermosura y gracias mil veces. Llámase la Xana, y vive en este bosque cercano, aunque, si queréis capturarla, tendréis que acudir a la fuente durante la noche. Allí la veréis bailar y cantar, y por vuestros ojos sabréis que vale mucho más que nosotras.

El capitán de los guerreros supuso que capturar a una doncella con tantas y tan buenas cualidades le supondría algún privilegio del rey y aguardando en la aldea, esperó que llegase la noche.

Las tinieblas cubrieron por fin aquellos hondos valles y el capitán, con sus soldados, salieron hacia el bosque con la intención de capturar a la hermosa Xana. Brillaba la luna con su pálido fulgor y no tardaron en encontrar la fuente de la que tanto hablara la moza Galinda. Allí estaba, en efecto, una joven de belleza sin par. Una dulcísima melodía brotaba de sus labios y el gorjeo del agua en la fuente parecía armonizar de modo maravilloso con su canción. La Xana alisaba sus largos cabellos con un peine de oro y la luz nocturna iluminaba su rostro con un fulgor sobrenatural. Ni el capitán ni los soldados habían visto jamás una dama tan hermosa. Estuvieron contemplándola durante largo tiempo, ensimismados y casi enamorados, pues a cada movimiento de la Xana parecían desprenderse miles de estrellas brillantes que tintilaban sobre la hierba, compitiendo en hermosura con el rocío.

«Si logro raptar a esta mujer, no habrá merced que el rey me niegue», se decía el capitán; y ciego de ambición ordenó a sus soldados que se lanzaran sobre ella y la prendieran. Pero de nada sirvió: cuando los guerreros se acercaron con sus lanzas, la Xana levantó su mirada. ¡Oh, aquellos ojos verdes no eran de este mundo! Un gesto de la mano lanzó refulgentes estrellas y al cabo todos los soldados quedaron convertidos en carneros.

Comprobó el rey Mauregato que los soldados de Illés tardaban mucho y envió dos cuerpos de soldados a la aldea. Éstos soldados hablaron con los paisanos y de nuevo Galinda les envió a buscar a la Xana: «Sí, es cierto que aquí estuvieron vuestros amigos. Mas fueron a buscar a la Xana y nunca volvieron». Sin tardanza, los nuevos guerreros se adentraron aquella misma noche en el bosque y pudieron contemplar la hermosura de la maga. Mas cuando fueron a capturarla ella los convirtió en carneros también.

Mauregato estaba en verdad enojado: más de cien soldados habían partido de palacio y no habían regresado aún. El tiempo de entregar a las doncellas se cumplía y, decidido a resolver el misterio, él mismo se encaminó con su guardia a Illés. También habló con Galinda y ésta repitió: «Sí, señor; es cierto que estuvieron aquí vuestros soldados. Mas fueron a buscar a la Xana y nunca volvieron».

Airado como nunca se le vio, Mauregato se encaminó con sus hombres a la fuente de la Xana. Allí, como antes sucediera con los soldados, vio a la joven jugando con el agua, cantando y danzando, y dejando caer miles de estrellitas en cada movimiento de sus brazos.

—Oye tú, Xana: ¿dónde están mis soldados?

—No vi soldados aquí, señor –respondió la Xana.

—Cien soldados contados, Xana, que yo los envié que tomaran las doncellas más hermosas.

—No eran soldados, señor, que eran carneros –dijo la Xana sonriendo.

—¡Ea! ¡Soldados eran, como éstos que vienen conmigo! –gritó el airado Mauregato.

La Xana tomó agua de la fuente en sus manos y lanzándola hacia los soldados dijo:

—Esos soldados que decís no son tales, que son carneros también. Y tú, eres el pastor.

Asombrado y lleno de pavor, el rey Mauregato se vio rodeado de carneros, y corderos y ovejas modorras, y él mismo no llevaba ya los ricos ropajes de monarca, sino una pelliza de lana, y un zurrón. Y en vez del bastón real tenía en la mano un torpe cayado de roble.

Cobarde y temeroso como era, Mauregato cayó de hinojos ante la Xana y le suplicó entre lloriqueos que le devolviera su figura de rey y que, si ello era posible, volviera a figura humana a sus soldados. Prometió hacer cualquier cosa, con tal de que él mismo tornara a ser rey y sus carneros fueran de nuevo soldados.

La Xana le obligó a renunciar al impuesto de las cien doncellas; le hizo jurar que nunca más tomaría mozas ni para los moros ni para sí mismo; y le conminó a luchar y defender a su pueblo en vez de firmar infames pactos con los enemigos. Asintió a todo Mauregato y la Xana desencantóle a él y a sus soldados. De regreso a palacio, el rey envió recado a los moros diciendo que renegaba del tratado de las cien doncellas y que, cuando fuese necesario, entablaría batalla con ellos.

Si esta historia parece incierta o falsa, vaya el lector a Avilés y pregunte por la fuente de la Xana. Con un tanto de suerte, acaso pueda verla; mas... no se acerque: todo sea que se convierta en carnero.

Leyenda del caballero que no fue al combate y ganó la batalla

El castillo de Gormaz dibujaba su impresionante silueta en los cielos de Castilla. Aún los moros eran dueños de aquel lugar, junto al Duero, y en el pensamiento de Fernán González, conde de Castilla, no había otra idea que la de conquistar aquella plaza.

Todos los esfuerzos eran pocos y el héroe castellano no reparaba en nada, con tal de concluir el trabajo de expulsar a los moros de Castilla, la cual no llegaba entonces más allá de las riberas del Duero. Para ello, Fernán González había acampado sus tropas cerca del castillo de San Esteban, llamado después Santisteban, y había mandado levantar una pequeña ermita. Los piadosos y valientes nobles de Castilla habían contribuido con grandes sumas de oro en la nueva edificación, hasta convertirla en un pequeño monasterio. El mismo conde ordenó que doce monjes de San Pedro de Arlanza vinieran al nuevo templo y se encargaran de su cuidado.

Los infieles sarracenos se habían acercado por el valle y Fernán González ordenó sus tropas para la batalla al día siguiente. Aún no había amanecido cuando los capitanes cristianos entraron en el nuevo monasterio para oír misa. Los frailes rogaron a Dios que protegiera al conde y a todos los suyos en el terrible lance que se avecinaba y prometieron rezar durante todo el día. Fernán González permaneció en la iglesia unos momentos y, tras reclinarse ante la imagen de Jesús crucificado, salió para vestirse la armadura y disponer las tropas. Otros capitanes se quedaron un tanto más en el templo y, poco a poco, fueron saliendo todos... excepto Martín Antolínez, que aún seguía frente al altar, con las manos en el pecho y rogando por la victoria cristiana.

Ya estaban todos los capitanes cristianos vestidos de punta en blanco, la caballería dispuesta y la infantería deseosa de entrar en combate. Fernán González mandó levantar los pendones y los tambores atronaron los aires. El ejército cristiano iba, pues, a la batalla con el ánimo firme y los corazones henchidos de gloria.

Entretanto, Martín Antolinez permanecía en silencio junto al altar, con los ojos cerrados y las manos sobre la cruz de su pecho. Su escudero, nervioso, estaba en la puerta de la iglesia y miraba con enojo a su amo: las tropas ya habían partido y sólo se veía la gran polvareda que levantaba el ejército a su paso.

—¡Señor! ¡Señor! –decía–. ¡Ya marchan los soldados! ¡Tomad el caballo y uníos a ellos o llegaréis tarde al combate! ¡Señor, por Dios! ¡Dejad los rezos, que ya tenéis bastantes y tomad vuestra espada y vuestra lanza!

Sin embargo, Martín Antolínez no parecía escuchar a su vasallo y allí se quedó como absorto, frente al altar, orando y pidiendo a Dios por su alma...

En el valle las armas brillaban al sol teñidas de sangre. Los turbantes y los yelmos caían partidos por su mitad, y cientos de caballos agonizaban en el barro. De un lado, los sarracenos hacían sonar sus timbales y arremetían con lanzas, cimitarras y dagas contra un ejército confiado en el poder de su Dios. De otro, Fernán González y los suyos elevaban al cielo su acero burgalés e invocaban la ayuda de Santiago y San Millán; los cristianos hacían tan gran carnicería que, si no fuera porque los sarracenos aún veneraban a Alá en sus últimos hálitos, daría lástima ver tanto lujo moro y tanto buen caballero tendidos en el lodo.

Las antiguas crónicas dicen que en aquella batalla murieron quince mil moros y que sólo quedaron en el campo cuatrocientos cristianos de a pie. En fin, llegada la atardecida, los ejércitos de Fernán González lograron la victoria y su regreso triunfal se vio acompañado de los vítores y cánticos de los soldados. El botín fue inmenso: algunos caballeros traían cordones de seda, escudos de oro y piedras maravillosas que los infieles llevaban en la frente; otros venían con su lanza en ristre, habiendo ensartado en ella las cabezas de los sarracenos muertos; otros traían los pendones con la media luna y otros, en fin, se habían apoderado de los hermosos caballos de Al-Andalus.

Cuando llegaron al campamento, Fernán González descendió de su alazán y preguntó por Martín Antolínez. El escudero de este capitán huyó de su vista, avergonzado porque su amo no había acudido a la batalla; había estado todo el santo día en la iglesia rezando y él mismo sentía deshonor por la cobardía de su amo. Nadie veía a Martín Antolínez por parte ninguna hasta que, al fin, apareció el caballero saliendo de la iglesia, con su armadura abollada, con el rostro ensangrentado y una peligrosa herida en el brazo. Nadie mostró la menor sorpresa y, bien al contrario, todos lo vitorearon y lo ensalzaron como héroe... Pero el mismo Martín Antolínez se vio sorprendido en su figura, pues pensaba que se había quedado dormido en el templo y, desde luego, él no había estado en la batalla... Y sin embargo... su armadura estaba polvorienta y ensangrentada, su frente se nublaba por un golpe doloroso y el brazo le dolía enormemente.

Fernán González avanzó hasta él y lo abrazó como sólo se abraza a un verdadero héroe.

—Hermano –le dijo–: estoy orgulloso de vuestro valor, todos lo estamos, y os proclamamos vencedor de la batalla. Nadie sino vos pudo internarse en el fragor del combate y arrebatar la bandera de las huestes sarracenas, nadie sino vos pudo tajar la cabeza del capitán moro, nadie sino vos pudo defender con tanto ardor el sagrado pendón de Castilla... Pero, sabed –gritó Fernán González a sus tropas– que aún hay algo más: Martín Antolínez me ha salvado la vida en esta ocasión, pues él fue, y no otro, quien mató a mi enemigo cuando yo estaba en tierra y en trance de ser degollado. ¡Dios guarde a Martín Antolínez!

Entonces, el caballero conoció que Dios había obrado un milagro y cayó de rodillas ante el conde de Castilla:

—Señor don Fernán González –dijo–, dad las gracias a Dios Nuestro Señor, y no a mí. Porque yo no he salido de la iglesia y un ángel ha tomado mi figura para luchar por la cristiandad.

Y todos conocieron la verdad de este suceso: se arrodillaron y oraron a Dios, que les había hecho conocer su poder en aquella ocasión singular.

El castillo de Gormaz cayó finalmente en manos de los cristianos el año 1059 y era el orgullo del rey de León y Castilla, Alfonso

VI. La aldea tomó entonces el nombre de San Esteban de Gormaz. Villa y fortaleza pasaron después al héroe castellano Rodrigo Díaz de Vivar, el Cid.

Lamiñak

Volvamos a las ninfas de las fuentes y los arroyos: el lector debe conocer algunas características de estos seres *(xanas, janas, anjanas, lamias, donas d'aigua, mouras),* por si se topa alguna vez con ellas. Se ha de saber que son muchachas de una excepcional belleza: su rostro es el de los mismos ángeles, aunque un tanto pálido, porque tienen la piel blanca como el nácar. En ocasiones se afirma que sus ojos son verdes o azules, y que sus cabellos son rubios. Pero estos detalles no son exactos: en términos generales, las xanas y las anjanas del norte son rubias y utilizan peines de oro para cuidar sus cabellos; pero en el País Vasco se han visto *lamiñak* con el pelo tan negro como el azabache y las *mouras* de Castilla a veces tienen el cabello ensortijado. Respecto a los ojos, si bien predomina el color verde, también las hay con ojos negros, grises e incluso violetas. Suelen vestir túnicas largas de lino, de color blanco o azul muy pálido, y a veces utilizan capas para cubrir su cabeza, sobre todo en los días fríos o de niebla. Aunque gran parte de su tiempo lo emplean en el cuidado de su belleza, también son industriosas y tejen sin cesar hilo de oro.

Las malas lenguas hablan de hechizos y maldiciones, e incluso de crímenes, pero las xanas no son tan terribles. Suelen proceder de modo justo, aunque prefieren que se halague su hermosura y se les regalen pequeñas cosas, como alfileres, figurillas, cristales o espejuelos. A cambio, las magas del agua suelen regalar oro puro u otros objetos del preciado metal. Naturalmente, todos saben que algunos pastores o leñadores han muerto ahogados en los ríos por culpa de las ninfas del agua, pero no cabe atribuir estas muertes a las xanas, sino a la imprudencia de los hombres, que se enamoran perdidamente de ellas y se arrojan a las pozas.

Salvo las *lamiñak* vascas, el resto son bastante tímidas y prefieren la soledad. Sólo las ninfas de los arroyos de Euskadi son habladoras y amables: dulces y alegres, las *lamiñak* suelen ser muy generosas y se cuentan por docenas los casos en que una ninfa ha regalado objetos preciosos a pastores y labradores. Como en aquella ocasión en que un leñador se refugió de una tormenta en la cueva de Balzola y durante varias horas estuvo hablando con una lamia hermosísima. Quedó tan encantada la maga con el leñador que le regaló un trozo de carbón, pero cuando el hombre salió de la cueva el carbón se convirtió en oro.

De una de estas *lamiñak* se cuenta en las aldeas Vizcaya la siguiente historia:

Pernando de Artea era un muchacho alegre y jovial que por aquellos años volvía al caserío de sus padres tras haber estudiado en Alcalá. Aunque los licenciados de Alcalá se burlaban de su modo de hablar y se mofaban de su pobre atuendo, lo cierto es que Pernando dejó muchos amigos en la Universidad y era un personaje querido por todos.

De vuelta a su patria, Pernando no se enorgullecía de su saber: bien al contrario, ayudaba a sus padres en todas las tareas y lo mismo llevaba las vacas al prado, que cortaba leña o bajaba al pueblo a vender las hortalizas.

Pero el joven tenía vocación de andariego, y no pasaba tarde en que no subiera al monte: se internaba en el bosque y, sentado bajo un árbol, leía o entretenía su imaginación con la vista de aquellos espacios silvestres. Le encantaba observar a los jilgueros, a las ardillas y a los peces del río, y todo cuanto veía le parecía maravilloso y sorprendente.

Fue en uno de estos paseos cuando encontró a Barina. Ésta era una muchacha hermosísima, con el pelo rojo como el sol y unos ojos verdes que enamoraban. Su voz, dulce y alegre, competía con el murmullo de la lluvia y con los gorjeos de las fuentes. Pernando admiraba en ella sus labios como rosas y sus manos como palomas, pero sólo pudo enamorarse de su corazón. La franqueza en el trato, la sencillez, la timidez de Barina y su hermosura ocuparon la mente de Pernando de Artea y ya nunca pudo librarse de este amor. Durante horas estuvieron conversando de esto y aquello, y a cada instante el muchacho estaba más prendado de Barina. Pero llegaron las primeras sombras y Pernando tuvo que volver a casa.

Apenas pudo conciliar el sueño y durante toda la mañana siguiente no pensó en otra cosa que en su amor. Ya estaba deseando que se cumpliera la hora en que viera de nuevo a Barina. Y así sucedió: en un lugar recóndito del bosque, junto a un arroyo, Barina esperaba con su sonrisa alegre y amable. De nuevo intercambiaron gestos, palabras y requiebros, y Pernando volvió a su casa pensando que Barina habría de ser su esposa tan pronto como fuera posible.

Contó a sus padres cómo había conocido a esta muchacha y lo encantado que estaba con ella. Pero su madre comenzó a llorar sin consuelo y Pernando quiso saber el motivo.

—¡Ay, hijo mío! –decía la pobre mujer–. Que esa muchacha es una maga del agua y te ha hechizado...

Aturdido y triste, Pernando pasó toda la noche dando vueltas en la cama, con fiebre y casi delirando: de ningún modo podía creer que Barina fuera una de aquellas *lamiñak* de las que hablaban los viejos y los aldeanos. Tan seguro estaba de su amor, que por nada del mundo abandonaría a Barina. En cualquier caso, estaba decidido a comprobar que su amada verdaderamente era humana.

Al día siguiente y como todos los últimos días, Barina y Pernando se reunieron junto al arroyo y allí se prometieron amor sin fin. Abrumado por las palabras de su madre, Pernando preguntó a su querida:

—Amada Barina, dime si eres humana y si podré casarme contigo.

Una nube de tristeza cruzó la frente de la muchacha y de sus ojos de enamorada brotaron lágrimas. Retiróse un tanto y se dirigió al arroyo. Caminó por la orilla y se lanzó al agua, hundiéndose hasta el fondo. Quedó el arroyo sin ondas y en la más tranquila quietud... pero la sorpresa de Pernando fue terrible cuando vio surgir a su amada de las profundidades entre mil gotas de agua, que brillaban como estrellas y rocío. Al volverse, una cola de pez chapoteó en el agua, y Pernando cayó de rodillas, cubriéndose el rostro con las manos: ¡era una lamia! ¡Una maga del agua!

A duras penas pudo el joven volver al caserío: tenía en el alma una pena inmensa y lloraba desconsoladamente. Su amor era imposible y el casamiento, también. Abatido y amargado, Pernando cayó enfermo y a los pocos días la fiebre lo consumió. Dicen, quienes estuvieron allí, que sus últimas palabras fueron para Barina, a quien había entregado su corazón.

Siete doncellas hermosísimas acudieron al velatorio y pusieron un manto tejido en oro sobre el cuerpo del joven muchacho. Nadie las conocía pero todos supieron que eran *lamiñak*, que venían a honrar al estudiante. Al día siguiente, los parientes y vecinos fueron a enterrar a Pernando. Pudo verse a una muchacha, que seguía el cortejo de lejos, cubierta con una capa de grana bordada en oro: era Barina, que lloraba la muerte de su amado. Pero no pudo entrar en la iglesia, porque las hadas del agua tienen prohibida su estancia en lugar sagrado.

La Mari

La Mari es, según los especialistas, la Gran Señora, la Gran Dama de la Naturaleza, la Madre Tierra. Don Jesús Callejo, en su libro sobre las *Hadas* (1995) afirma que este ser sobrenatural puede ser la transformación o la asimilación de la diosa Diana romana, e incluso la Virgen María habría prestado su nombre a la diosa vasca de la fertilidad y la Naturaleza. La Mari, o Maita, o Mairi, o Damea (la Dama), vive en el País Vasco y, aunque con frecuencia suele emplazarse en la Sierra de Amboto (Vizcaya), no falta quien diga haberla visto en Aralar, en el monte Muru, en Amezketa o en otros lugares.

La Mari vive en Euskadi desde siempre: trae la lluvia y el sol, y ella misma se convierte en arco iris; en otras ocasiones es la diosa que protege las cosechas o que las destruye según su voluntad. La Mari protege su territorio sagrado: las cumbres, los bosques, los arroyos y las cuevas, y nadie puede destruir sus templos sin que un cruel castigo caiga sobre su cabeza. Si bien es dadivosa y amable cuando tiene buen día, en otros casos es terrible y orgullosa, y no duda en matar a los hombres o lanzar contra ellos grandes males si no han respetado las leyes de la Naturaleza.

La Gran Dama, sin embargo, rara vez se deja ver. Lo que los campesinos del País Vasco han encontrado en los bosques y cuevas son damas de la corte de Mari, pero no se paran a pensar en ello y les dan el mismo nombre. Éstas sí suelen tener contacto con el hombre e incluso llegan a contraer matrimonio con algunos aldeanos, sin embargo nadie puede vanagloriarse de haberse casado con la Gran Dama de Amboto. Estas hadas más comunes se denominan «las cautivas de Mari» y las historias que se cuentan de ellas son innumerables. Veamos algunas.

La historia más popular, la que se recoge en todos los compendios de mitología y leyendas hispánicas y vascas, cuenta que en el castillo de Altzain, en la actual Guipúzcoa, vivía una muchacha muy coqueta. Según se dice, la joven perdía las horas frente a su espejo, peinando sus cabellos y procurándose una singular belleza. Por más que su madre trataba de que dedicara su tiempo a la labor o a la música, la doncella sólo quería mirarse en el espejo y enamorarse de su propia belleza. Harta y más que harta, su madre la maldijo diciéndole: «¡Maldita seas, muchacha del diablo: así te lleven mil rayos!».

Ha de saberse que ni el nombre de Satanás ni las maldiciones deben pronunciarse en vano y que los espíritus están siempre al acecho para cumplir estas palabras. Así sucedió en aquella ocasión y, durante la noche, vinieron sombras espectrales al castillo y hubo una gran tormenta. Nadie oyó a la muchacha y nadie pudo saber si gritaba o rezaba. Lo cierto es que, a la mañana siguiente, las ventanas de su alcoba estaban abiertas y parecía que mil rayos habían entrado en la sala: las cortinas estaban quemadas y las sábanas olían a azufre... La Mari se la había llevado y la había convertido en la famosa Dama de Aizkorri.

Dicen que un pastor, buscando un carnero que se le había extraviado, la vio en la cueva de Aketegui y que estaba montada sobre el animal perdido, como las brujas se montan en el Gran Cabrón. Al parecer el pastor reconvino a la muchacha y le dijo que volviera a casa de sus padres, porque hacía ya muchos días que faltaba del castillo y todos estaban muy preocupados. Sin embargo, la joven se negó a volver jamás a su casa y afirmó que para siempre volaría por los cielos convertida en rayo o en fuego.

Todos saben que ni las *lamiñak*, ni las damas de agua, ni las xanas, ni las mouras, ni las sirenas pueden entrar en las iglesias. Porque son seres encantados y, a pesar de su poder, Dios no permite que entren en sus templos, ya que sería injuria y blasfemia. A este propósito se cuenta la siguiente leyenda:

Una cautiva de Mari, una Dama, había bajado a la aldea con el fin de enredar en los asuntos de los hombres. Dicen que si estaba enamoriscada de un joven leñador, pero eso son habladurías que nada prueban. Lo cierto es que se vistió al uso de las muchachas vascas y, descendiendo de la cueva donde habitaba, vino al pueblo. Pronto se ganó la simpatía de todos, especialmente la de los hombres, porque era muy hermosa y tenía unos ojos verdes cautivadores. Ella dijo que venía de Aizkorri, que era hilandera y que había tenido que abandonar su pueblo porque había un caballero que la pretendía con demasiado empeño... En fin, mentiras y coqueterías propias de una Mari.

Todos los aldeanos llegaron a apreciarla mucho, porque hilaba con extrema delicadeza y las medias y las sayas las hacía como nadie. Y cuando había que bordar con hilo de oro, sus manos eran como de ángel. Las puntillas, los alamares y los festones eran un primor, y se puede decir que se ganaba la vida muy honradamente.

Una noche estaba la Mari en su casa, con las ventanas cerradas y haciendo los conjuros propios de su naturaleza, bañándose, peinándose y cantando las misteriosas tonadas de las cumbres cuando, de pronto, oyó unos susurros en la calle. Entreabrió las cortinas de su ventana y pudo descubrir a un leñador que rondaba la casa de una moza. Este leñador era el mismo que la Mari había visto tantas veces en el monte y por el cual sentía tierno cariño, aun sabiendo que nunca podría casarse con él. La muchacha a la que rondaba era una joven zagala, hija de pastores y muy bonita, como todas las que habitan aquellas inhóspitas tierras.

El caso es que la Mari sufrió celos espantosos y maldijo y lanzó lenguas de fuego por sus ojos... tan irritada estaba. Durante muchas noches estuvo espiando desde su ventana y oía con angustia los tiernos requiebros del leñador. Desde el balcón, la zagala lo miraba con dulces ojos y le enviaba besos llenos de amor. La Mari se retorcía las manos, se mesaba los cabellos y rodaba por el suelo, presa de la furia y los celos.

Una noche supo que el leñador no vendría a rondar a su amada, porque había tenido que permanecer en el monte, junto a otros leñadores. La Mari vistió sus ropas de lino y se hizo invisible: subió por los ásperos caminos hasta la choza donde dormía el muchacho y allí lo mató, ahogándolo con una cinta de oro.

A la mañana siguiente, en la fuente, la zagala se encontró con la Mari, que venía de matar a su amado. La maga le entregó la cinta de oro entre zalamerías y le dijo que, por ser tan bonita, en ella luciría mucho tal cordón. La pobre pastora, abrumada por el regalo, lo tomó de buena gana.

Por la tarde bajaron los leñadores con el cuerpo de su compañero muerto y el justicia quiso indagar en tan extraño caso. Descubrieron que el joven tenía un cordón de oro enredado en el cuello y entonces supieron que el muchacho había sido asesinado. En la asamblea estaba presente la Mari y, con voz alterada, dijo:

—Un cordón como ése lo tiene una vecina mía, una zagala... ¡Ella lo ha matado!

Cuando se hicieron las comprobaciones, se pudo asegurar que la cinta de la pastora era del mismo porte que la del muerto y todos creyeron, efectivamente, que la zagala era la culpable. Por mucho que la muchacha declaró su inocencia, no la creyeron y fue condenada a ser ahorcada a la mañana siguiente. En la prisión, la pastorcilla rogaba a los carceleros que la escucharan y decía que la hilandera era una Mari, una bruja, un hada de las montañas, y que ella había sido la que le había entregado el cordón asesino. Llegó incluso a declarar que amaba al leñador y que de ningún modo podía haberlo matado... Pero sus súplicas fueron en vano.

Los soldados habían levantado un catafalco terrible durante la noche y, al amanecer, llevaron a la pobre pastora al suplicio. La muchacha lloraba amargamente, pero su semblante se tornó serio y terrible cuando vio pasar a la hilandera frente al cadalso. La Mari sonrió maliciosa y dijo:

—Voy a misa, a rogar por tu alma.

—Ve, ve a misa –respondió la humilde zagala–. ¡Yo pediré aquí que Dios castigue a quien cometió tan horrendo crimen y quisiera cometer dos!

Aún no había amanecido cuando la Mari entró en la iglesia, contraviniendo todos los preceptos de la religión. Y quiso el Señor castigar a la Dama y lanzando mil rayos por las ventanas del templo, hirió a la Mari: ésta se convirtió en bola de fuego y fue expulsada de la iglesia a través del muro. Todos en el pueblo vieron cómo la iglesia se tambaleaba y una gran llama de aceite hirviendo volaba por los aires; sobre ella volaba la hilandera, dejando al viento su hermosa cabellera de oro y lanzando miles de chispas y rayos sobre los prados y bosques cercanos.

Así quedó probado que la pastora no había matado al leñador y que era por completo inocente. Sin embargo, la Mari había matado a su amante y tuvo mucha amargura durante toda su vida.

La victoria en la batalla de las Navas de Tolosa

Mucho se ha oído acerca de esta tremenda batalla, acaecida en el año 1212, y en la cual unieron sus fuerzas el rey don Pedro II de Aragón y don Alfonso VIII de Castilla. Tanto un rey como el otro recibieron, al parecer, visitas misteriosas y tuvieron sueños proféticos que les anunciaban el triunfo seguro contra los musulmanes.

Una de las historias más conocidas al respecto es la que se cuenta en Oviedo, en la que dos siniestras figuras aparecen en la oscuridad y hablan con voces de ultratumba.

Se dice que los asturianos estaban enojados con el rey don Alfonso porque éste había visitado varias veces el sepulcro del Apóstol Santiago, pero nunca había tenido tiempo para acercarse a la iglesia del Salvador, donde todos los ovetenses veneran al Santísimo Cristo. Con cierta verosimilitud, un cronista de fama cuenta que el rey, en una de sus visitas a Santiago, oyó a un ciego que cantaba la siguiente copla:

El que visita a Santiago
y no viene al Salvador
rinde tributo al criado
y no saluda al Señor.

Al oír estas palabras, don Alfonso se percató de la injusticia con que trataba a los asturianos y no dejó pasar aquel año sin visitar al Santísimo Cristo.

La tarde en que llegó la Corte a Oviedo (se puede asegurar) era la más tempestuosa e inclemente que conocieron los siglos. Un viento helado llegaba de las montañas, cargado de lluvia y agujas de hielo, y en la bóveda del cielo retemblaban los truenos y pálidos fulgores iluminaban las calles desiertas. Una fúnebre luz se esparcía por las esquinas y las plazas, pero don Alfonso estaba decidido a visitar al

Santísimo y no quiso descansar sin pasar antes por la iglesia. Cuando hubo orado, se retiró a sus aposentos, cedidos cortésmente por el obispo. Cierto es que la tormenta lo inquietaba en extremo y no pudo dormir, y que toda la noche la pasó en vela, oyendo los truenos y espantándose ante los tétricos resplandores de los rayos.

Puesto que él era el único en la casa que permanecía despierto, él sólo fue quien pudo oír unos aldabonazos. Desde luego, los golpes no sonaban en la casa, sino fuera y un tanto más allá. Aguzando el oído, don Alfonso descubrió que dos figuras cubiertas con capas negras golpeaban en la puerta de la catedral. Atemorizado y espantado, creyéndose víctima de una rebelión urdida a sus espaldas, apagó la luz de su cámara y acechó en la ventana. Desde allí podía ver, con cierta claridad, las dos figuras corpulentas que sin cesar hacían sonar la aldaba de la Santa Iglesia.

Al cabo, varios frailes y sacristanes corrieron por los pasillos del palacio episcopal y pasaron a la catedral. Cuando llegaron a la puerta, apenas se atrevían a hablar: tanto era el temor que los antiguos tenían a las tempestades.

—¿Quién es? ¿Quién llama a estas horas? –preguntaron.

Un terrible silencio atenazó a los clérigos, un silencio sólo roto por el caer de la lluvia y el siniestro ulular del viento. Al fin, una voz profunda, como venida de los sepulcros, dijo:

—Que venga el rey.

No es para contar la tembladera de rodillas de los sacristanes ni cómo se retorcían las manos los frailes. Acaso uno se atrevió a mirar por una rendija y pudo ver a los dos embozados. El caso es que todos volvieron al palacio episcopal y despertaron al obispo.

—Dos hombres extraños hay a la puerta de la catedral, Su Ilustrísima. Y piden ver al rey.

—¿Hemos de despertar al rey por esta nonada? –refunfuñó el obispo–. Iré yo y veremos qué quieren.

Todo lo podía oír don Alfonso desde su alcoba y cuanto más oía, más convencido estaba de que una maquinación infame se tramaba contra él y que, si no andaba prevenido, allí mismo le asesinarían.

El obispo se levantó y vestido con lo primero que tuvo a mano, pasó también a la catedral, seguido de capellanes, frailes y sacristanes. Cuando llegó a la puerta, preguntó de mal talante:

—¿Quienes sois vosotros y qué queréis a esta hora?

Tras un angustioso silencio, de nuevo pudo oírse la siniestra voz de uno de los embozados, que repitió con lúgubres acentos: «Que venga el rey».

No esperaba el obispo esta respuesta y menos aún esperaba oír la voz fantasmal que le contestó. «¡Dios Santo!», dijo para sí, «son los demonios o los espíritus que vienen a buscar al don Alfonso».

Volvieron todos con los faldones arremangados y dando grandes zancadas: unos se persignaban y otros no querían quedarse los últimos. Al pasar frente al altar, se arrodillaron y se santiguaron con precipitación, cayendo unos sobre otros y se pisaron los tobillos y se golpearon con los codos... pero al fin llegaron al palacio y se plantaron ante la habitación del rey. Ni siquiera el obispo tenía valor para anunciarle al monarca tan fantasmal visita. Pero al fin, llamó a la puerta. Cuál no sería su sorpresa cuando vieron ante ellos a don Alfonso vestido de punta en blanco, con su espada ceñida a la cintura y la corona sobre sus sienes.

—Quieren verme, y me verán –dijo.

Y apartando a aquella caterva de clérigos, caminó por el corredor haciendo sonar sus espuelas con fuerza y decisión. Cruzó las naves de la catedral y se dirigió a la puerta. Ni siquiera se detuvo a interrogar a los visitantes: de un fuerte golpe, abrió las dos hojas de la entrada y un viento helado inundó el santo recinto.

Allí estaban aquellas lúgubres figuras, bajo la lluvia. De sus gigantescas siluetas negras apenas podía distinguirse nada, sino dos espadas bruñidas que asomaban bajo los mantos y sus ojos que brillaban como los fuegos fatuos en las sepulturas. Cuando el rey se les plantó delante y desenvainó su espada, los dos extraños hincaron sus rodillas en señal de acatamiento y veneración. Uno de ellos dijo:

—Rey y señor nuestro: mi nombre es Rodrigo Díaz de Vivar y quien me acompaña es el conde Fernán González.

Un escalofrío recorrió la espalda del monarca, pero pronto se recuperó de la impresión y contestó:

—¡Falsarios! ¡No pronuncieis los sagrados nombres de dos caballeros muertos hace muchos años!

—Pronunciamos nuestros nombres y en ello no ofendemos a Dios. Sabed, rey Alfonso, que en tres días batallaréis contra los moros en las Navas de Tolosa. Mas no temáis, nosotros estaremos allí y los cristianos saldrán vencedores.

Y, levantándose, se internaron en la oscuridad y desaparecieron de su vista.

A ciencia cierta no se sabe si este aviso previno al rey en la batalla y, por supuesto, también se ignora si los dos extraños caballeros eran en verdad el Cid y el Conde de Castilla. Lo que es seguro, y esto lo atestiguaron muchas gentes que estuvieron en las Navas de Tolosa, es que se vieron entre los ejércitos cristianos dos caballeros vestidos de negro que no quisieron decir sus nombres a nadie, y que pelearon con fiereza contra los sarracenos haciendo gran carnicería. Tampoco se supo nada de ellos después, porque nunca volvieron a aparecer y todos los creyeron muertos.

La anxana de la Hoz de Santa Lucía

Pudiera pensarse que los duendes y las hadas habitan por igual en todos los lugares, pero esta idea es bien falsa. Ha de saberse que estos seres maravillosos prefieren los lugares sombríos y húmedos, con nieblas frecuentes y lluvias pertinaces. Suelen encontrarse en tierras donde abunden los robles, los tejos, el serbal y crezca hierba abundante, ya que su estatura les permite esconderse con más facilidad en los bosques y en las praderas. También son muy aficionados a la mandrágora y a los hongos de cualquier tipo. Por tanto, aquellos que estén interesados en dar con ellos han de viajar a Irlanda, Escocia, la Bretaña francesa, a los bosques de Alemania y a otros lugares parecidos. Sin salir de la Península, pueden encontrarse con facilidad en Galicia, Asturias, Cantabria, País Vasco, Navarra y en algunos bosques de los Pirineos.

Los más conocidos entre los duendes son los trasgos *(trasgu*, en la lengua asturiana), famosos en las aldeas de Asturias por sus correrías en los establos y las cocinas. De ellos se dice que si miran leche, la hacen hervir, pero no es cosa probada. Andan rondando los lugares deshabitados pero con frecuencia se introducen en las cabañas de los aldeanos y cambian los cacharros de lugar, lo revuelven todo y hacen mil trastadas.

Entre las hadas, la más popular es la Xana, o el hada de las fuentes, también en Asturias. De ella se cuentan maravillas (todas muy bien fundadas), pero lo que más se alaba es su hermosura. Estas hadas se llaman en Cantabria ánjanas o anxanas y, como sus parientes asturianas, viven cerca de las fuentes, en los remansos de los ríos o en los arroyos de los bosques. De una de estas anxanas se cuenta la siguiente historia.

Antonio era un joven apuesto, bien parecido, elegante cuanto lo puede ser un leñador, alegre y de buen corazón. Vivía este muchacho en una aldea cerca de la Hoz de Santa Lucía, dedicado a su labor y sin mayores contratiempos. Sabido es que tuvo sus amores, pero con el tiempo dejó de rondar a las mozas y se enamoró de Rosaura.

Cierto día subió al monte a cortar leña, como solía. Por allí andaban otras cuadrillas de leñadores pero él quiso adentrarse más en el bosque porque había visto un roble bien hermoso del que podría obtener excelente madera. Se alejó de sus compañeros y vino a dar con el árbol que tanto le agradaba. Y sin más tardanza, comenzó a cortarlo. Cuál no sería su sorpresa cuando, en medio de un hachazo y otro, comenzó a escuchar los quejidos lastimeros de una dama. Creyó que eran imaginaciones suyas y, tras la sorpresa, continuó con su trabajo. De nuevo surgieron los lamentos y se detuvo a escuchar con atención: ¡era el árbol quien se quejaba! Aterrorizado ante este prodigio se retiró un tanto y, aguzando el oído, pudo escuchar que el roble le decía de este modo:

—No me hieras con tu hacha, leñador, no me hieras. Que soy una doncella encantada: si me desencantas, yo te daré tesoros para que vivas feliz el resto de tus días.

—¿Y cómo he de hacer? –preguntó Antonio.

—Ve al remanso del río y, con un palo, golpea el agua tres veces. Entonces saldrá la anxana y ella te dirá lo que has de hacer.

Aturdido, atemorizado y asombrado, Antonio bajó corriendo a la aldea; con premura buscó a su novia Rosaura y le contó lo ocurrido. Ésta, que era bella en extremo, pecaba también de avaricia y encomendó a su prometido que fuera pronto al remanso del río y que hiciera cuanto se le mandase, porque tal vez la dama encantada fuera una princesa o una reina y si Antonio era capaz de devolverle figura humana, acaso les otorgaría tantos bienes que jamás pasarían penurias.

De modo que Antonio se fue al río y allí, con una vara de avellano, golpeó tres veces el agua, como se le había ordenado. De pronto, surgió del agua la figura de la anxana, hermosa como un ángel, con su pelo dorado y los ojos verdes. El hada jugaba, reía, danzaba y cantaba sobre el agua como una ninfa y miles de gotas saltaban y brincaban a su alrededor.

Antonio, con voz temerosa, le contó lo sucedido en el bosque y la anxana, después de reírse y hacer ondas en el agua, le encomendó lo siguiente:

—Si quieres que desencante a la doncella, has de ir a la cueva del monte Ucieda y traerme una flor brillante que allí se esconde. Si me la traes, yo retiraré el hechizo; mas si no me la traes, la princesa seguirá para siempre en figura de árbol.

Aunque Antonio creía estar viviendo un sueño (¡tantos prodigios le habían sucedido!), no dudó en subir al monte y entrar en la cueva. Esta gruta, como saben todos los lugareños, es un lugar peligrosísimo, porque hay muchas galerías y corrientes de agua; muchos hombres osados se han perdido en sus recovecos y no se ha vuelto a saber de ellos. Pero Antonio pensaba más en los tesoros que la doncella encantada le regalaría y en la felicidad que gozaría cuando fuese rico. De modo que, con precaución, comenzó a caminar en la oscuridad. Esperaba encontrar pronto la brillante flor que la anxana le pidió pero, por más que abría los ojos, todo era oscuridad. A su espalda aún había luz, de modo que, teniendo segura la salida, no había nada que temer y siguió avanzando. Cuando quiso darse cuenta, todo a su alrededor eran tinieblas. Y la flor no aparecía. Tentó las paredes húmedas, tuvo que inclinarse para sortear las columnas pétreas que colgaban de la bóveda, se internó más y más en la gruta... y la flor no aparecía.

Cansado, aterido de frío y hambriento, Antonio estaba a punto de renunciar, pero... ¿hacia dónde ir? ¿Cómo volver? Siguió caminando y caminando, iba y volvía, tomaba a ciegas un camino y éste se cerraba; regresaba y, al tomar otra vía, el imprudente leñador se percataba de que un abismo se abría a sus pies. Tornaba a caminar, tropezaba y caía, escalaba paredes y descendía barrancos, todo en la más absoluta oscuridad... y la flor no aparecía.

Desesperado, Antonio comprendió la agonía que le esperaba: se hallaba perdido, no tenía modo de volver y allí quedaría sepultado para siempre. Estaba tan cansado que, en medio de sus lamentos, repetidos mil veces por el eco tenebroso, se quedó dormido. Tuvo una pesadilla horrible: soñó que su amada Rosaura se casaba con un antiguo pretendiente...

Cuando despertó, tuvo la impresión de haber dormido durante mucho mucho tiempo. Se palpó la barba y ésta le había crecido sorprendentemente. Incluso podía notar las arrugas de su frente y de su manos. Pero, al fin, se había repuesto un tanto de su cansancio y continuó su vagabundear por la cueva... ¡Oh, con cuánta alegría pudo distinguir una débil luz al final de la galería! Al girar el recodo pudo contemplar una flor, brillante como una estrella, tal y como dijo la anxana. Con sumo cuidado cortó la flor y, con ella en las manos, no tardó mucho en encontrar la salida. «Verdaderamente esto es cosa de hadas», se decía Antonio.

Más se alegraba el leñador de haber salido de la cueva que de tener la flor prodigiosa. Estaba deseoso de ver a sus padres y a su novia y contarles la terrible aventura que le había sucedido en la cueva, y más tarde iría a llevarle la flor a la anxana. Pero cuando llamó a la puerta de su casa, un hombre salió y tomándole por vagabundo le dijo: «Ea, vete de aquí y no molestes». Fue después a casa de su novia, y cuando golpeó en la puerta salió una vieja que le espetó: «¿A qué Rosaura buscas? Yo soy la única Rosaura en esta casa. Vete de aquí, mendigo, y no molestes». Desesperado, cansado y casi loco, Antonio no sabía qué hacerse. A sí mismo se veía con la ropa desastrada, con una barba larguísima y envejecido de modo lastimoso... no pudo más y dejóse caer junto a la iglesia. Acertaron a pasar por allí una anciana y su hijo, y, sintiendo lástima de él, lo llevaron a su casa y lo acomodaron tan bien como pudieron. A la mañana siguiente le cortaron las barbas, le dieron ropa nueva y le ofrecieron el pobre desayuno que tenían.

No quiso comer nada Antonio. Pensó que acaso la anxana pudiera explicarle las desgracias que padecía: por qué había envejecido, por qué sus padres no habitaban la casa en la que vivieron, por qué aquella vieja desagradable decía llamarse como su novia...

Llamó a la anxana con tres golpes de vara y, entre sollozos, le dijo:

—Aquí tienes la flor que me pediste y, ahora, dime: ¿qué me ha sucedido y dónde están mis padres y Rosaura?

—Es el castigo que mereces, avaricioso, falso y engañador.

Asombrado y aterrorizado, Antonio echó varios pasos hacia atrás.

—Eso que a ti te han parecido días, fueron en verdad cincuenta años -continuó la maga-. Del mismo modo que tú olvidaste a Mercedes, aquella moza a la que prometiste bodas, así el tiempo te ha olvidado a ti; y te olvidaron tus padres, cuyos cuerpos reposan en el cementerio desde hace muchos años; y te olvidó tu prometida Rosaura, que tomó por marido a otro, tal y como soñaste; y después de tanto tiempo Rosaura, ya vieja y maltrecha, no ha querido recibirte en su casa. Pero, anda, ve allí donde te han dado cobijo esta noche; que puedas comprobar que el buen amor no tiene olvido: esa mujer, anciana como tú, es Mercedes, y el mozo que te ayudó a sostenerte es tu propio hijo. Anda, ve con ellos y no vuelvas a visitarme jamás.

Don Fernando *el Emplazado*

¿Por qué nos matas, rey?
Romancero

Corría el año de 1312. Don Fernando IV, rey de Castilla, había cenado con doce pordioseros el Jueves Santo, tal y como era costumbre entre los monarcas de Castilla, para conmemorar la Santa Cena de Nuestro Señor Jesucristo.

Al día siguiente, don Fernando mandó que todo se dispusiera para marchar hacia Alcaudete, ciudad de fuerte castillo situada en la actual provincia de Jaén.

Estando en aquel lugar, vinieron dos hombres dando alaridos y rasgándose las vestiduras. Cuando el rey oyó tanta algarabía, ordenó que hicieran pasar a dichos caballeros y les preguntó qué querían.

—¡Justicia! ¡Justicia! –gritaron ambos.

—¿De quién? –quiso saber el monarca.

—De don Pedro Carvajal y de su hermano, don Rodrigo Carvajal. Señor, todos los males han hecho: pasan nuestras lindes, dan fuego a nuestras mieses, roban nuestras haciendas, fuerzan a nuestras mujeres y no pagan lo que nos deben...

—Y no es esto sólo –dijo el otro–. Que esos malvados han matado a nuestro pariente Juan de Benavides, el mejor hombre que hubo en Castilla... si se quita vuestra majestad.

Los dos caballeros dijeron allí todas las tropelías y crímenes cometidos por los hermanos Carvajal, sin olvidar muchos asesinatos, alevosías, traiciones, violaciones y robos de mujeres y niños. Tanto se enfadó el rey don Fernando que, sin dudarlo, envió a sus mejores hombres con el mandado de que, allí donde fueran encontrados los dos hermanos, se les cargaran de cadenas y fueran llevados sin dilación a Jaén.

En la ciudad de Medina del Campo, famosa por su mercado, fueron hallados don Pedro y don Rodrigo. Allí dio con ellos el almirante de Castilla y les ordenó que se dispusieran a partir. Don Pedro y don Rodrigo de Carvajal eran caballeros nombrados, de modo que sólo el rey podía ordenar su prisión. Así se lo hizo saber el almirante, diciéndoles que quedaban arrestados por orden misma del rey don Fernando, y les enseñó el documento que lo probaba.

Al cabo de varios días, llegaron a Jaén, escoltados por la guardia real. Ya en el castillo, los dos hermanos se hicieron vestir con elegantes ropajes y ricos cordones, y vistieron espuelas doradas, como les correspondía por su estado de caballeros. Cuando pasaron a la sala del trono, hicieron gran reverencia y sonrieron amablemente al monarca, porque, al parecer, no tenían nada que temer. Sin embargo, don Fernando los miró con ira y les dijo:

—¡Malnacidos! ¡Hijos de mala perra! ¡Ya conozco vuestras traiciones y vuestras infamias! ¡Y, como hay Dios, que pagaréis por ellas! ¡Apresadlos!

Y en aquel mismo instante los cargaron de cadenas y candados, rasgaron sus vestiduras y les arrebataron las espuelas. Después les raparon las barbas, para denigrarlos y ofender a toda su estirpe. Al día siguiente los montaron en un carro tirado por bueyes y los llevaron a la peña de Martos. Allí, los ataron de pies y manos y les dieron suplicio durante tres días. Al cabo, vino el rey a verlos y les dijo:

—¡Forzad mujeres ahora, robad campos, destruid haciendas ahora, si podéis!

Entonces, habló el mayor de los Carvajal, que tenía el rostro ensangrentado:

—¿Por qué nos matáis, señor? ¿Quién os engañó con tales infamias? Jamás os hemos traicionado, jamás vendimos vuestras ciudades, ni abandonamos el pendón de Castilla en las batallas. Siempre os fuimos leales, como leales vasallos... mas si vos lo mandáis, cúmplanse vuestros designios...

—¡Callad, os lo ordeno!

—¡Sabed, señor -dijo don Rodrigo de Carvajal-, que pediremos justicia al Juez que os puede juzgar: en el plazo de treinta días nos veremos, por testigos tenemos a San Pedro, a San Pablo y al Apóstol Santiago!

No pudo sufrir esta insolencia y estas amenazas el monarca. Y mandó que les cortaran las manos y los pies a ambos, y después hizo que los despeñaran desde la torre de Martos.

Aquella noche los cielos se nublaron. Durante la noche el rey tuvo pesadillas horrorosas y veía a los dos hermanos ensangrentados, sin pies y sin manos, con la cabeza rota, que le decían: «Treinta días te quedan, rey». A la mañana siguiente se supo que el rey tenía fiebre y que era una calentura grave. Lo trasladaron a Jaén, porque allí había médicos moros y judíos que podían conocer la fuente del mal y curarlo como convenía. Pero los días pasaban y el monarca no daba muestras de mejoría. Bien al contrario, se le oían delirios y en sus imaginaciones veía a los de Carvajal, siempre con sus ropas sangrientas, que le decían: «Veinte días te quedan, rey» o «Quince días te quedan, rey».

La angustia se reflejaba en su rostro y, cuando recuperaba el juicio, hacía como si apartara sombras de su vista y muchas veces aseguraba que había visto a San Pedro, a San Pablo y al Apóstol, que lo llamaban desde el más allá. Otras veces derramaba el vino de su copa y echaba las culpas a los dos fantasmas sangrientos que lo apremiaban. «Diez días os quedan, rey».

El plazo otorgado por los Carvajal se acababa y los médicos no daban con la enfermedad del rey: le componían ungüentos, cataplasmas, bebedizos; estudiaban libros árabes, griegos y romanos; acudieron incluso a la magia y la alquimia, pero no había modo: el rey Fernando se moría sin remedio.

—¡Qué horror! -decía-. ¡Qué horror y qué angustia saber que voy a morir en tres días!

El último día del plazo otorgado por los dos hermanos, el rey se despertó súbitamente y con los ojos en blanco pudo ver los cráneos destrozados de los dos hermanos, colgando de los cordones de las cortinas. Y le decían: «Hoy se cumplen los veinte y nueve: de mañana has de ir a plazo».

Antiguas crónicas dicen que el día de la muerte de don Fernando, *el Emplazado*, se vieron en el castillo de Jaén dos sombras que mancharon con sangre las galerías y los corredores. Alguno oyó que decían: «El plazo está cumplido, don Fernando». Los cortesanos y los deudos colocaron la corona sobre las sienes del monarca y una candela en la mano derecha. Se puso la cama mirando a oriente, en dirección a Jerusalén, y cuando se le dieron al rey los últimos sacramentos, murió.

Tres hombres vestidos de ermitaños, con luengas barbas, acudieron al entierro. Nadie pudo saber quiénes eran, sino que decían: «Somos los testigos», y por esta razón se dijo durante mucho tiempo que aquellos tres peregrinos eran San Pedro, San Pablo y el apóstol Santiago, aunque esto último no se pudo probar nunca.

Cuatro estudiantes en Salamanca

La hermosa ciudad de Salamanca tiene tantos encantos que cualquier elogio que de ella se dijera quedaría corto y vulgar. Aunque su Universidad tiene mucha fama, los doctos profesores que enseñan allí suelen repetir algunos dichos y refranes bien conocidos: *Quod natura non dat,*

Salmantica non praestat (Lo que no da la naturaleza, no lo presta Salamanca), y este otro: «Quien va burro a Salamanca, de Salamanca vuelve burro». Y así es en efecto: que no todos los que pasan por aquellas aulas aprovechan sus enseñanzas. Allí impartió clases de Teología Fray Luis de León, quien, después de salir de su injusta prisión, volvió a su aula y comenzó la lección del siguiente modo: «Decíamos ayer...».

En fin, Salamanca es mucho más que su Universidad y a cada paso pueden encontrarse maravillas arquitectónicas y rincones deliciosos que encantan a los viajeros. Además de la catedral, de la prodigiosa fachada de la Universidad, de los innumerables palacios y de las tortuosas calles del barrio viejo, los curiosos visitantes suelen admirar el llamado Jardín de Melibea, donde, según se dice, tuvieron sus amorosos encuentros los dos amantes de Fernando de Rojas. La Casa de las Conchas atrae también las miradas del paseante y no faltará quien le diga que bajo una de esas conchas se encierra un tesoro.

Como no podía ser menos, Salamanca también cuenta con un buen surtido de leyendas. A continuación se da noticia de una muy popular entre los estudiantes mozos.

Hace muchos años, quizás antes de que el doctor Diego de Torres Villarroel escandalizara la ciudad con sus extravagancias, llegaron a Salamanca cuatro jóvenes con el ánimo de inscribirse en la Universidad y cursar letras. Carlos, Guillermo, Francisco y José, que así se llamaban, venían pensando por el camino dónde dormirían aquella noche, pues no conocían la ciudad y temían que les engañaran en el precio. Los cuatro amigos llegaron a la Plaza Mayor y aún no habían visto posada ni figón que se acomodara a su escaso bolsillo. Siguieron por la Rúa y llegaron a la Catedral, pero en ningún lugar hallaban acomodo: o bien las posadas eran muy caras o bien otros estudiantes se les habían adelantado.

Llegaba la noche y el frío helaba los huesos de los cuatro mozos. De modo que se resolvieron a entrar en el primer lugar que encontraran, aunque fuese pajar o porqueriza. En esto, una mujer anciana que salía de la catedral se les acercó y les preguntó si tenían dónde dormir aquella noche. Los muchachos contestaron que no, y el más joven de ellos, José, aseguró que daría un ojo y siete años de su vida por dormir aquella noche bajo techo.

La mujer les enseñó su casa y a los cuatro estudiantes les pareció bien.

—Pero habéis de saber, hijos míos, que a veces se oyen ruidos y gemidos, como si hubiera almas en pena. Mas si os quedáis, os cobraré la mitad.

Convinieron los muchachos y se hizo el trato. Los jóvenes no creían en los espíritus y tachaban de supersticiosos ignorantes a los aldeanos que hablaban de fantasmas y almas en pena. De modo que acostándose cada cual en su cama, se quedaron dormidos profundamente.

Pero llegada la medianoche, se despertaron sobresaltados: pudieron oír con claridad el sonido de unas cadenas que se arrastraban por el corredor; las tablas del suelo crujían; el candil que lúgubremente iluminaba la estancia palpitaba como si el viento de la muerte rondara en aquella sala; ciertos gemidos, como los de una niña que llora, sobrecogieron a los jóvenes; y una respiración honda, como la que tienen los tuberculosos, amenazaba tras la puerta. Los cuatro muchachos se apiñaron en un extremo de la alcoba, temerosos y atenazados por el miedo...

De pronto, la respiración pareció entrar en la sala y una neblina verde se deslizó bajo la puerta. Una voz profunda, como la que aseguran que se oye en los cementerios, habló y dijo:

—Nooooo temáis. Yoooo no soy Satanás, soy un alma en penaaaaa... Yoooo forcé a una niña de diecisiete años y la degollé... y la arrojé al pozo del patio... ¡Sacadla de allí! ¡Sacadla de allí! Y con el tesoro que hallarééééis, mandad decir setecientas misas por mi almaaaa...

Quedaron sobrecogidos los muchachos, pero al poco todos los ruidos habían cesado y la casa quedó en paz. Asomóse Guillermo por la ventana y vio que, tal como había dicho el espíritu, había un pozo en el patio. No tardaron mucho los cuatro estudiantes en bajar a la cocina y llamaron a la mujer para contarle lo sucedido, pero por ningún lugar pudieron encontrarla. Decididos y curiosos como eran, salieron al patio y tomaron unas cuerdas con las que pudieran bajar al pozo. Carlos y Francisco, que eran osados y valientes, descendieron y comprobaron que, efectivamente, allí reposaban los huesos de una persona. Creyeron entonces a pies juntillas lo que les había dicho el espíritu y corrieron a dar aviso al obispo. Éste les dijo que aunque había oído hablar de aquel fantasma, él nunca había querido darle verosimilitud, pero que accedía a enterrar aquellos huesos en la iglesia, tal y como los jóvenes pedían.

De vuelta a la casa, los jóvenes quisieron descansar pero cuando Francisco fue a abrir un armario para coger una manta, halló un cofre con un inmenso tesoro. Y en esto vieron que el fantasma no les había engañado. Al día siguiente concertaron las setecientas misas por el alma del asesino y repartieron lo sobrante entre ellos, viviendo en la mayor felicidad durante su estancia en la ciudad de Salamanca.

Se ha de decir que todos completaron sus estudios con gran provecho y que todos siguieron el camino de sus vidas con felicidad y alegría, salvo uno. El más joven de todos, José, perdió la vista del ojo derecho, con lo cual aprendió a no jurar en vano, y durante siete años sufrió grandes penurias y se vio pobre y miserable vagando por las calles, hasta que al fin fue perdonado y vivió feliz el resto de sus días.

Las brujas de Zugarramurdi

La naturaleza las hacía brujas:
las vascas son hijas del mar y de la ilusión.
Nadan como peces y juegan entre las olas.
Jules Michelet, *La sorcière*

Uno de los libros más importantes en la disciplina del análisis histórico es el que escribió a finales del siglo XIX el profesor Jules Michelet: *La sorcière,* conocido en España con el título *Historia del satanismo y la brujería.* Según este autor, fue el terror a los dignatarios eclesiásticos lo que propició que muchas mujeres creyeran efectivamente que estaban poseídas por el demonio y, en términos generales, asumían su devoción por Satanás con mucha tranquilidad. No menos decisiva fue la envidia: si una mujer era bonita, bruja segura. Si tenía fortuna, bruja. Si encontraba buen marido, bruja. Si la vecina caía enferma, bruja. Brujas por desdenes, por amores, por riquezas o miserias... las brujas inundaron

Europa y fueron condenadas sin remedio. La simple declaración o acusación servía para que cientos de mujeres fueran condenadas a la hoguera. En sólo tres meses se quemaron en Ginebra a quinientas jóvenes acusadas de brujería; y en Wurtzburg, Jules Michelet asegura que fueron ochocientas; y mil quinientas en Bamberg.

Allá por el siglo XVII los vascos eran gentes que miraban al mar antes que a la tierra. Se lanzaban en sus barcos a la caza de la ballena y durante meses y años permanecían lejos de sus hogares. Su pueblo tenía tantos privilegios que se puede decir con propiedad que eran una nación independiente: sumidos en la miseria, vagaban por los mares o pastoreaban pequeños rebaños de ovejas en los montes. Comían lo que podían y vestían a la usanza de los pueblos primitivos. Las mujeres pasaban horas mirando el horizonte, esperando a sus maridos o amantes. Como dice el historiador, se sentaban en los cementerios y allí hablaban de la vida, de la muerte y, sobre todo, de las reuniones nocturnas: los *akelarres*. Los marineros no amaban a sus esposas: cuando volvían, la casa estaba llena de mocosos harapientos a los que no podían reconocer como hijos propios.

Las mujeres son hermosas: incluso un juez que llevó a cientos a la hoguera sentía que había algo en ellas que superaba su comprensión. Cuando las veía pasar con la negra cabellera al viento y los rayos del sol se entrelazaban en sus rizos, podría asegurarse que los relámpagos del cielo y resplandores de fuego iluminaban sus almas. «De ahí» continúa el eclesiástico, «proviene la fascinación de sus ojos, tan peligrosos para el amor como para el sortilegio».

Durante los primeros años del siglo XVII se llevó a cabo el proceso contra muchas brujas vascas: confesaban cosas horribles. Se supo que en los aquelarres se despedazaban niños y que las poseídas los comían crudos o asados, cortados en pedacitos. También se aseguraba que llevaban sapos que hablaban y bailaban. Cuando aparecía Satanás, las brujas levantaban sus faldas y el diablo las poseía una por una con gran algarabía y lujuria. El demonio llevaba el brazo de un niño sin bautizar en su mano, y le prendía fuego para iluminar la cueva. A veces, según las declaraciones, se nombraba a un *obispo del aquelarre*, o a una obispa: la más sucia y desvergonzada de las brujas. Algunas de aquellas mujeres se quedaban dormidas durante la vista judicial, y cuando despertaban aseguraban con una sonrisa que allí mismo, delante del tribunal, habían sido gozadas por Satanás con mucho placer. Otras, en cambio, hacían saber por señas que el diablo no les permitía hablar, porque les colocaba un coágulo de sangre en la garganta.

En aquel proceso tuvo mucho predicamento un juez llamado Lancre, que era piadoso y, seguramente, no creía del todo las barbaridades que aquellas muchachas proferían. Algunas brujas conocieron la debilidad del juez y pensaron que si acusaban a otras, podrían salvarse. Una mendiga llamada Margarita y su amiga Lisalda rompieron el pacto que había entre las endemoniadas, y comenzaron a acusar a otras mujeres. La Murgui y Lisalda eran conocidas por su lujuria y procedían escandalosamente delante de todo el pueblo, besándose y acariciándose las vergüenzas en las plazas y las esquinas. También se supo que habían ofrecido niños al diablo. Como acusadoras, la Murgui y Lisalda se encargaron de descubrir a otras brujas. Buscaban en el cuerpo de las muchachas la marca del Demonio: ha de saberse que este lugar era insensible y que se podían clavar agujas en aquella parte sin que la bruja sintiese ningún dolor. De modo que las dos viciosas torturaron a muchas mozas, clavándoles puntas y aceros en todas las partes del cuerpo. En algunos casos, cuando la mujer sospechosa era vieja, la echaban de su presencia sin querer tocarla; pero a las jóvenes las maltrataban y las acuchillaban; y finalmente gritaban: «¡Ésta es bruja! ¡Ésta es bruja!».

Pero el odio de la Murgui y su concubina Lisalda tenía un objetivo: había en el pueblo una mujer hermosa llamada la Castellana de Lancinena. Las dos malvadas acudieron a casa del juez Lancre y le dijeron:

—Señor juez, Dios nos asista. Hay una mujer que merece ser ahorcada más que todas. Se hace llamar la Castellana de Lancinena. Ha enviado a sus comadres a esta misma casa, para envenenarle a usted, pero al ver tanto soldado, no se han atrevido. Esa bruja ha venido aquí en espíritu y ha fornicado con el diablo en la misma cama que usted duerme y han hecho una misa negra en la habitación.

Aquellas dos perversas acusaron también a ocho sacerdotes y dijeron de ellos que andaban en asuntos de faldas y que durante las noches de luna llena pasaban de casa en casa, fornicando con hombres y mujeres hasta completar todo el pueblo. La Murgui y su compañera consiguieron incluso que los niños declararan contra sus madres y los maridos contra las esposas.

Los jueces estaban aterrados: no podían quemar a todo el pueblo. Se hicieron consultas al Papa de Roma y a los Inquisidores de España, y se acordó que sólo se quemarían a aquellas mujeres que se obstinaran en pertenecer a Satanás. La Murgui sembró la cizaña entre los hombres y logró que éstos acusaran a sus esposas, diciendo que eran perversas, lujuriosas y lascivas, y que ellos mismos habían visto como el diablo yacía con ellas y hacían otras cosas nefandas.

Finalmente, triunfó el buen hacer de los jueces y cientos de brujas fueron conducidas a la hoguera. Se las llevaban en carros y los verdaderos cristianos les lanzaban piedras y se subían por las ruedas para golpearlas y darles cuchillazos. Después de hacer el oficio, se puso a todas en el patíbulo y fueron excomulgadas: dijeron que cuando la última hechicera se quemó entre las llamas de la purificación, se vio que de su cabeza salían serpientes y sapos.

Las hijas de las brujas acudieron al sábado siguiente al *akelarre* y se quejaron ante Satanás.

—Satanás –decía una mientras fornicaba con él–, eres mal rey, porque has dejado que mueran tus esposas.

Y el diablo le contestó.

—¡Aparta, sucia asquerosa! ¡Vuestras madres aún están vivas! ¡Yo he hablado con Juanito! –De este modo indecente llama Satanás a Jesús de Nazaret–. ¡Y Juanito me ha dicho que no han sido quemadas!

Pero el Gran Embustero mentía una vez más: todas aquellas mujeres perecieron en la hoguera.

Una de las muchas leyendas que tienen como protagonistas a las brujas vascas cuenta que en Saint Jean-Pied-de-Port vivía un jorobado. Su talante huraño y receloso tenía una razón: todos se burlaban de él y estaba convencido de que moriría sin encontrar esposa. Sin embargo, hizo amistad con una joven hermosísima de Navarra y ésta le concedió su amor. Ni él mismo acababa de explicarse tanta maravilla: que una mujer hermosa lo hubiera tratado con cariño y aun se declarara su novia, era algo difícil de comprender. Los vecinos comenzaron a chismorrear y a encizañar: en fin, todo eran envidias. Los hombres se mofaban del jorobado y las mujeres insultaban por lo bajo a la muchacha.

Pero el amor de ambos iba en aumento, si no fuera porque había una cosa que molestaba al pobre tullido. Era que la joven no quería verlo el sábado. El jorobado insistía en que se reunieran ese día concreto porque los sábados se reúnen los enamorados y en el pueblo significaba la confirmación del noviazgo. Sin embargo, ella rehusaba.

Tanto insistió el desgraciado que la muchacha, encarándose con él, le dijo:

—¡Está bien! Si quieres verme mañana, me verás, pero has de prometerme que guardarás silencio sobre todo lo que veas y oigas.

El jorobado, loco de contento, aceptó el trato y al anochecer del sábado fue a buscar a su novia. Demasiado tarde comprendió el pobre que su novia era una bruja y que durante la noche de los sábados todos los poseídos y las hechiceras se reúnen en sus *akelarres*.

Llegaron los dos a una cueva y allí estaban otras brujas cometiendo horribles pecados y sacrilegios. En un extremo de la gruta había una gran olla en la que un líquido apestoso inflamaba el aire con hedores pestilentes. Dos mujeres hermosísimas atizaban el fuego y danzaban de modo extravagante a su alrededor. Otras jóvenes estaban tendidas en un lecho de pieles de lobo y fornicaban sin descanso dando grandes alaridos. El jorobado también pudo ver a tres enanos con rostros infectados de llagas que estaban bañando con sangre a una hechicera, la más hermosa de todas. En los rincones y en las repisas había redomas con veneno, y calaveras, y alas de murciélago, y otros mil objetos nefandos. Si uno se fijaba bien, al fondo había una suerte de tarima hecha con huesos de difuntos, y sobre ella un escaño forrado con una piel de chivo: allí era donde el Gran Cabrón se aparecía a sus prostitutas y yacía con ellas en lujuriosas formas.

—Y ahora –dijo la hermosa bruja a su novio–, has de estar atento en el conjuro, porque iremos nombrando los días de la semana del siguiente modo: «*Astelehena, bat; bi, asteartea; hiru, asteazkena; lau, osteguna; bost, ostilara; sei, larumbata...*»; pero cuando llegue el último día, deberás callar.

El jorobado vio con horror que la hoguera central comenzaba a exhalar un hedor a azufre y a carne quemada. Entonces, allí se hizo carne el mismísimo Satanás y todas las brujas comenzaron a gritar como poseídas y a mostrar sus vergüenzas, como deseando que Lucifer las poseyera. Al pronto, todas comenzaron a recitar el conjuro diciendo los días de la semana: *«Astelehena, bat; bi, asteartea...»*; el jorobado recordó el consejo de su novia y se prometió a sí mismo no decir el domingo, pues éste es el día del Señor y ello irritaría mucho al demonio y sus secuaces.

Pero la costumbre le jugó una mala pasada y tras el sábado, el jorobado gritó con alegría: *«¡Zazpi, igandea!»*.

Cuando las brujas oyeron el nombre del día consagrado a Dios, prorrumpieron en alaridos y gritos como si las estuvieran matando, y se daban cabezadas contra las paredes o se arrojaban al fuego. Y el Gran Cabrón se convirtió en humo y desapareció. Las hechiceras y los enanos querían arañar al jorobado e iban hacia el con cuchillos y hachas con intención de descuartizarlo. Pero su novia se compadeció de él y pidió que le perdonasen la vida. Las brujas aceptaron el trato, con tal de que se dejara arrancar la joroba para cocinarla y comérsela.

Con gran sufrimiento el jorobado permitió que le arrancasen aquella parte de su cuerpo y volvió a su casa malherido y sangrando por la espalda, con una gran llaga.

Durante tres meses estuvo en cama, con mucha fiebre y a punto de morir, pero los médicos y un curandero lograron salvarle la vida. Ya repuesto, el hombre se avergonzó de haber asistido a un cónclave tan horroroso y quiso seguir a los peregrinos que pasaban por allí: tal vez si purgaba su pecado yendo a ver al Apóstol Santiago, tal vez, pensaba, se salvaría.

Pero cuando los vecinos lo vieron sin joroba, no quisieron que abandonara el pueblo sin explicar tan grave misterio. Y le preguntaban el porqué de su pena, siendo que ya no tenía joroba y parecía un hombre apuesto. Pero él nada quiso decir. También le preguntaban por su antigua novia, pero él, avergonzado, nada quiso decir.

Había en el pueblo otro jorobado y era éste el más interesado en la cuestión, pues si había algún modo de perder la joroba, necesitaba saberlo, aunque hubiera de estar tres años en cama, enfermo y en trance de muerte. Fue a preguntarle a nuestro amigo, que ya partía hacia Roncesvalles con otros peregrinos, pero no pudo obtener de él ninguna respuesta. Tanto insistió el jorobado que, finalmente, el arrepentido le dijo:

—Si tanto deseas perder tu joroba, vete a la cueva de los *akelarres* el sábado por la noche y cuando reciten el conjuro, no te detengas el sábado: sigue y pronuncia el día del Señor.

Así lo hizo el jorobado, tal y como el peregrino se lo había sugerido. Pero al oír el día domingo, *igandea*, las brujas armaron tal escándalo que estuvieron a punto de quemarlo vivo allí mismo. «Maldito jorobado» le decían, «¿qué has venido a hacer tú aquí?». Y querían arrancarle las vergüenzas a mordiscos. Pero la bruja que fue novia del peregrino, hizo la paz en aquella barahúnda y mirando fijamente al jorobado le dijo:

—¡Ah, pícaro tullido! ¡Ya sé lo que quieres! ¡Pues le arrancamos la joroba al otro, tú también deseas lo mismo! Pues... ¡toma!

Y lanzando fuego por los dedos hizo un conjuro horroroso y al pobre envidioso le nació otra joroba, aún más grande y asquerosa que la que tenía.

Los fantasmas del Museo Reina Sofía

A partir del siglo XVI la villa de Madrid acogió a cuanto desheredado y pordiosero andaba por esos caminos de Dios. Por supuesto, desde que Felipe II se levantara sobre todas las naciones del mundo, la ciudad castellana, otrora villorrio, se convirtió en el centro de todas las miradas. A esta plaza llegaron hombres de letras y de ciencia, pintores, arquitectos y diplomáticos, pero también quisieron aprovecharse del auge cortesano los mendigos y pícaros de Europa y América.

No es extraño, por tanto, que los piadosos madrileños se viesen forzados a construir edificios que dieran cabida a tanto miserable: tullidos, putas, haraganes y ladrones de medio pelo llenaron las calles de la capital. Había, por ejemplo, una casa de recogimiento de mujeres, llamada Las Arrepentidas, fundada en el siglo XVIII y que tenía como titular a la santa María Egipciaca. En la misma calle Amaniel estaba el hospital de mujeres incurables, fundado por la viuda de Lerena a principios del siglo XIX. Este hospital fue, antes, un colegio de niñas huérfanas. No faltaron en Madrid hospicios, como el que hubo en la calle de Santa Isabel, o el más famoso de la calle Preciados, llamado Casa de Expósitos o Inclusa, que fue después trasladado a otros lugares. En la calle de Atocha se fundó a principios del siglo XVII un «recogimiento» de niños huérfanos, llamado de los Desamparados. También había en ese lugar una sala para las «carracas», esto es, mujeres impedidas, enfermas o deshauciadas. En el mismo edificio había además una cárcel de prostitutas y ladronas. En el siglo pasado fue Hospital de hombres incurables. Don Pedro Cuenca fundó en 1598 el albergue de San Lorenzo, cerca de la calle de los Cojos: allí se le daba un mendrugo de pan y un huevo a los desgraciados que se habían perdido en las calles de Madrid durante la noche. En fin, la enumeración de hospitales, hospicios y casas de recogimiento sería demasiado prolija y bastan los ejemplos señalados.

El edificio que nos ocupa ahora es el Museo Reina Sofía, entre las calles de Santa Isabel y Atocha. Esta institución alberga colecciones de arte contemporáneo y su joya más preciada es, sin duda, el *Guernica*, de Pablo Picasso.

El edificio tiene un aspecto muy moderno, especialmente por los ascensores exteriores y las estructuras de metal y vidrio que dan a la plaza de Sánchez Bustillo. Sin embargo, el Museo está construido sobre el antiguo Hospital General del siglo XVIII. Este hospital fue levantado bajo el mandato de Carlos III y lo llevó a cabo el famoso ingeniero don José Hermosilla; don Francisco Sabatini continuó las obras, aunque el magnífico proyecto inicial no pudo concluirse.

El Hospital General agrupó las distintas instituciones benéficas que estaban dispersas en Madrid, y así, se instaló en el lugar que ocupa hoy el Museo Reina Sofía. En dicho emplazamiento hubo también un albergue para mendigos y enfermos, y junto a él un hospital, llamado de la Pasión, sólo para mujeres.

Aquellos terrenos tienen, pues, una historia turbulenta, muy propia para que las almas de los muertos sigan vagando por las salas y los corredores. Y así ha sido. En los últimos años del siglo XX los periódicos anunciaron que el Museo Reina Sofía estaba plagado de fantasmas. Los vigilantes nocturnos veían procesiones de monjes con cirios, se oían extraños lamentos y correr de cadenas, algunas sombras parecían disolverse tras las esquinas... Un guardia acabó por pedir el traslado a otro lugar, pues no soportaba el terror que le producían aquellas visiones. Varias personas aseguraban que sintieron vivamente cómo una mano fría les sujetaba del brazo y otras afirmaron que durante el crepúsculo se veían sombras en el suelo.

Aunque no se ha podido desvelar el misterio, es muy probable que los fantasmas del Museo sean los padres obregones. A continuación se narra la leyenda del padre Bernardino de Obregón, causante de todas las apariciones en el moderno museo de Madrid.

En tiempos de Felipe II vivió en Madrid un hombre llamado Bernardino de Obregón. Nació en el seno de una familia noble y acomodada, en el pueblo burgalés de las Huelgas. Su buena planta y su carácter alegre le propiciaron algunos oficios notables, y se supo que había llegado a ser secretario del duque de Sesa, don Gonzalo Fernández de Córdoba. En fin, el joven caballero era uno de los más elegantes y admirados de la corte.

Sin embargo, su conducta no era tan piadosa como podría esperarse. Al fin, no era más que un muchacho y cuando no estaba en los cuarteles dedicaba sus esfuerzos a los amores. Rondaba a las damas, saltaba los muros, escalaba los balcones y entraba en las alcobas. Bernardino pasaba los días entre requiebros y lances, y como era muy bien parecido, las damas abrían sus puertas para dejarlo entrar, sobre todo si los maridos y los padres no estaban en la casa. De modo que cuando los madrileños iban a misa, por la mañana temprano, él salía de las casas con ojillos de no haber dormido. También gustaba de ir con los amigos a las tabernas y, se dice, visitaba más los prostíbulos que las iglesias.

Un día, nuestro caballero bajaba por la calle de Postas. Venía un tanto irritado porque cierto marido había llegado antes de lo previsto y no había podido cumplir su tercer deseo con la fogosa dama, aunque sí los dos primeros. En esto pensaba el joven Bernardino cuando, sin querer, un barrendero le echó porquería en las botas. Bernardino se enojó muchísimo y sin pensarlo dos veces, le dio dos bofetadas al pobre operario. El barrendero, sin embargo, no se sintió ofendido; bien al contrario, se arrodilló frente al caballero y le dijo:

—¡Oh, señor! ¡Os doy gracias por las bofetadas que me habéis dado, porque así habéis castigado mi falta y he de verme honrado toda la vida!

Bernardino casi no pudo articular palabra, tan sorprendido estaba. Miró atentamente al barrendero y levantándolo del suelo, lo abrazó. Le pidió perdón humildemente y, según dice el cronista, «herido por un rayo de luz divina», el caballero volvió a su casa transformado por completo. Con grandes voces y lamentos Bernardino repudiaba su vida anterior, plena de lascivia y crímenes: mostraba tal arrepentimiento que daba pena verlo. Durante muchos días no abandonó la capilla de su casa y pedía a Dios que salvase su alma.

El que fuera caballero galante y apuesto dejó crecer sus barbas, y vendió sus ropas y joyas para dar limosnas a los pobres. Vestido casi como un harapiento, Bernardino agotó su fortuna en obras de beneficencia y olvidó damas, amigos y placeres. Se retiró, pues, de la vida mundana y quiso aportar su trabajo en el Hospital de la Corte, consolando a los tullidos, compadeciéndose de los incurables, atendiendo a los moribundos... Años más tarde, Bernardino fundó el Hospital de Convalecencia, donde prosiguió su benéfica tarea en favor de los más desgraciados. Finalmente, ya convertido en un santo, nadie recordaba al caballero disipado y lujurioso que había amado a tantas damas de Madrid. Cuando sintió cercana su muerte, Bernardino de Obregón fundó la congregación llamada Santa Hermandad, a la que él mismo nombraba como la cofradía de los Hermanos Obregones, haciendo honor a su apellido. Durante muchos años, esta hermandad fue respetada y elogiada en todos los rincones de España, por su abnegación y sacrificio en el cuidado de los inválidos, tullidos, incurables y locos.

La bendita faz de Dios se le presentó al fin a nuestro Bernardino y murió habiendo recibido los Santos Sacramentos. Se le enterró en su amada iglesia y sus hermanos continuaron trabajando en las instituciones hospitalarias hasta bien entrado el siglo XIX.

Los Hermanos Obregones recibieron con mucha alegría la orden de cuidar a los enfermos del Hospital General, porque de este modo estarían más cerca del padre fundador, enterrado en la iglesia adyacente. Y en aquel mismo lugar recibieron sepultura muchos venerables hermanos de la congregación de los obregones.

Con el correr del tiempo, el abandono del hospital, las nuevas construcciones y las sucesivas reformas, el lugar tuvo otros cometidos diversos, hasta llegar a ser lo que es en la actualidad: el Centro Cultural

Reina Sofía. Los hombres de nuestro tiempo no tuvieron en cuenta ni respetaron los sufrimientos de los Hermanos Obregones, y desenterraron sus cuerpos con máquinas excavadoras, con taladros y otros ingenios horrorosos. No es extraño, por tanto, que las almas en pena de aquellos cofrades anden vagando por las salas y corredores del Museo, y que avisen a los visitantes de la infamia que se hizo con ellos: esto sucede porque no se deja descansar en paz a los muertos, porque se les priva de la morada eterna y sus huesos se dispersan en vertederos. Los fantasmas del Museo Reina Sofía nos recuerdan que hubo un hombre, llamado Bernardino de Obregón, que abandonó su vida disipada para ayudar y consolar a los desgraciados.

La chica de la curva

Ésta es una leyenda moderna. Acaso ni sea leyenda, sino cuento, superstición o suposición. Puede que los eruditos la clasifiquen entre las novedosas «leyendas urbanas», que no tienen la antigüedad y el carácter de las leyendas tradicionales, pero son muy jugosas y divertidas.

En términos generales, la superstición es sólo un concepto falso o, al menos, no demostrado científicamente. Por ejemplo, hasta el siglo XIX se creía que la séptima ola que llegaba a la playa era mortal, aunque nunca se especificaba cuándo había que empezar a contar. Hay supersticiones más populares, como la que alude a tocar madera cuando se habla de algún suceso desagradable o pernicioso, cuya explicación se remonta a tiempos antiquísimos (en la Persia oriental, los babilonios creían que en la madera residían los dioses protectores). Las leyendas y suposiciones se extienden a casi todas las materias: por ejemplo, todo el mundo sabe que Eva tomó una manzana del árbol prohibido y que éste fue el origen del pecado original; sin embargo, en la Biblia no se dice que el árbol fuera un manzano y, por supuesto, no se dice nada de una manzana, de modo que bien pudo haber sido un higo o un melocotón. Otra tradición muy extendida es la del portal de Belén: como todos los niños saben, la Virgen María dio a luz un niño en un pesebre y allí había un burro y un buey. Pero ninguno de los evangelistas dice nada de estos dos animales. La tradición parte de un texto apócrifo y no aceptado por la Iglesia como canon religioso: es en el Pseudo Mateo donde se dice que un asno y un buey adoraron al recién nacido (véanse más ejemplos en *Errores, falacias y mentiras*, de P. Villanueva Hering, 2000). Éstos son algunos casos de suposiciones o supuestos inventados, pero ha habido otros más peligrosos: por ejemplo, los médicos del siglo XVIII pensaban que la melancolía se curaba sangrando (o desangrando) al paciente.

Como se ha indicado arriba, lo más novedoso en cuanto a leyendas se refiere es el capítulo de «leyendas urbanas». En realidad, no son más que cuentos o suposiciones sin ninguna base. La más conocida es la de los restaurantes chinos. Según se dice, los chinos en España no se mueren, o al menos no se ven funerales de chinos, ni en los periódicos hay esquelas con nombres chinos, ni en los cementerios hay lápidas con nombres chinos. De modo que ya se puede suponer qué hacen los chinos con sus compatriotas muertos... Como es natural, esto no es más que una falacia que intenta provocar el desprestigio de ciertos establecimientos de hostelería: los restaurantes chinos. Otra leyenda moderna muy conocida es la de los peligros en las alcantarillas: en el último cuarto de siglo hubo una afición singular: la de tener como animales de compañía a serpientes, pirañas, ratas, iguanas e incluso cocodrilos y caimanes. Cuando los propietarios se cansaban de ellos, los echaban a las alcantarillas y hubo muchos que sobrevivieron, de manera que los bajos fondos de las ciudades modernas están plagadas de animales peligrosísimos... Esto también es absolutamente falso. Corre también otra leyenda urbana muy curiosa: de tanto en tanto suele comentarse que en tal incendio, en los bosques de España, se han encontrado los restos calcinados de un submarinista, con su escafandra, sus bombonas de oxígeno y sus aletas para los pies. La extrañeza del suceso es notable porque ¿qué demonios hace un submarinista en los montes o en los campos incendiados? La explicación es tan peregrina como la invención del suceso: se afirma que los hidroaviones que utilizan los bomberos para apagar el fuego habrían succionado al submarinista en un pantano y que, sin reparar en ello, lo habrían dejado caer con el resto del agua sobre las llamas. No será necesario apuntar que esta idea roza lo esperpéntico, ya que los hidroaviones absorben el agua mediante tubos o rejillas por las que un hombre jamás podría entrar. Para concluir con estos ejemplos de leyendas urbanas modernas citaremos una que tuvo un éxito espectacular: todo el mundo sabe que los últimos años de un siglo o de un milenio provocan cierto terror en el hombre; es la sensación de que algo concluye y se tiene la impresión de que hasta la misma vida puede acabarse. Durante los últimos años del siglo XX esta sensación se repitió, como había sucedido en el año 1000, en el 1500 y en el 1900. Naturalmente, no se hablaba de una gran catástrofe que destruyera el mundo, sino de otro mal aún peor: el «Efecto 2000». Consistía en que los ordenadores de todo el mundo, que identificaban las fechas con dos dígitos (por ejemplo: 23.12.99), no sabrían distinguir si las dos últimas cifras (00) pertenecían al año 1900 o al año 2000, que estaba ya muy cercano. Aterrorizados por un colapso informático, los estados, las empresas y las instituciones invirtieron miles y miles de millones en tratar de anular el terrible Efecto 2000. Los agoreros anunciaron que la instalación eléctrica dejaría de funcionar, que no habría gas ni medios de transporte, que las televisiones, los vídeos e incluso los hornos microondas se volverían locos. Muchas empresas informáticas hicieron su agosto. Sin embargo, pocos cayeron en la cuenta de que los sistemas informáticos que señalaban las fechas del año con sólo dos cifras se habían dejado de fabricar hacía muchos años. Por supuesto, nada ocurrió y el mundo siguió rodando como siempre, y el mar siguió donde estaba.

La moderna leyenda de «la chica de la curva» recuerda las tradicionales historias de aparecidos y fantasmas: una muerte cruel y violenta impide que el alma del difunto descanse en paz, y el pobre espíritu anda vagando por los caminos en busca de una persona caritativa que le solucione el problema, bien con misas, bien con venganzas, etc. Durante el romanticismo, las historias de fantasmas tuvieron su apogeo y los eruditos han llegado a siguiente conclusión: los fantasmas sólo aparecen para recriminar, recordar, prevenir o buscar la propia salvación. Desde luego, las historias de espectros han ocupado la actividad de los especialistas en fenómenos paranormales (extraordinarios, sin explicación científica) y se han asociado a otras circunstancias también misteriosas: psicofonías, ovnis, extraterrestres, abducciones, desapariciones, apariciones religiosas, combustión espontánea, etc., etc.

Respecto a la leyenda que ahora se propone es necesario tener en cuenta dos advertencias: uno, la chica de la curva no puede situarse en ningún lugar concreto de la geografía; y dos, las versiones son tantas y tan diferentes que las personas que han tenido esta experiencia la explican de modos muy diversos. En términos generales, es como sigue:

Se dice que cinco jóvenes, dos muchachos y tres muchachas, habían decidido visitar el pueblo vecino. La cosa era que en la pequeña aldea donde estaban veraneando las diversiones eran escasas y el aburrimiento, mucho. Aprovecharon entonces que en una población cercana se celebraban las fiestas patronales y había verbena, tomaron un coche y, con el ánimo alegre y jovial de estas ocasiones, marcharon.

La noche resultó estupenda: los dos varones encontraron guapas mozas con las que danzar, y las tres muchachas bailaron cuanto quisieron con otros jóvenes. Concluida la verbena, los forasteros se despidieron de sus nuevos amigos y tomaron de nuevo el vehículo para regresar a su pueblo. Entre ellos, al parecer, había una muchacha muy hermosa y dulce. Estaba deseosa de encontrarse a solas con sus compañeros porque había tenido oportunidad de bailar con el muchacho más apuesto y amable que jamás viera. Y así lo hizo: cuando estuvieron ya en el vehículo, la jovencita comenzó a hablar de su amado y su corazón se estremecía en el recuerdo. Acaso sus amigos se burlaron un poco, pero como todos tenían buen talante admitieron de buena gana que su compañera estaba verdaderamente enamorada... Y tal vez fue que el conductor se excedió en la velocidad, tal vez que el licor hizo su efecto y mermó los reflejos, tal vez el destino... ¿quién sabe? Lo cierto es que en una curva cerrada, el vehículo se salió de la calzada, giró sobre un costado y, dando vueltas de campana, fue a estrellarse en el despeñadero. El vehículo no tardó en incendiarse y el depósito de gasolina estalló en aquella trágica noche...

Se dice que dos muchachos habían decidido ir a un pueblo vecino. La cosa era que en la pequeña aldea donde estaban veraneando las diversiones eran escasas y el aburrimiento, mucho. Aprovecharon entonces que en una población cercana se celebraban las fiestas patronales y había verbena, tomaron un coche y, con el ánimo alegre y jovial de estas ocasiones, marcharon.

La noche resultó estupenda y los dos varones encontraron guapas mozas con las que danzar. Concluida la verbena, los forasteros se despidieron de sus nuevas amigas y tomaron de nuevo el vehículo. Uno de ellos estaba deseoso de encontrarse a solas con su compañero porque había tenido oportunidad de bailar con la muchacha más hermosa y amable que jamás viera. Y así lo hizo: cuando estuvieron ya en el vehículo, el joven comenzó a hablar de su amada y su corazón se estremecía en el recuerdo. Acaso su amigo se burló un poco, pero como tenía buen talante admitió de buena gana que su compañero estaba verdaderamente enamorado...

Y en ese instante vieron a una chica que hacía auto-stop en la oscura carretera: llevaba un vestido blanco y su mismo rostro parecía tan luminoso como la luna. No dudaron en detener el coche e invitarla a subir. A ambos le pareció que aquella muchacha no era de este mundo, pero le preguntaron de dónde era y cómo era posible que estuviera sola en la carretera. Ella contestó:

—He ido a la fiesta. He bailado con un joven guapo y amable, y mi corazón se ha prendado de él. Pronto nos volveremos a ver y... ¡Detente! ¡Frena! ¡Cuidado!

El joven conductor detuvo el coche y entonces se percató del enorme peligro que había corrido al llevar su vehículo a tanta velocidad. Los dos muchachos quisieron agradecer a la muchacha su aviso, pero cuando giraron la cabeza hacia el asiento de atrás, la joven había desaparecido...

Se dice que tres muchachos habían decidido ir a un pueblo vecino. La cosa era que, en la pequeña aldea donde estaban veraneando, las diversiones eran escasas y el aburrimiento, mucho...

Así, el espíritu enamorado de aquella muchacha avisaba a los conductores desprevenidos del peligro de la curva donde ella perdió su vida. Algunos afirman que esta joven se ha convertido en el ángel de los conductores y que no sólo aparece en la curva donde ella se mató, sino en otros muchos lugares, recordando a los viajeros que la muerte siempre está... demasiado cerca.

Leyendas Religiosas

Ultreia. El Camino de Santiago

Pasando más adelante, vio a otros dos hermanos:
Santiago, el de Zebedeo, y su hermano Juan,
que remendaban sus redes en la barca.
Mateo, 4, 21

Santiago, hijo de Zebedeo y de María Salomé, era pescador, como su hermano Juan. Santiago, llamado el Mayor, fue discípulo de Jesucristo y fue, junto a Pedro y Juan, uno de los tres elegidos para presenciar la transfiguración del Señor, junto a Moisés y Elías. Fue también Santiago, junto a Pedro y Juan, el que conoció el milagro de la resurrección de la hija de Jairo. Y fue Santiago el mismo que le pidió a Jesucristo que, llegado el día de su gloria, lo sentara a la derecha suya y a Juan, su hermano, lo sentara a la izquierda. A lo que Jesús contestó: «No sabéis lo que pedís. ¿Acaso sois capaces de beber el cáliz que yo voy a beber o de ser bautizados con el bautismo que yo voy a recibir?». También Santiago estuvo cerca de su Maestro en el Monte de los Olivos y pudo escuchar, junto a Pedro y Juan, las terribles angustias de Jesucristo: «Mi alma siente tristezas de muerte; quedaos aquí y velad». Y, finalmente, recibió la orden de predicar por todo el mundo la Buena Nueva: le correspondió a Santiago el extremo occidental, esto es, Hispania.

A juzgar por los relatos que han llegado hasta nuestros días, Santiago no tuvo mucha suerte en su predicación: las malas lenguas aseguran que en Zaragoza sólo logró ocho adeptos, y éste fue el lugar donde más discípulos consiguió. Se sabe de cierto que Atanasio y Teodoro estuvieron con él y siguieron sus pasos en la tarea de evangelizar las salvajes tierras hispanas. Tras unos años de infructuosa labor, Santiago regresó a su tierra y allí sufrió el martirio correspondiente. Tal y como se dice en los Hechos de los Apóstoles, fue muerto a espada por orden de Herodes Agripa. Sus amigos tomaron el cuerpo y la cabeza (pues la ejecución los había separado) del apóstol y los colocaron en una barca, echándola al mar sin rumbo fijo. Milagrosamente, la pequeña embarcación llegó en pocos días a las costas de Galicia, cerca del pueblo que hoy se llama Padrón.

Por aquella época gobernaba la comarca una mujer fiera y salvaje, a la que sus súbditos llamaban la reina Lupa, o Loba, famosa por las carnicerías que perpetraba contra los pueblos colindantes. Los pocos cristianos que allí moraban reconocieron al instante el cuerpo de Santiago y quisieron darle un enterramiento digno. Pidieron ayuda a la reina Lupa para trasladar la barca a tierra, pero la salvaje gobernanta no tuvo más idea que la de entregarles dos toros bravos ayuntados en una carreta. A fuerza de milagros consiguieron los cristianos convertir aquellos toros en bueyes, lo cual espantó de tal modo a la reina Lupa que se convirtió a la nueva religión e hizo erigir un templo en honor del Apóstol Santiago. Los cristianos dejaron que los toros-bueyes hicieran el camino como mejor les pareciera, y allí donde se detuvo la pareja de animales, allí construyeron un sarcófago y enterraron el cadáver de su maestro.

Casi ochocientos años más tarde, un piadoso ermitaño llamado Pelagio se hallaba recogiendo hierbas en el bosque llamado de Libredón, cuando un prodigioso resplandor le obligó a detenerse. Fue la curiosidad lo que hizo que Pelagio se acercara con temor a aquel lugar y descubriera que el fulgor milagroso partía de una pobre tumba. Y no tardó en conocer que aquel sepulcro no era otro que el de Santiago Apóstol. El campo de la estrella *(campus stellae)* fue con el discurrir de los años Compostela y sobre aquel lugar se edificó un templo y a su alrededor fueron acumulándose las casas hasta convertirse en lo que es en la actualidad: Santiago de Compostela.

Ésta es, en términos generales, la historia legendaria que suele narrarse para informar a los peregrinos sobre los orígenes de la capital de Galicia. Otras versiones aseguran que fue el obispo de Iria Flavia quien descubrió el lugar del enterramiento y los franceses juraron durante muchos años que tal hallazgo le había correspondido a

Carlomagno, y que éste supo del lugar exacto por una aparición de Santiago, el cual le instaba a seguir el Camino de las Estrellas hasta dar con el sepulcro del Apóstol.

Lo que hay de cierto en esta historia es la inmediata difusión de la noticia: en pocos años toda Europa sabía que en el extremo occidental de Hispania se había descubierto el sepulcro de Santiago, el hijo de Zebedeo, y apóstol de Jesucristo. Fue Alfonso II, llamado *el Casto*, quien erigió en aquel lugar el primer templo románico, cuyas huellas se conservan aún en los cimientos de la catedral de Santiago y pueden visitarse.

Desde tiempos muy tempranos comenzaron las peregrinaciones: los romeros iban a Roma, los palmeros a Tierra Santa, pero sólo eran *peregrinos* los que dedicaban buenos años de su vida a recorrer el duro camino hasta Compostela. Muchos son los personajes que hicieron el Camino, guiados por las estrellas de la Vía Láctea: Luis VII de Francia, Eduardo I de Inglaterra, Carlos V, Felipe II y otros menos conocidos, como el alquimista Nicolás Flamel, del que tanto habla Victor Hugo. Pero de todos los peregrinos, el más famoso es Aymeric Picaud, autor del *Codex Calixtinus*, donde explica al por menor todas las circunstancias del Camino y define con precisión la ruta que ha de seguirse para llegar a Compostela.

El *Codex Calixtinus* recibe su nombre del papa Calixto II, el cual ordenó a su canciller, Aymeric Picaud, que redactara un libro de devoción de Santiago. De tal encargo nació, a mediados del siglo XII, el *Liber Sancti Iacobi*, que incluye el *Libro de las peregrinaciones*, o más propiamente *Liber Peregrinationis*, que es, de hecho, una guía para los devotos que hacían el Camino de Santiago desde Cluny, en Francia, o desde otros lugares de Europa. Los caminos venían a encontrarse en Puente la Reina, en Navarra. Unos peregrinos venían por Jaca y otros, por Roncesvalles. Éste es el llamado Camino Francés. Después, cada cual continuaba el camino como Dios y el Apóstol les daba a entender. Los símbolos de la peregrinación antigua eran la concha o vieira, que aparece en muchos lugares del Camino a modo de guía; el bordón, o cayado, con el cual los caminantes se ayudaban en tan largo viaje; y la calabaza, sustituida en tiempos modernos por la cantimplora. Así, con gran dificultad, se sigue el viaje por Estella, Logroño, Nájera, Santo Domingo de la Calzada, Burgos, Frómista, Carrión de los Condes,

León, Astorga, Rabanal del Camino, Ponferrada, Villafranca del Bierzo, O Cebreiro, Triacastela, Barbaledo, Melide y Santiago de Compostela.

Todos estos lugares, plenos de resonancias históricas y espirituales, puede conocerlos quien decida seguir el Camino de las Estrellas, y más de una vez oirá el saludo de ánimo de los peregrinos: «¡Ultreia!», que viene a decir: «¡Ánimo! ¡Sigue más adelante!»

El motín de la trucha

Ahora vamos a contar el maravilloso suceso que tuvo lugar en Zamora en el año de 1158, siendo rey de León don Fernando II.

El monarca leonés había concedido a don Ponce de Cabrera la gobernación de la ciudad de Zamora. Este individuo, un leonés de mala ralea, infame donde los hubiera, se había convertido en el tirano más despiadado del reino. Era de aquellos cortesanos avispados que se aprovechan del trabajo ajeno y cuyo único interés consiste en medrar a costa de los demás. Mediante argucias y conspiraciones había logrado acceder al poder sobre los zamoranos, cosa que pocos merecen y muchos logran.

No tardó don Ponce de Cabrera en dar verdaderas muestras de su carácter: se reunía con otros nobles de la ciudad y organizaba suntuosas fiestas y orgías en los palacios. Vivía amancebado con tres rameras y su misma mujer se refocilaba con Gómez Álvarez, un señor pendenciero de la ciudad. Por éstas y otras razones, el gobernador de Zamora era conocido como el *señor Cabronera*, y de este modo los zamoranos se burlaban de él.

Pero los ciudadanos comenzaron a sufrir muy pronto las arbitrariedades de don Ponce, porque éste favorecía a los nobles y aumentaba los tributos de manera desproporcionada. Comenzó, por tanto, a surgir el descontento y la irritación contra este hombre. Los pecheros, nombre que se le daba a los artesanos y comerciantes obligados a pagar impuestos, se reunían en gremios y comunidades y trataban de contrarrestar las iniquidades del señor. Pero don Ponce no atendía a sus súplicas: bien al contrario, cargaba contra ellos y aumentaba el valor de las contribuciones cuando le venía en gana.

La gota que colmó el vaso fue el decreto de compras establecido en el año 1158. Según esta ordenanza, el mercado permanecería cerrado para los plebeyos hasta las doce de la mañana y sólo a partir de esta hora podrían realizar sus compras. Lo cual significaba que las mejores piezas de carne y pescado serían para los nobles. De modo que ahí tenemos a los pobres artesanos y mercaderes, esperando ante los soldados a que dieran las doce; mientras, los criados de los señores, con su correspondiente pasaporte, comprarían el mejor pan reciente, las carnes y solomillos de mejor traza, y los pescados y salazones más suculentos. Quedaban para los ciudadanos comunes las mollejas, las babas y los desperdicios.

Puede imaginarse hasta qué punto los zamoranos estaban irritados contra su señor. Pero estas gentes son pacíficas y soportan con paciencia las ignominias y las afrentas que les perpetran. En raras ocasiones se echan a la calle y, por muy fuerte que los azoten, nunca responden porque son de naturaleza humilde. Por esta razón los zamoranos han visto menguar su ciudad con los años, hasta verla convertida en un pueblucho en el que nadie repara, y así, la que fuera capital del reino más importante de la Edad Media, ha venido a ser la mofa y la burla de todos.

Pero volvamos a los tiempos heroicos, cuando los ciudadanos de Zamora aún tenían sangre en las venas y podían rebelarse contra las arbitrariedades y la prepotencia de los señores.

El decreto sobre compras fue más de lo que los zamoranos podían soportar: con todo, hubo quien se ocupó de sosegar a los plebeyos y de convencerlos de que tanto mejor sería callar y ver en qué paraba la cosa. En cierta ocasión, la mujer de un zapatero aguardaba el turno de las doce. Los criados de los señores habían ya realizado sus compras y habían dejado el mercado limpio de las mejores piezas. Cuando el reloj dio las doce, los pecheros y los plebeyos entraron en el recinto del mercado y comenzaron a comprar lo que buenamente encontraban. La mujer del zapatero visitó el puesto de un pescadero y éste le ofreció una estupenda trucha a buen precio, de modo que cerraron el trato. Pero cuando la zapatera iba a meter su compra en la cesta, vino el criado de don Gómez Álvarez y dijo que aquella trucha le pertenecía. A pesar de las súplicas y las reconvenciones de todos los testigos, el criado afirmó que la trucha era suya y que se la llevaba; y más: que si tenían algo que decir, que fueran a hablar con su señor o con don Ponce, el gobernador.

Los pecheros hicieron comisión y fueron al palacio de don Ponce para pedirle cuentas, pero éste los hizo azotar y fueron expulsados y vejados. Entonces, los ciudadanos de Zamora urdieron la revolución y salieron a la calle con teas ardientes, hoces y guadañas. Asaltaron los palacios y colgaron a muchos nobles; otras casas señoriales fueron asadas con fuego y a muchas damiselas se le cortaron las haldas como a las prostitutas. Los enfurecidos ciudadanos llegaron a quemar los silos y los almacenes, y no les importaba que ellos mismos llegaran a pasar hambre durante los próximos meses.

Los nobles y algunos señores que habían podido escapar se refugiaron en la antigua iglesia de San Román, porque según las leyes universales, nadie puede entrar en las iglesias y cometer sacrilegio de violencia. Pero los ánimos estaban exaltados: bien sabían los zamoranos que los clérigos estaban contentos con don Ponce, *el Cabronera*, y que el obispo y sus secuaces se habían aprovechado de la tiranía del señor para vivir como reyes, a costa del pueblo. De modo que no respetaron la ley y cercaron la iglesia de San Román, donde se habían guarecido don Ponce y los suyos. Pasaban las horas y las antorchas refulgían en torno al templo: algunos pecheros llevaron carros de paja y cubrieron la iglesia con el ánimo de hacer un horno en la iglesia, y asar vivos a todos los infames nobles.

A punto estaban de prender fuego a la iglesia cuando, de pronto, vieron salir por una ventana saetera las hostias consagradas: ¡las figuras divinas volaban verdaderamente! En esto vieron los zamoranos un milagro y comprendieron que el Señor abandonaba a los tiranos y se ponía de parte del pueblo humillado. Las hostias volaron por el cielo y fueron a refugiarse en una custodia cercana. Y cuando todas las hostias hubieron salido, los zamoranos prendieron fuego al templo y todos aquellos miserables murieron calcinados dentro.

Don Fernando rey de León se enojó mucho con Zamora, porque no habían respetado la ley de la iglesia y habían atentado contra don Ponce de Cabrera, favorito suyo. Pero los pecheros hicieron nuevamente comisión y se llegaron a la corte, que estaba en León. Allí expusieron al por menor todo lo que había sucedido y cuán injusto fue don Ponce con el decreto de compras. Sin embargo, el monarca les dijo que no tenía potestad para perdonarles y que pidieran penitencia al Papa de Roma. Se enviaron cartas y, al cabo de pocos meses, llegaron noticias del Santo Padre. Éste les decía que habían actuado de muy mala manera, aunque si las hostias habían volado... el pecado era menor. Mas como habían destruido una iglesia, se les ordenó que bajo presupuesto de la ciudad de Zamora se hiciera construir un nuevo templo, que llevaría por nombre el de la Virgen. Y con este motivo se les enviaba algunos objetos que deberían colocar en la nueva iglesia.

Los zamoranos, devotos y píos, levantaron en pocos años la iglesia de Santa María, llamada *la Nueva*, por estar emplazada sobre las cenizas de la que quemaron con motivo del Motín de la Trucha.

La peregrina

–¿Dónde va la romerita
tan sola por esta tierra?
–A Santiago de Galicia
voy cumplir una promesa.
Romance tradicional

—Hace muchos, muchos, muchos años –decía el abuelo a su nieta–, había en Castilla un rey. Puedes creer, hija, que era un rey poderoso: tenía su castillo con sus almenas; sus guardias con sus lanzas; y sus establos con sus caballos. Pero este rey que te digo tenía una pena, y era que no tenía esposa. Durante muchos años estuvo buscando una jovencita amable, dulce y hermosa, pero las damas que encontraba eran ásperas, crudas y feas como el alma del diablo. El caso es que con ninguna se sentía complacido, y pasaba las noches en vela porque... ¡claro! Mira tú un rey sin reina y sin príncipe, ¿quién iba a heredar el castillo y el trono?

»El caso es que un día que estaba paseando en los alrededores de su fortaleza, el rey vio venir por el camino a una romerita. Era la muchacha más preciosa que había visto jamás, y se enamoró de ella en cuanto la vio. Cuando la joven peregrina llegó hasta la fuente, el rey la saludó con gran cortesía y le ofreció un poco de agua. La viajera le sonrió con ojos brillantes y agradeció su interés.

»Tan ensimismado estaba el rey con la belleza de la romerita que apenas podía decir nada, pero al fin, armándose de valor, le preguntó dónde iba y cuál era la razón de su peregrinaje. La muchacha contestó que iba a Santiago de Compostela, a visitar al Apóstol. El rey no dejó pasar la oportunidad y ofreció a la muchacha su palacio: "Ven a comer a mi mesa" le decía; "en mi castillo podrás descansar y más adelante continuarás tu viaje, que Santiago no ha de moverse de donde está".

»Esta proposición tan vulgar molestó mucho a la romerita, porque era una ofensa al Apóstol. Y más: que la viajera supo entonces que las ideas del rey estaban en otro lugar, y que no quería que descansara, sino que le hiciera compañía y que entraran en amores. De modo que, un tanto irritada, la romera contestó: "Yo se lo agradezco, buen rey, como si fuera mi hermano, pero he de cumplir mi promesa". Y continuó su camino.

»El rey volvió a su palacio furioso. No comprendía que una muchacha pobre, aunque hermosa, despreciara la mesa de un monarca por un camino lleno de peligros y molestias, aunque éste fuese el mismísimo Camino de Santiago. Apartó su plato y expulsó de su presencia a todos los lacayos que le atendían. Sólo permitió que un paje suyo, muy querido, permaneciera en la estancia. El paje, como muchacho discreto, preguntó al rey cuál era la causa de su enojo. "Ved a esa moza que va por el camino" dijo el monarca. "Pues no ha querido comer en mi mesa. ¿No soy yo el rey? ¿No se me ha de complacer en todo?" El paje afirmó que así debía de ser y pidió licencia para ir tras la muchacha y demandarle que hiciera lo que el rey había pedido: que subiera al castillo y comiera con él.

»Corrió el paje tras la romerita y la encontró bajo un árbol, peinándose el cabello, que era rubio como el oro. "El rey manda que vengáis a palacio" dijo el paje. "Sabed", continuó, "que mi señor es el amo de estas tierras y manda sobre todos sus vasallos, y por tanto habéis de obedecerle". La romerita miró al paje con enojo y le contestó del siguiente modo: "Decidle al buen rey que si él es rey de sus vasallos, yo lo soy de los cielos y de la tierra".

»Entonces, una nube se abrió en el cielo y se pudo oír una terrible voz que dijo:

Mal año para los hombres
y el fado que Dios le diera,
que se quieren namorar
n'a bendita Madalena.

»El paje se hincó de rodillas, aterrorizado por la profunda voz que había herido los aires y comprendió que Dios mismo protegía a aquella romerita: "Si sois señora del cielo y de la tierra, romerita, rogad a Dios por mí".

»La peregrina tomó su bordón, su calabaza y su capa aguadera y siguió su camino, no sin antes prometer al paje que, en efecto, él y toda su descendencia estaría bendecida por el Señor.

—¿Y la peregrina era María Magdalena, abuelo? -preguntó la niña.

—Sí.

—¿Y qué hacía María Magdalena en Castilla, abuelo?

—Pues hija, a punto fijo... no lo sé. Pero dicen que la Magdalena no tuvo una juventud muy piadosa y que anduvo enredada en muchos amoríos... Y cuando Jesús murió, estuvo llorando amargamente y se arrepintió mucho de su vida pasada, ¿sabes? También he oído que estuvo por esos caminos vestida de peregrina en penitencia por los pecados que había cometido. Por eso se dice que "No está la Magdalena para tafetanes": los tafetanes son las sedas y los vestidos de fiesta. Es de suponer que el rey dio con la Magdalena cuando ésta andaba en peregrinación y que la mujer ya no tenía muchas ganas de amores y cortesías.

—¡Ah! -respondió la nieta, admirada por la sagacidad de su abuelo.»

Santo Domingo de la Calzada
y la gallina que cantó después de asada

Santo Domingo no tiene en la actualidad mucho predicamento, pero en tiempos remotos fue uno de los santos más venerados y queridos. La lista de milagros que se deben a su intercesión son innumerables y a partir del siglo XI su nombre aparece en muchos lugares, relacionado con sucesos prodigiosos.

Al parecer, Santo Domingo era natural de Viloria, en la actual provincia de Burgos, y su oficio era el de pastor de ovejas. La inspiración divina le llegó en plena juventud y pidió que se le admitiera en el monasterio de San Millán, pero su petición le fue denegada. También intentó que se le acogiera en el de Valvanera, pero también allí le dijeron que no. Estos desplantes le obligaron a convertirse en ermitaño y durante muchos años vivió alejado del mundo en los bosques del río Oja. Por aquellos años había gran afluencia de peregrinos: unos venían de Francia y Alemania, y otros eran aragoneses, navarros o catalanes. Las tremendas penalidades que sufrían los viajeros llenaban de lástima el corazón del ermitaño y decidió dedicar su vida a curar y cuidar a los devotos del Apóstol Santiago. Se dice que él solo, sin más ayuda, taló bosques y desbrozó senderos, de modo que los viajeros pudieran pasar de Nájera a Redecilla con más comodidad. También, según los habitantes de la zona, Domingo hizo levantar hospitales e iglesias donde los peregrinos podrían descansar en su lento periplo hasta Compostela.

Durante los noventa años que Santo Domingo estuvo en este valle de lágrimas, no hizo más que buenas obras y en todo su conducta fue irreprochable. Sus milagros, como se ha dicho, se cuentan por cientos. Se dice que con motivo de la construcción del puente sobre el río Oja, el Santo cortó con su mano dos encinas muy gruesas, con las que se pudieron fabricar los andamios necesarios. En cierta ocasión resucitó a un operario que había muerto bajo las ruedas de un carro; y también se añade una historia muy semejante a la de la reina Lupa en Galicia: dicen los libros que un señor de la comarca quiso burlarse de su buena fe y que le regaló dos toros bravos para que los ayuntase en un carro de labor. Santo Domingo amansó a las dos fieras y los toros fueron amarrados al yugo de muy buena gana, y sirvieron para los trabajos que el Santo llevaba a cabo en aquellas tierras. Al Santo se le tiene también por protector de los cautivos y encarcelados y se asegura que bajo su influjo han quedado libres muchos presos que solicitaron su auxilio.

Santo Domingo murió, según las cuentas, en el año 1109 y fue enterrado en una antigua iglesia donde los peregrinos descansaban y oraban. Sobre esa misma iglesia se construyó después la actual catedral de Santo Domingo de la Calzada y en sus alrededores fueron acomodándose familias hasta convertirse aquel lugar en la hermosa ciudad que es hoy. Se denomina la *Compostela riojana*, porque es uno de los emplazamientos más importantes de la ruta jacobea.

El milagro más popular de todos los realizados por Santo Domingo es el de las gallinas asadas y, según los cronistas, tuvo lugar el 3 de octubre del año 1400 (aunque esto es mucho afinar). La historia es como sigue: se dice que por aquellas fechas llegó a Santo Domingo de la Calzada un peregrino llamado Hugonell, hijo de una de las familias más piadosas de Colonia, en Alemania. Se alojó este joven en la posada y quiso descansar porque al día siguiente emprendería de nuevo su viaje hacia Burgos, León y Villafranca, hasta llegar a Compostela. El caso es que la moza de la posada se encaprichó del forastero y lo requirió de amores, pero el peregrino se negó una y otra vez y no quiso yacer con ella ni prodigarle sus caricias. Enojada y despechada, la moza cogió una copa de plata y la ocultó en el zurrón de Hugonell; después se fue a casa del corregidor y acusó al alemán de haber robado la vajilla de la posada.

Ya salía del pueblo Hugonell cuando varios corchetes le salieron al paso y, registrando su zurrón, descubrieron en él la copa de plata. De nada valieron las excusas del joven peregrino: fue encarcelado y le dieron suplicio durante siete días. Al cabo, el corregidor mandó que se le ahorcara en la plaza.

Los padres de Hugonell habían venido desde Alemania por ver si podían evitar tan duro castigo, pues creían a su hijo inocente. Pero el corregidor no les recibió ni quiso saber nada del asunto. De modo que, llegada la hora del ajusticiamiento, el verdugo tiró de la cuerda y Hugonell quedó suspendido en el aire. Obró entonces el milagro Santo Domingo y sostuvo al condenado por los pies, evitando su muerte. Los vecinos estaban asombrados y los padres del reo, aún más.

A grandes zancadas se dirigieron todos a casa del corregidor, que en aquellos momentos se disponía a cenar. «Vea el señor corregidor, vea», le dijeron los padres del muchacho. «Nuestro hijo es inocente y el mismo Santo ha impedido que muera: vivo está en la horca.» El corregidor soltó una gran carcajada y se burló de los piadosos alemanes:

—Sí, sí. Vuestro hijo está tan vivo como la gallina asada que me voy a zampar...

Y en ese instante, a la gallina que estaba en la bandeja comenzaron a salirle plumas y comenzó a cacarear y a cantar con gran alegría. Y se asegura que incluso puso un huevo en una copa. Y por esta razón se dice: *Santo Domingo de la Calzada, donde cantó la gallina después de asada.*

En el mausoleo de la catedral de Santo Domingo puede contemplarse una figura del Santo con una gallina a cada lado; y en el muro junto al sepulcro se observa un gallinero labrado en piedra, con pinturas de gallinas a izquierda y derecha. El viajero podrá ver en este lugar un gallo y una gallina vivos, que recuerdan el famoso milagro que se acaba de relatar.

No obstante, otras versiones remontan el milagro a tiempos muy anteriores: los tiempos de la Reconquista. Se afirma que en aquella época los moros habían apresado a un caballero muy piadoso y que se le había encerrado en la carcel con mil cadenas. El caballero cristiano rogó a Santo Domingo, como patrón de los prisioneros que era, y le pidió encarecidamente que lo libertara. Tantas voces dio y tantas súplicas profirió que los guardianes moros acabaron por creer que el Santo vendría y desataría al cristiano. Un vigilante atemorizado se fue a su capitán, que en ese momento se disponía a comer un gallo asado, y le dijo: «Señor, el prisionero está pidiendo a Santo Domingo que lo libere; y lo hace con tanto fervor que por fuerza el Santo ha de venir y acabará salvándolo». El capitán moro tuvo mucho gusto en esta ocurrencia y se divirtió con grandes risotadas: «Por fuerza ha de ser como dices, ja, ja, ja... Pero más fácil es que este gallo que tengo delante comience a cantar, que el prisionero pueda librarse de mis cadenas». Mas en ese preciso instante el gallo cobró vida, le nacieron plumas y comenzó a cantar con gran alegría. Todos quedaron sobrecogidos y aterrorizados, pero el espanto llegó a locura cuando vieron que las puertas de la prisión estaban abiertas y las cadenas, rotas en el suelo. Los eruditos afirman que el capitán y sus soldados se convirtieron al cristianismo y que entraron a servir en un monasterio cercano, pero esta última circunstancia no está probada.

San Isidro Labrador

Del aldeano llamado Isidro Merlo y Quintana se cuentan tantas leyendas e historias que resulta difícil resumir su vida en breves párrafos. Este Isidro era natural de Madrid y perteneció a una de las muchas familias de agricultores que poblaban los arrabales de Magerit: éste era el nombre que los árabes habían dado al pequeño villorrio amurallado que, con el tiempo, acabaría siendo la inmensa urbe que es hoy. Dice don Luis Carandell que la casa de sus padres estaba, seguramente, en los alrededores de la Puerta del Sol o en la actual calle de Bordadores, lugares que en aquellos años eran huertas, campos y tierras de labor. Durante mucho tiempo la familia Merlo estuvo sirviendo a don Juan de Vargas, llamado en ocasiones Iván de Vargas, y los curiosos visitantes de Madrid pueden ver en la calle del Doctor Letamendi (antes calle del Tentetieso) una estela que asegura que en aquella casa vivió el santo patrón de la Villa.

La piedad de Isidro era bien conocida entre sus convecinos. Se dice de él, por ejemplo, que abandonaba el catre a las cuatro de la mañana y que, con gran devoción, iba de iglesia en iglesia, orando y pidiendo a Dios por su alma. Completaba el itinerario con algunas excursiones a ermitas cercanas y con rezos en los campos. Esta religiosidad extrema le propició algunas envidias y no faltaron malvados que se acercaran a su amo, don Juan de Vargas, para insinuarle que Isidro pasaba más tiempo en devociones beatas que en el trabajo. No se sabe que el dueño reprendiera al agricultor; más bien lo contrario. Daba la casualidad de que, a pesar de sus extravíos, Isidro era capaz de recoger más trigo él solo que todos los arrendadores juntos.

A pesar de las envidias, muchos labriegos conocían ya que Isidro había sido elegido por el Señor. En cierta ocasión se hallaban varios hortelanos lamentándose de la falta de agua con que regar sus lechugas: vieron pasar a Isidro y le rogaron que intercediese ante Dios para que lloviera pronto y pudieran sacar adelante a sus familias. Ni corto ni perezoso, el santo hizo brotar agua de una peña y aquel año hubo frutos más que abundantes. Se dice también que, bajando al Manzanares, Isidro se topó con una niña llorando. Era porque un lobo había matado a su burro y la pobre moza temía la reprensión de sus padres, porque ese animal era cuanto poseía la familia. Isidro resucitó al burro, que se levantó roznando con gran alegría.

Isidro acabó casándose con María Torribia. De ambos se afirma que pasaron el río sobre una mantilla. Los madrileños no saben si atribuir este prodigio al marido o a la esposa, pero, por si acaso, acabaron canonizando a María, que fue desde entonces Santa María de la Cabeza.

Con todo, el prodigio más conocido y famoso de los que le acontecieron a Isidro fue el que se narra a contunuación: se dice, con cierta verosimilitud, que el piadoso labrador había desatendido un tanto sus tierras, precisamente porque se ocupaba más de orar que de trabajar. Había llegado ya la primavera y, con ella, los primeros calores. Por entonces, ni siquiera había empezado a airear la tierra, que parecía más un baldío que campo de labranza. Naturalmente, tampoco había podido sembrar y, con toda seguridad, aquel año no tendría cosecha.

Isidro llegó al campo y, como era su costumbre, en vez de meter la reja en la tierra, se arrodilló y comenzó a orar bajo una encina. Al menos tres horas estuvo pidiendo a Dios por su alma y, llegado el mediodía, cayó rendido y se durmió profundamente.

Dios, que prefiere con mucho una devota oración que mil años de trabajos, no permitió que Isidro fuera amonestado por este desdén, ni que el resto de trabajadores le acusaran de holgazanería. Desde las alturas, el Señor observó cómo los labradores veían a su siervo tumbado bajo la encina y cómo decían:

—Mirad a Isidro: toda la mañana ha estado holgazaneando. Tiempo vendrá en que nos pida trigo para hacer pan...

Viendo esto, Dios envió a dos ángeles y mandó que hicieran el trabajo de Isidro, mientras éste descansaba. Los ángeles ayuntaron dos bueyes blancos como la nieve y amarraron un arado con reja de oro. Y en poco tiempo, todas las tierras de Isidro estuvieron aireadas con surcos tan perfectos que jamás se vieron otros iguales. Después, los propios ángeles esparcieron semillas en la tierra y sembraron el campo con trigo. Aún no había despertado el devoto siervo del Señor cuando las semillas germinaron y comenzaron a crecer: venían todas tan cargadas de fruto que algunas se doblaban y se tendían; y la más ligera brisa las acostaba. Cuando el Santo se desperezó, los campos brillaban con el color dorado de las mieses y todo el campo parecía un mar de oro. Aquí y allá se podían ver amapolas que daban colorido y gusto a quien lo miraba.

Isidro no tuvo más que coger la hoz y segar aquel campo maravilloso, pero antes oró de nuevo ante su Dios, agradeciéndole los bienes que le deparaba. Todo esto lo vieron muchos labriegos que, arrepentidos de su incredulidad, conocieron que aquel hombre al que habían insultado era verdaderamente un elegido del Señor.

Según las cuentas, Isidro murió cerca del año 1170 y fue enterrado en el cementerio de San Andrés, aunque después su cadáver incorrupto fue trasladado a otros lugares, hasta que vino a parar definitivamente a la basílica que lleva su nombre, en la calle de Toledo.

Nuestra Señora de Atocha

Dos vírgenes hay en Madrid que son la gloria y la alegría de los capitalinos. La primera es la Virgen de la Almudena, y la segunda Nuestra Señora de Atocha.

Los madrileños, como se ha dicho, son fervientes devotos de la Almudena, y sólo lamentan que su imagen no pueda tener un templo como el de León, Burgos o Sevilla, y se haya tenido que conformar con una iglesia gris junto al Palacio Real. Merecería la Virgen un recinto un tanto más aseado y hermoso, sobre todo si se tiene en cuenta la maravillosa historia que se cuenta de ella.

Se dice que los piadosos habitantes de Madrid, antes de que los moros invadieran la Península, sentían veneración por la Madre de Dios. Por entonces, la Villa no era no era más que un villorrio y los sarracenos, en su imparable avance, no tardarían más de cuatro días en hacer ondear la media luna en lo alto de las murallas. Nada temían más los madrileños que el furor árabe y, con sumo cuidado, extrajeron unas piedras de un cubo en la muralla y construyeron allí una hornacina. Allí depositaron a su Virgen y colocaron dos velas, una a cada lado de la imagen. Con gran dolor procedieron a emparedar su imagen divina, haciendo correr entre las gentes dónde y cómo se había ocultado la talla.

El caso es que, como era previsible, en pocos días Madrid fue territorio moro y los cristianos tuvieron que sufrir este estado durante casi tres siglos. Sin embargo, la devoción hacia su querida Virgen permaneció viva: de padres a hijos y de madres a hijas se fue transmitiendo el emplazamiento de la imagen, de modo que todos los habitantes del pueblo, excepto los moros, sabían dónde estaba la Almudena.

A principios del siglo XI el rey Alfonso VI, conocido como el rey de la mano horadada, recuperó para la Cristiandad el pueblo de Madrid. Con grandes vítores fue recibido por los aldeanos y, en lo que pudieron, honraron al rey de Castilla y León con una cazuela de garbanzos y caldo de gallina. El rey vio el lamentable estado de aquellas gentes y quiso hacer algunos progresos en la aldea. Para ello, ordenó derribar las murallas y alzar unas mejores y más fuertes, al estilo de las de Castilla. Pero los madrileños protestaron ardientemente, y decían que en algún lugar de aquella muralla estaba escondida la Virgen y que los trabajos deberían hacerse con mucho cuidado. Don Alfonso meditó con preocupación: en ningún caso la ciudad debería quedar sin fortaleza durante mucho tiempo, porque los moros podrían volver y hallar Madrid sin defensa.

Sucedió entonces el milagro: de un cubo de la muralla se desprendieron varias piedras, y quedó a la vista la gloriosa imagen de la Virgen, con las dos candelas ardiendo, tal y como la colocaron trescientos años antes.

Con ser sorprendente la tradición de la Almudena, no es comparable a la que se cuenta de Nuestra Señora de Atocha.

San Lucas, como se sabe, era uno de los cuatro evangelistas. El Evangelista no conoció a Jesús, pero supo de Él por Pablo. Lucas era médico, nacido en Antioquía de Siria, y viajó con Pablo y Pedro por muchos lugares de la Antigüedad difundiendo la Buena Nueva. Nicodemus o Nicodemo era un fariseo, alto dignatario de los judíos, que interrogó a Jesús en el Templo y le preguntó cómo podía nacer de nuevo quien era viejo, y si un hombre podría entrar de nuevo en el seno de su madre. A lo que Jesús respondió:

—Lo nacido de carne, carne es; y lo nacido del Espíritu, espíritu es.

Muchas otras cosas le dijo Jesús a Nicodemus y éste comprendió que verdaderamente Aquel era el Hijo de Dios. Lo defendió en los tribunales judíos y, después de ser crucificado, llevó a su sepulcro una mezcla de mirra y áloe para honrarlo.

Dicen los historiadores que Nicodemus recordaba continuamente las palabras del Maestro y que quiso purgar su impertinencia haciendo una talla de la Virgen María. Para ello pidió ayuda a San Lucas y juntos se pusieron manos a la obra. Cuando estuvo terminada, la imagen fue llevada a Antioquía y, desde allí, algún apóstol la trajo a Hispania. Aunque en este punto los eruditos no se ponen de acuerdo, es plausible que fuera el mismísimo Santiago o San Pablo, o quizás alguno de sus discípulos.

Fuera como fuese, lo cierto es que la imagen de la Virgen vino a parar a Madrid. Durante muchos siglos los madrileños veneraron a la Madre de Dios y tenían por ella un especial fervor. Pero, como sucedió con la Almudena, los habitantes del pueblo vieron que los sarracenos estaban muy cerca y que pronto el pueblo se vería ocupado por las huestes moras. No dudaron entonces, y bajaron a los descampados con la estimada talla. Cuando creyeron que el lugar era seguro, excavaron un hoyo y allí dejaron a la Virgen, cubierta por unas tochas o atochas, que era la hierba de maleza propia del lugar: no en vano, aquellos pantanales se conocían con el nombre de Las Atochas, por ser esa planta la más abundante.

Al fin llegaron los moros y sometieron a la población sin ninguna resistencia. Castilla estaba por entonces tratando de hacer retroceder a los árabes y durante mucho tiempo no se pudieron acercar ni a Madrid ni a Toledo.

Pero al cabo de trescientos años, los nobles castellanos habían pasado el Duero y habían subido las cumbres de Navacerrada. Desde allí podían ver el lugarejo que llamaban Madrid y no tardaron en ponerle cerco. Durante muchos años los castellanos pensaron si valdría la pena arriesgar sus vidas por un lugar tan miserable y acampaban cerca sin decidirse a dar la batalla definitiva.

En aquella época vivía en Rivas un caballero llamado Gracián Ramírez, conocido en los contornos por ser hombre leal, valiente y muy piadoso. Este Gracián Ramírez estaba enojado con los castellanos porque no se decidían a atacar la ciudad y él, por su parte, no contaba con soldados suficientes.

En una ocasión, estaba Gracián Ramírez paseando con su escudero por los alrededores de Madrid, viendo cuál sería el mejor modo de asaltar la muralla: el caballero sentía gran amargura porque él era natural de Madrid y le dolía en el alma ver su pueblo sometido al imperio de la media luna. En esto, el escudero se topó con un hoyo en el suelo y, preguntándose qué se escondería allí, dieron con la imagen de la Virgen. Gran contento tuvo don Gracián, que era muy piadoso, y ordenó a sus soldados que abandonaran cuanto estaban haciendo para venir a adorar a la Madre de Dios. Al cabo, hizo construir una pequeñísima capilla, a la que se le dio el nombre de la Virgen de las Atochas.

Ya había pasado un año cumplido, y los castellanos aseguraban que no asaltarían Madrid hasta que el rey Alfonso VI no llegara al campo y no diera las órdenes oportunas. Por su parte, don Gracián no podía soportar tanta tardanza y se encomendó a su imagen más querida: fue a orar y hasta bien entrada la noche no salió de la capilla. En sus mientes estaba combatir a los moros con sus pocas fuerzas: o liberaba Madrid, o moría en el lance con todos sus hombres. Sólo temía por su amada esposa y sus hijas...

—¿Qué será de ellas si yo muero? ¿Qué escarnios no harán los perros infieles si mi cuerpo queda inerte en la batalla?

Atormentado por estas dudas, Gracián Ramírez tomó una trágica resolución: volvió a casa y con su propio puñal degolló a su esposa y a sus dos hijas. Anegado en llanto, salió hacia sus cuarteles y ordenó que a la mañana siguiente se hallase todo el mundo bien dispuesto, porque, de una vez, iban a asaltar la plaza de Madrid.

Así se hizo; y a pesar de los pocos soldados que iban con él, Gracián Ramírez logró clavar su pendón en lo alto de la muralla. Gran carnicería hubo en aquel suceso y si los muertos cristianos se contaban por cientos, los de los moros se contaban por miles. Los castellanos, que vieron la gesta desde un otero cercano, se hacían cruces y admiraban el generoso valor de don Gracián y los suyos. Durante horas la batalla fue encarnizada y la sangre resbalaba por la muralla como torrentes de fuego. Allí miraba el rey Alfonso y, enardecido por el valor de don Gracián, ordenó a los suyos que atacaran por el norte. Ya desfallecían los soldados de Ramírez, más éste alentaba sus corazones al grito de: «¡A ellos, mis valientes, a ellos; que la Virgen de Atocha nos protege!». En esto, el rostro de los moros palideció: a su espalda vieron erigirse el pendón de Castilla y León y temblaron. Ni un solo sarraceno salió con vida de aquella batalla: burgaleses fieros, leoneses de brío, zamoranos escogidos y palentinos de hierro avanzaron con las espadas bruñidas... y Madrid fue tomada por fin. Con el honor debido se tomó el pendón de Gracián Ramírez, que había caído por el suelo, y se levantó en señal de victoria.

Todo fue alegría en la ciudad y el rey ordenó que se hicieran grandes fiestas... pero Gracián Ramírez tenía una pena honda en el alma, porque, en su precipitación e imprudencia, había dado muerte a su mujer y a sus hijas, y no había confiado en el poder de la Virgen, aquella misma Virgen a la que tanto había rezado. No quiso celebraciones ni festejos, y salió del recinto con algunos de los suyos: aún quería pedir perdón a la Virgen de Atocha por su necedad, y al cabo iba llorando y lamentando su suerte. Los que lo vieron salir decían que inspiraba compasión y sus mismos soldados llevaban los ojos arrasados en lágrimas.

Pero Nuestra Señora de Atocha no abandona jamás a los suyos y, cuando Gracián Ramírez entró en la capilla, pudo ver a su mujer y a sus hijas resucitadas y vivas: con gran alegría corrieron las tres hacia él, colmándolo de besos y abrazos. No menor era la dicha del caballero, que no quiso perder un instante y se arrodilló ante la imagen de su benefactora, dándole las gracias más efusivas y plenas de devoción.

Para que nunca olvidara el caballero su imprudencia, la Virgen permitió que su esposa y las dos niñas llevaran durante el resto de sus días la huella de aquel injusto crimen, y una cicatriz blanca en el cuello de sus seres queridos le recordaba a don Gracián que siempre se ha de confiar en Nuestra Señora de Atocha.

El suceso se supo en todos los lugares cristianos y, corriendo el tiempo, acudían a la ermita muchos romeros y peregrinos, por lo cual la casa de los Ramírez hizo levantar allí un hospital para acogerlos y después otros edificios. Con gran felicidad se sucedieron los hijos y los nietos de aquel buen Gracián Ramírez, hasta llegar a ser los condes de Bornos. Por desgracia, ya nada queda de aquella milagrosa ermita y en aquellas atochas hay en la actualidad una estación de ferrocarril.

Ramón Llull

> Quan fui gran e sentí del món sa vanitat,
> comencé a far mal e entré en pecat,
> oblidant Déus gloriós, siguent carnalitat;
> mas plac a Jesucrist, per sa gran pietat,
> que·s presentà a mi cinc vets crucifigat...
> Ramón Llull, *Lo desconhort*

Ramón Llull (1235-1316) es uno de los intelectuales místicos más relevantes de la Edad Media europea. Su vida, expuesta en *Lo desconhort* y en el *Cant de Ramón*, ha interesado siempre por la diversidad de acontecimientos que la jalonaron. Desde su juventud, al parecer disoluta, sus cargos oficiales, el misterio de su conversión, sus largos peregrinajes a Santiago, Roma y Jerusalén, o su labor misionera en el norte africano, hasta su muerte en Bujía, donde fue torturado y martirizado, todas sus andanzas son dignas de un verdadero héroe místico. Respecto a su obra, la influencia de su pensamiento se extendió rápidamente por los reinos hispánicos y marcó un hito en la literatura española: sus huellas pueden encontrarse en don Juan Manuel, pero se extienden en el tiempo hasta Garcilaso y la poesía religiosa del barroco.

Lo que aquí nos interesa, particularmente, es la aparición de la conciencia religiosa en Ramón Llull, es decir: lo que suele llamarse la «conversión» de Ramón Llull. No es que el joven Ramón fuera ateo o agnóstico, o practicara alguna de las innumerables herejías medievales; más bien se trata de un giro radical tanto en su pensamiento como en sus actos.

Según el propio autor, «conoció, cuando joven, la vanidad del mundo», pero ello no sirvió para que despreciara los placeres mundanos; antes al contrario, dichos placeres ocupaban toda su existencia. Hijo de familia noble, los cargos oficiales le permitieron dedicarse al cortejo y a los amores. La «carnalidad» era para él una delicia y no pasaba día en que no asaltara a una moza hermosa con la que gozar los placeres de las caricias y los besos. Ramón estaba amparado por su nombre y por el poder que se le había otorgado, de modo que el ludibrio era su pasión: las camareras de palacio ya conocían sus argumentos, las damas de la Ciotat le abrían sus puertas, las dulces pescadoras de s'Arenal ardían de pasión, y las hortelanas, desde Ratjada hasta Deià traían sus flores perfumadas hasta la torre de Ramón. Y no por eso dejaba desatendida a su esposa.

La vida de nuestro protagonista era, pues, bastante ajetreada y, fuera de las obligaciones cortesanas, el día lo dedicaba al fornicio y la noche a la lujuria. Y no es extraño que los clérigos no lo reprendieran ni hicieran nada por corregir su conducta, ya que participaban asiduamente en las orgías y bacanales que el impenitente Llull daba en su casa. Se llegaron a contar cuarenta mozas en cueros, incluida la esposa del amo, para Ramón, el obispo y un sacristán. En fin, inútil será proseguir con una materia tan pecaminosa y que tanto disgusta a los lectores piadosos.

Cierto día, al parecer, mientras Ramón caminaba junto al mar vio pasar a una dama a la que no había visto antes en la ciudad. Era tan hermosa que se juró no haber visto nada igual en lo que llevaba de vida. Mientras observaba con detenimiento su pelo ensortijado, su rostro angelical, sus ojos verdes como el agua de las calas, su talle cimbreante, su piel nacarada... Ramón se preguntaba cómo era posible que aquella belleza viviera en su misma isla y no hubiera reparado en ella.

Desde aquel encuentro, Ramón apenas podía pensar en otra cosa que no fuera aquella cintura y aquellos labios. Al palacio llegaban los escribanos para notificarle los asuntos ciudadanos, pero él renegaba de todos y no les prestaba atención. Hasta él llegaban hermosas damas en busca de consuelo, pero él las apartaba de su vista y no quería más mujer que aquella que había visto en la playa... A todos preguntaba, a todos inquiría, mas nadie le daba razón de ella. Salía a la calle como desesperado y buscaba febril en las posadas, en las tabernas, en los claustros y en los palacios. Pero nunca la hallaba. Fue por los caminos, por los acantilados, por las montañas y las huertas, mas en ningún lugar la pudo encontrar.

Ya estaba a punto de rendirse, pensando que había sido fantasía o imaginación, cuando, al cruzar frente a la iglesia de Santa Eulalia, se topó con ella. ¡Era ella, sin duda! ¡Su mismo pelo, sus mismos ojos, su misma boca hechicera! La tomó por el brazo y ni siquiera se detuvo a pensar en el crédito público: si por él fuera, allí mismo la gozaría. Pero la dama se zafó y huyó hacia el interior del templo. Ramón la siguió con gesto lascivo y penetró en la iglesia acorralándola en una capilla junto al altar... Los ojos de Llull desprendían fuego y pasión, y ya ceñía a la joven por el talle cuando ésta, girándose, comenzó a desenlazar el cordón de su corpiño... ¡Oh, qué gloria! ¡La hermosa iba deshaciendo el divino entrelazado y dejaba ver las delicias de su espalda, las amorosas siluetas de sus hombros...! ¡Cielos! ¡Qué espanto! ¡Qué fetidez asquerosa! ¡La dama se había vuelto hacia él mostrando su pecho podrido por un cáncer, llagado y repugnante como cadáver de nueve días! Ramón retrocedió ante el asco y el horror de aquella infecta mujer. Salió de la iglesia tropezando y con la imaginación perturbada.

No se dirigió a su palacio sino que, febril y avergonzado, comenzó a vagar por los senderos de la montaña. Apenas podía sostenerse sobre sus piernas, caía y se quedaba tendido en la tierra; se golpeaba el pecho en señal de arrepentimiento, se mesaba los cabellos y rogaba a Dios por su alma podrida. Durante toda la noche estuvo perdido por los montes hasta que vio las primeras luces del alba: como poseído por el amor a Dios, se dirigió al lugar por donde salía el sol y llegó al collado de Randa y se internó en una cueva.

Martirizado por sus propios arrepentimientos y por los suplicios que a sí mismo se daba, Ramón trató de purgar sus pecados con aquella vida de eremita, alejado del mundo y esperando que Jesucristo le perdonase la iniquidad que había regido su vida. Renegó de los hombres, de la riqueza, de la lascivia, de todo cuanto pudiera alejarlo de Dios y, finalmente, el Señor le reveló toda su sabiduría. Hasta cinco veces se le apareció en aquella cueva, de donde salió al cabo de muchos años para dedicar su existencia a propagar por el mundo la Palabra de Dios.

De este modo el Señor muestra a los hombres la vanidad de las cosas del mundo y la podredumbre del pecado carnal.

La calle del Hombre de Piedra

Los caballeros de Sevilla decían que el Mateo era un fanfarrón, un bravucón de mucho pico y poca espada. Las damas, por el contrario, adoraban su porte gallardo y la galantería con que las trataba. Se decía que había seducido a trescientas mujeres sevillanas y que estaba muy avezado en el arte de escapar por los balcones. En una ocasión, Mateo fue perseguido por un marido celoso hasta una taberna del barrio de Santa Cruz. El hombre cornudo pudo seguirlo porque el amante de su mujer iba dejando un rastro de pétalos de geranio por las calles de Sevilla: las flores se le habían quedado prendidas en su capa al saltar por la ventana... pero este desgraciado nunca llegó a encontrarlo y no pudo vengarse de su infamia.

Otras muchas cosas se dicen de este Mateo, llamado por algunos *el Rubio.* Por ejemplo, según aseguran algunos sevillanos, este donjuán había pasado a América, donde había hecho fortuna con las minas de oro y, por esta razón, se le llamaba *Rubio,* por el color del oro. Los más entendidos afirman que en cierta ocasión entró en el palacio de los duques de V*** en busca de la joven Elisenda, pero cuando Mateo y la muchacha estaban trabando razones amorosas entró en la alcoba la hermana de la doncella, Elisa, y los sorprendió. Ni corto ni perezoso, Mateo dijo a la intrusa: «Si os quedáis, os contaré lo que decía a vuestra hermana». Y cuando estaba con ambas, vino la hermana mayor, que se llamaba Elvira, pero Mateo le dijo: «Si os quedáis, os contaré lo que decía a vuestras hermanas». Y así lo hizo. Mas, cuando trataba a las tres doncellas, llegó la duquesa, y sorprendió a los cuatro. ¿Qué diréis que dijo Mateo? «Pasad, noble marquesa, que yo os contaré lo que decía a vuestras hijas.» Y en aquel palacio pasó Mateo siete días con sus siete noches, aprovechando que el duque de V*** estaba en la guerra de Flandes.

Pero Mateo no es recordado en la ciudad de Sevilla por sus hazañas amorosas, sino por su impiedad. Su altanería y su soberbia le habían llevado a renegar de Dios, y con frecuencia solía decir que siempre tendría tiempo para arrepentirse:

—¿No dicen los clérigos que con arrepentirse en el último instante Dios nos perdonará? Pues sea, que aún tengo tiempo para gozar de la vida.

Cierto día estaba nuestro bravucón en una taberna con otros amigos suyos, hablando de estas cuestiones o de otras parecidas, cuando sonó la campanilla de un viático. Era costumbre (y ordenanza real) que todos los transeúntes se quitaran el sombrero y se arrodillaran al paso de un viático o procesión de extremaunción. Los guardias tenían orden de arrestar a quien no cumpliera este precepto, propio de gentes piadosas que ven pasar a un sacerdote con los instrumentos del último sacramento.

Todos en la taberna se levantaron con la intención de salir a la calle y cumplir las órdenes reales y, al fin, era muy humano honrar al moribundo que iba a ser asistido en su último instante. Todos, como decimos, salieron a la calle con ánimo contrito, pero Mateo refunfuñó:

—¡Dita sea! ¡Otro muerto al hoyo! ¡Pues yo no me quitaré el sombrero, que ahí enfrente vive una mocita bien galana que quiero enamorar y si me destoco no luciré estas plumas tan hermosas que he mercado esta mañana! ¡Ni me arrodillaré, que hoy mismo he comprado estas medias de a nueve reales y no quiero que se me embarren!

Pasaba la comitiva fúnebre y todos los paseantes se arrodillaron como convenía, excepto Mateo *el Rubio*, que se puso de jarras en medio de la concurrencia y se envaneció de su soberbia. Entonces se abrió el cielo y pareció que la tierra se partía en dos: un rayo fulgurante cruzó las etéreas salas (como dijo el poeta) y fue a caer en la frente de Mateo, que se convirtió en pura piedra. El barro cedió a sus pies rocosos y se fue hundiendo en el lodazal hasta medio cuerpo. Y allí se quedó para siempre, sin arrepentimiento y condenado eternamente a las llamas del infierno.

Desde entonces, la calle del Buen Rostro (entre Santa Clara y Jesús del Gran Poder) se llamó la calle del Hombre de Piedra. Y quien pase por allí aún podrá observar una piedra: si abre bien los ojos descubrirá los rasgos de un hombre con el gesto asombrado y aterrorizado. Pues bien, el hombre al que está mirando es Mateo, *el Rubio*.

¡Válgame Dios!

En todas las ciudades de España hay calles con nombres extravagantes. El origen de esos nombres suele deberse a acontecimientos antiguos, ya olvidados; a los gremios de trabajadores, a monumentos o iglesias cercanos o, simplemente, a las vías que llevaban a tal o cual pueblo. Así, tenemos la calle Libreros, la calle de los Francos, la calle de Alcalá, la calle de Postas, o la calle de Santiago. Recientemente, un municipio madrileño ha decidido llamar a una de sus calles AC/DC, que no es otra cosa que un aviso estampado en determinados productos de electrónica. Con el tiempo, los ciudadanos de esa población olvidarán el origen de tan extraño cartel, aunque quizá haya alguien que recuerde que, precisamente, AC/DC era el nombre un grupo de rock australiano con muchos seguidores en aquel lugar.

En Madrid, la denominación de las calles es también muy curiosa: hay calles del Molino de Viento, del Tesoro, calle Dos Amigos, calle Mediodía Grande, calle del Pez, calle de los Peligros, calle del Cenicero, calle Caños del Peral, o calle Puñonrostro. Cada uno de estos nombres tiene una razón de ser: por ejemplo, la calle del Molino de Viento hace honor a un molino que efectivamente estuvo allí hace muchísimos años y aparece pintado en los antiguos planos de Madrid, en el siglo XVII. La calle del Pez se llamó así por un pez esculpido en uno de los caserones antiguos que allí había, aunque, como señala don Ramón de Mesonero Romanos «no sabemos con qué motivo». La calle de los Peligros tenía, según el autor citado, un nombre muy propio, porque en el siglo XVIII el convento cercano había ocupado buena parte de la calzada, de modo que no podían cruzarse dos personas sin encararse. En fin, cada esquina de cada ciudad tiene su historia.

Pero el nombre más curioso de todos es el de la calle Válgame Dios, también en la capital. Está situada cerca de la plaza de Chueca, entre las castizas calles de la Libertad y Barquillo. Vale la pena recordar la historia popular que da nombre a este pasaje.

Según los cronistas, el suceso tuvo lugar en tiempos de Felipe II. Fue precisamente el confesor del rey, fray Diego de Chaves, quien impulsó la construcción de la iglesia y el convento de Santo Tomás, donde los religiosos dominicos vivían en la mayor austeridad. De este lugar partían las comitivas de los autos de fe, «con los pendones y cruces del Santo Oficio».

Por entonces guardaba la puerta un novicio muy particular: era uno de aquellos bandidos que habían sido condenados a la horca y que, por intercesión de los monjes, se había salvado de la pena capital. Como agradecimiento y muestra de arrepentimiento, aquel individuo había decidido reformarse y entrar al servicio de los dominicos, siempre con la intención de hacerse ordenar cuando el prior lo considerase oportuno. Era, en realidad, un hombretón fuerte y decidido al que todos los monjes llamaban «Padre Tornero», con sorna, pues aún no había hecho los votos.

Estaba, pues, el Padre Tornero enfrascado en las aventuras de David y Goliat cuando oyó que alguien golpeaba en la puerta del convento. Ciertamente era una noche horrorosa de frío y viento y el portero no acertaba a saber quién podría llamar a esas horas. Miró por la reja y pudo ver a dos embozados que, indagando a un lado y a otro con gesto desconfiado, golpearon de nuevo la aldaba.

—No son horas éstas de venir a tocar el cencerro –dijo el Padre Tornero, sin tener en cuenta que había olvidado el *Ave María Purísima* preceptivo...–, así que id con Dios y hasta mañana.

Los dos embozados parecieron molestos con esa respuesta y volvieron a tocar en la puerta.

—¡Ea! –dijo el Padre Tornero–. ¿Tendré que salir a zurraros la badana?

—Es cosa sagrada, padre –se oyó tras la puerta–. Una mujer que va a morir necesita confesión.

Se le ablandó el corazón al Padre Tornero y, a pesar de la mala catadura de los dos embozados, fue a buscar al prior, contándole de paso lo que sucedía. El prior, que estaba entre los hombres más buenos de aquellos tiempos, no dudó en vestirse y tomando su capa de noche quiso acompañar a la moribunda en su último viaje.

El Padre Tornero no se fiaba de los dos individuos que esperaban a la puerta y, fiel a sus antiguas costumbres, cogió su puñal y siguió al prior.

Subiendo la calle Atocha pasaron por Carretas y cruzaron por la Puerta de Sol, donde aún había algunos maleantes escondidos. Durante mucho tiempo estuvieron caminando y yendo de acá para allá, entre callejuelas estrechas, a la intemperie y a la vista de nadie. Cuando los embozados se creyeron seguros, se echaron sobre sus acompañantes y, con unas cuerdas que llevaban, trataron de apresarlos. Pero no contaban con la fuerza y la destreza del Padre Tornero: allí mismo, el aprendiz de fraile sacó su daga y peleó como un bravo. Uno de los embozados desenvainó una espada, pero eso no amedrentó a nuestro héroe: se entabló una lucha mortal en la que la suerte estaba indecisa.

El otro embozado arrastró al prior hasta una casa ruinosa y, aprovechando que los otros dos estaban enzarzados, se lo llevó atado y con los ojos cubiertos. Llegaron el prior y su guardián a una casa desvencijada y maltrecha; bajaron unas profundas escaleras y allí el embozado se descubrió: parecía un caballero de alta alcurnia, pero el monje no lo conocía. El caballero desató al prior y le quitó la venda de los ojos: entonces se pudo ver a una joven arrodillada que lloraba amargamente y con una pena que rompía el corazón. Pero más que por ella, parecía derramar lágrimas por el pequeñuelo que tenía en sus brazos y que dormía ajeno a la tragedia que se le preparaba.

—¡Confiésala! -gritó el caballero-. ¡Confiésala porque va a morir! ¡Y bautiza al niño si quieres, porque él también morirá!

El prior cruzó sus manos en señal de oración y dijo con voz trémula:

—Dios no consentirá que se cometa este crimen.

Irritado y furioso, el caballero derribó con su espada cuanto había alrededor provocando el llanto del niño... Volaron los vasos y las mesas, las sillas cayeron rotas en mil pedazos y aun los candiles cayeron al suelo...

—¡Nada me importa! -gritó-. Si no quieres confesarla, no la confieses: tú también morirás.

Aterrorizado ante la infame arrogancia de aquel hombre, el prior mantuvo su ánimo sereno y aceptó confesar a la mujer y bautizar al niño. Impartía los santos sacramentos el prior con una gran congoja en el pecho, y más porque veía el dolor de aquella mujer, que a cada momento suplicaba: «¡Válgame Dios! ¡Válgame Dios!».

El prior concluyó su penosa tarea, y pudo descubrir en el caballero una ira mortal en sus ojos, arrebatados de furia y locura. Vino hacia la mujer y su hijo, y levantó su espada con intención de ensartar a ambos de un golpe mortal... Mas en ese instante cayó sobre él la poderosa figura del Padre Tornero, el cual, de un certero viaje, le partió el corazón en dos y quedó muerto sin remedio.

En aquel mismo lugar se arrodillaron todos y dieron gracias a Dios por haber escuchado las súplicas de la mujer. Después, fue llevada a un lugar seguro pero, antes de despedirse del prior y del Padre Tornero, aquella joven quiso confesarse. De modo que sólo el prior supo las circunstancias de aquel caso y nadie más conoció nunca por qué aquel caballero quiso matar a la madre y a su hijo.

De vuelta al convento, con las primeras luces del alba, el Padre Tornero insistía en querer averiguar lo profundo de aquel caso, pero el prior le contestaba que las cosas de confesión quedan entre Dios y el penitente, y que no se han de saber jamás.

—¡Vaya, don prior! –exclamaba el novicio grandullón–. Sea como fuere, dos malandrines menos: al uno lo degollé y quedó sangrando como un marrano, y al otro...

—Repórtate, mozo –replicó el prior–, o nunca serás monje.

Leyenda del Cristo de la Vega

Entre pardos nubarrones,
pasando la blanca luna...
José Zorrilla

Las nocturnas sombras se extendieron por las calles de Toledo. Las gentes, atemorizadas por el fragor de la tormenta, se ocultaban en sus casas, y en las esquinas y recovecos de la ciudad imperial sólo parecían rondar las brujas y los demonios. Acaso el pálido fulgor de un rayo iluminaba el empedrado y las ventanas se cerraban con cuidado, ocultando una silueta temerosa. Los álamos del Tajo, como dice el poeta, parecían fantasmas medrosos que susurraban voces lúgubres, como se cuenta que sucede en los cementerios cuando los fuegos fatuos reverberan.

Tras una esquina, en las tortuosas calles de Toledo, pudo verse a un embozado que miraba a un lado y a otro, desconfiado y vigilante. Se cala el sombrero y se aferra a la empuñadura de su espada. Torna la mirada y se detiene ante un balcón. En este punto nadie podría asegurar si el embozado fuera hombre o una fantasma o alma en pena.

Vuelve el gesto el embozado súbitamente: el galope de un caballo redobla con estrépito sobre el empedrado:

—¿Quién va? -grita el jinete.

—Un hidalgo -replica el embozado, echando mano a la espada.

—¡Ea! Haced calle, que soy Iván de Vargas y Acuña.

Retiróse prudente el embozado y, tras los visillos, pudo verse la silueta de una joven que se ocultaba a la vista.

Esta terrible escena ocurrió en Toledo hará más de tres siglos, pero el lector querrá conocer seguramente quiénes eran estos hombres que estuvieron en trance de llegar a las manos y querrá saber otras circunstancias de caso tan extremo.

Pues bien, este don Iván de Vargas y Acuña era un noble acaudalado, conocido y respetado por sus convecinos; y el embozado era Diego Martínez, un joven galante, de buena planta, ambicioso y temerario, que por aquella época rondaba los balcones de las muchachas, se reunía en las tabernas con otros mozos y lanzaba bravatas sin cuento. Es bien fácil suponer que sus andanzas nocturnas se debían a lances de amor, y era el caso que Diego Martínez había puesto sus ojos en Inés de Vargas, hija de don Iván, y que las citas de los dos amantes iba para un año que se repetían con frecuencia. Don Iván algo se barruntaba y miraba de soslayo a su hija, previniéndola de que el honor de una casa descansa en la conducta de las damas que en ella viven.

Tanto azuzó los perros don Iván, que Inés se resolvió a pedir cuentas a su amante. Por medio de billetes, terceras y alcahuetas concertó una cita con Diego Martínez, imponiéndole que se verían en la ermita del Cristo de la Vega, junto al Tajo.

En aquel solitario lugar estuvo esperando Diego Martínez durante más de una hora, embozado como solía en su capa, por guarecerse del frío y para que nadie supiera quién se apartaba tanto de la ciudad. Al cabo llegó Inés y le habló con severas palabras:

—Abreviemos las razones, Diego Martínez: mi padre sabe que un hombre ha estado en su casa mientras él se hallaba ausente. En esta deshonra, y por mi culpa y la vuestra, mi casa tiene mucho que perder, de modo que resolveos: o dadme mano de esposo, o dejadme libre y no os alleguéis más a mi balcón.

Temeroso y falso, Diego respondió:

—Inés querida: he de partir a la guerra de Flandes, mas os prometo que en el plazo de un año estaré de vuelta y con vos me he de desposar.

—Júralo -apremió la muchacha.

—Mi palabra vale.

—Júralo -insistió Inés.

—¿Qué pretendes? -dijo Diego volviendo el rostro.

—Que lo jures a los pies del Santo Cristo de esta ermita.

Entraron los dos en el sagrado lugar y frente a una imagen pobre de Jesús crucificado, Diego Martínez profirió el juramento de casarse a su vuelta de Flandes.

Pasaron los días, y las semanas, y los meses y el año cumplido, y Diego Martínez no volvía. Inés esperaba anegada en llanto y su solo consuelo era aquella triste imagen del Crucificado en la ermita de la Vega. Las tardes pasaba la pobre Inés en el lugar que llamaban el Alto del Miradero, con la vista en el horizonte y con la esperanza de ver a su caballero. ¡Triste el que consume su existencia en esperar!, dice el poeta, y así es en verdad que cuando se esperan certezas la esperanza es un consuelo, mas cuando lo que se espera es quimera todo es amargura y desesperación. A nadie podía pedir consejo la bella Inés, porque los frailes no saben de amores y su padre, Iván de Vargas, tanto reconcomio sentía por la deshonra que prefería callar y maldecir a solas.

Pasaron los días, y las semanas, y los meses y tres años cumplidos, y Diego Martínez no volvía. Ya no lloraba Inés: sólo una pena amarga invadía su pecho y la tristeza arrasaba su semblante, en otros días hermoso y lozano.

Pero una tarde serena, desde el Alto del Miradero, donde solía pasar sus tristes horas, vio Inés cómo por la llanura venían las tropas de Flandes, levantando gran polvareda, y se podían escuchar los gritos de júbilo de los soldados que volvían a su patria. Al frente venía un apuesto caballero, adornado con las galas de capitán, montando un hermoso caballo andaluz y escoltado por siete soldados lanceros, con aderezos lujosos, cordones y guarniciones esmeradas.

Al pasar por la puerta de Toledo, Inés reconoció al capitán: era su amante, Diego Martínez.

—¡Diego, Diego! ¡Eres tú! –gritaba la muchacha aferrada al estribo del capitán.

—¡Ea! ¡Aparta, muchacha! ¡No te conozco, ni te he visto jamás! –respondió Diego volviendo el rostro y picando espuelas.

De este modo regresó aquel soldado aventurero: convertido en capitán, rico y ufano, alzaba su barbilla con gesto soberbio. Cierto que era valiente y que sus hazañas fueron honradas por el rey, que lo hizo caballero y le otorgó títulos y prebendas. Pero cuanto más le honraban, más altanero se mostraba: olvidó por los nobles a sus amigos de antaño, por las vajillas de plata abandonó los figones y las tabernas, y el amor que entonces juró a Inés también pasó, como pasaron los años que estuvo lejos de Toledo. Ya no era Diego, el soldado, sino el capitán don Diego, y como dice la sentencia popular: donde dije «digo», quise decir «Diego».

Pidió Inés audiencia al capitán, y éste se la negó; por las calles se arrojaba a sus pies y Diego respondía: «Muchacha de poco seso, ¡apártate!»; envuelta en llanto Inés le recordaba el juramento, mas el capitán negaba una y otra vez haber prometido casarse nunca.

Ya no sabía qué hacerse Inés, ni a quién acudir o qué partido tomar, y loca de pesar y amargura se fue a pedir audiencia al gobernador del rey, don Pedro Ruiz de Alarcón, un viejo guerrero conocido en Toledo por su buen proceder y su justicia. A duras penas pudo llegar Inés a la sala de tribunales, donde el buen viejo don Pedro dirimía las riñas de los vecinos.

—¡Justicia, don Pedro Ruiz de Alarcón, justicia!

Esto gritaba Inés, enrojecidos los ojos y la voz quebrada por la pena. Se arrojó a los pies del juez y envuelta en un vergonzoso manto negro pedía que se lavara la honra manchada.

—¿Qué tenéis, muchacha? –repuso don Pedro mientras con gesto amable levantaba a la joven–. ¿De qué pedís justicia?

—De mi corazón, don Pedro, que me lo robaron. Diego Martínez, el capitán soberbio, empeñó su palabra y juró desposarse conmigo cuando volviera de Flandes, mas todo lo ha echado al olvido dejando mi casa deshonrada y mi corazón, perdido.

Hicieron venir a Diego Martínez a la sala de tribunales, y apareció el capitán aún más orgulloso y soberbio, haciendo sonar sus espuelas y sus botas en el mármol. Don Pedro le preguntó si conocía a la muchacha y respondió que sí, que hace tres años la vio alguna vez, pero que jamás le prometió casarse con ella.

—¿Juráis que no hicisteis tal promesa?

—Sí, juro.

No hubo más remedio que pedir excusas al capitán y dejarlo marchar con Dios, puesto que el juramento de un caballero era razón suficiente y debía creerse.

Inés, arrasada en llanto, gritó: «¡Perjuro, perjuro!», mas no había caso. Con dulces palabras el juez repuso a la niña, diciéndole que, puesto que no había testigos, nada podía hacerse, que procurara tener fortaleza de ánimo y que se volviera a su casa.

—¡Tengo testigo! -gritó Inés de pronto-: un hombre que nos oyó desde lejos, mirándonos desde lo alto, mientras estaba en un suplicio; hace tiempo que murió mas aún está vivo.

—¿Qué decís? ¿Estáis loca? ¿Quién es ese hombre ajusticiado que murió y aún está vivo?

—El Cristo de la Vega.

Gran asombro hubo en la sala y los murmullos de sorpresa corrieron de banco en banco, y los escribanos, los corchetes y hasta el mismo juez don Pedro no sabían si era cosa de locos o de milagros lo que se había dicho en aquel tribunal.

—Cierto es -sentenció don Pedro- que vuestro testigo es el mejor testigo, pero en los juicios de Dios, la circunstancia es peliaguda. Haremos lo que sepamos: vayan todos esta misma tarde a la ermita del Cristo de la Vega y allí se tomará declaración al testigo.

Tal y como se hubo ordenado, la corte judicial partió aquel día hacia la ermita. Encabezaba la comitiva el juez, don Pedro de Alarcón, seguido de los guardias y corchetes; tras ellos venían los escribanos, los notarios, el padre de Inés, don Iván de Vargas, con su hija y los familiares; y tras ellos, el capitán Diego Martínez, con el rostro turbado, y otros soldados amigos suyos. Cerraban el tropel muchos monjes, hidalgos, campesinos y otras gentes que supieron de tan extraño caso, pues se iba a interrogar al mismísimo Cristo de la Vega.

Ya en la ermita, el juez don Pedro se hallaba temeroso, pues no sabía cómo interpelar a tan elevado testigo. A un lado suyo estaba Inés, y al otro, soberbio y confiado, don Diego.

—Jesús, Hijo de María -comenzó don Pedro-, ya hemos conocido la causa que trae a esta mujer, Inés, y a este hombre, Diego, a tu presencia. Digo: ¿juró Diego Martínez, ante ti, desposar a Inés?

Un terrible silencio se hizo en la ermita.

Mas cuando todos esperaban que nada sucediera, el Cristo desenclavó su hendida mano y una voz profunda como el trueno resonó en los aires:

—¡Sí, juró!

Todos admiraron sobrecogidos este prodigio y observaron que la imagen del Cristo tenía una mano desenclavada y la boca entreabierta. Grandes fueron los alaridos de la turba, que pedía clemencia por sus pecados; los nobles se hincaron de rodillas y se santiguaban, Inés lloraba y Diego, abrasado en sus remordimientos, humillaba el rostro y se postraba ante la imagen milagrosa.

Apenas los escribanos podían con mano temblorosa dar fe de este suceso y apenas don Pedro pudo dar sentencia a tan extraño juicio. Aunque Inés tuvo derecho a desposarse con el capitán don Diego, no quiso nada con él, puesto que había sido perjuro y había negado ante todos lo que había prometido ante Dios. Algunos días más tarde, pidió a su padre que la llevara a un convento y allí se sepultó en vida. También don Diego Martínez renunció a las galas del mundo y solo con sus remordimientos abandonó Toledo para encerrarse en un monasterio de Aragón.

Por su parte, el juez don Pedro de Alarcón hizo construir junto a la ermita una pequeña capilla con altar, donde se conmemora, hasta el día de hoy, aquella ocasión singular. Hay quien dice que una vez al año puede verse al Cristo con la mano desenclavada y con la boca entreabierta, tal y como se le vio por vez primera con ocasión del juicio entre doña Inés de Vargas y el soberbio capitán don Diego Martínez.

El mediquín de Aranda y la Virgen de las Viñas

Resulta curioso y enternecedor ver cómo gentes sesudas y de buen criterio creen a pies juntillas muchas tradiciones populares inverosímiles, a la vez que niegan otras bien posibles. Se afirma, por ejemplo, que los cristianos de Hispania (aún no era España) enterraron o escondieron las imágenes de las vírgenes cuando comenzó la invasión musulmana, a partir del siglo VIII, y que estas figuras y estatuas, recuperadas tras la Reconquista, fueron el origen de devociones importantísimas en el territorio peninsular.

Pues bien, esta tradición es improbable y, en algunos casos, manifiestamente falsa. El culto mariano o de la Virgen María era muy débil antes del siglo XIII y, por supuesto, en el siglo VIII era casi inexistente. Fue Roma quien decidió extender y potenciar el culto a la Virgen María en toda Europa y a ello le impulsó la creciente aparición de sectas y herejías que comenzaban a dudar de la virginidad de la Madre de Dios. Para lograr una sólida base religiosa, Roma hizo circular los compendios de milagros o *miracula* en los cuales se explicaba pormenorizadamente la intervención de la Virgen en los acontecimientos humanos. Gonzalo de Berceo, por ejemplo, siguió a rajatabla esta orden del papado y escribió sus inmortales *Milagros de Nuestra Señora*, dando vigor a un culto apenas iniciado en la Península.

Las apariciones de la Virgen o los hallazgos de vírgenes en lugares extraños comenzaron a ser frecuentes en el siglo XIV, e incluso en nuestros días María sigue sorprendiéndonos de tanto en tanto, bien en forma divina (luces, brillos, milagros), bien en forma escultórica. La Virgen, en cualquier caso, parece tener una tendencia natural a los emplazamientos extravagantes: cuevas, murallas, bosques, recónditos parajes. También suele evitar a científicos y catedráticos: sus irrupciones en este Valle de lágrimas se producen ante pastores y labriegos.

A continuación se relata una de estas tradiciones marianas junto a un episodio notable acaecido en Aranda de Duero, en la actual provincia de Burgos.

Como todo el mundo sabe, Aranda es la capital de la Ribera. Éste es el nombre que se da en aquella zona a las márgenes del río Duero. La fama de esta población se debe, en la actualidad, a sus vinos, pero la tradición vitivinícola no es reciente y desde muy antiguo los habitantes de la comarca, desde Peñafiel a Peñaranda, han dedicado sus sudores a extraer de la tierra los preciosos frutos de la viña. Y fue en uno de estos lugares, entre viñas y sarmientos, donde apareció la Virgen: andaban, a lo que se ve, los vendimiadores cargando sus cestos y llevándolos a las bodegas cuando una cuadrilla descubrió la talla que hoy se venera en Aranda. Se trata de una Virgen sedente, aunque los faldones que le colocan suelen encubrir esta posición, típica de la escultura románica. Como no podía ser de otro modo, la estatua fue llamada Virgen de las Viñas y el templo que se hizo construir para albergarlo lleva el mismo nombre. En la actualidad, la ermita de la Virgen de las Viñas está prácticamente en el casco urbano, debido al crecimiento de la ciudad, pero antiguamente todos sus alrededores no eran más que monte y viñedos.

De modo que los arandinos estaban tan contentos con su Virgen.

Pero llegaron los tiempos de la peste. Algunos paisanos hablan de tiempos remotos; otros, en cambio, citan las famosas epidemias de finales del siglo XVIII y principios del XIX. Sea como fuere, en lo que todos están de acuerdo es que Aranda de Duero veía diezmarse su población de día en día. Los hombres, las mujeres y los niños, jóvenes y viejos, todos caían ante la plaga y no parecía hallarse el remedio. Incluso los doctores enviados por el rey contraían de inmediato la enfermedad y morían al cabo de pocos días. De nada valían los ungüentos, las recetas o las cataplasmas: los carros transportaban cada día decenas de apestados comidos por la fiebre.

Por aquel entonces, si hemos de creer a los naturales de Aranda, vivía en la aldea un sacerdote muy devoto de la Virgen de las Viñas. Era un hombre bueno que veía con lástima y compasión la desgracia de sus convecinos y que, en su pobreza, no podía hacer mucho para aliviar el sufrimiento de la población. Aun a riesgo de contraer la enfermedad, el sacerdote visitaba a los apestados, les ofrecía su consuelo y, según su parecer, distribuía entre los doloridos arandinos lo que buenamente podía recolectar. Las angustias no dejaban dormir a este sacerdote y, confiando siempre en su Virgen de las Viñas, dedicaba las noches a la oración: postrado ante la humilde talla, golpeábase el pecho y pedía a María su intercesión para que Dios librara a su pueblo de tan duro castigo. Para él pedía toda suerte de desgracias, si Aranda se veía libre de la peste maldita.

Y sus oraciones no cayeron en saco roto: al poco, acertó a pasar por allí un joven y pidió acogerse durante una noche en la ermita donde el sacerdote rezaba. El mozo, casi niño, era de talante despierto y ameno, y no tardó en hacer buenas migas con el cura. Éste le expuso la cruel circunstancia en la que se debatía el pueblo y el joven prometió ayudarle en lo que fuera menester. Afirmaba el rapaz que era doctor, pero el sacerdote desconfiaba de su título porque era casi niño y a duras penas habría podido instruirse en el arte de Hipócrates.

Pero he aquí que, al día siguiente, el cura y el muchacho comenzaron a visitar a los enfermos, tal y como era costumbre. Y fue maravilla ver que, estando el joven en la casa, los apestados sanaban, las llagas remitían, la fiebre se rebajaba. Apenas tomaba sus manos, la enfermedad parecía huir, del mismo modo que el demonio huye de la presencia de los santos.

Se corrió la voz en Aranda: el «mediquín», puesto que así se le llamaba, era capaz de sanar a los desahuciados, devolvía la alegría a los desheredados y tenía poder para socorrer a los menesterosos. Incluso los cojos veían fortalecer sus piernas y los tuertos recuperaban la vista; los jorobados se enderezaban, los mudos hablaban y los sordos oían.

Todo lo hacía el joven «mediquín» con el mayor agrado, yendo de casa en casa, consolando a los viejos y jugando con los niños. De este modo, Aranda se vio libre de la peste en pocos días y ya en el pueblo se gozaba con la alegría de los mercados y el trajín del comercio. Tan agradecidos estaban los ciudadanos a su «mediquín» que el concejo acordó celebrar una gran fiesta, donde todos comieran asado y tortas y el vino de la Ribera corriera de mano en mano. Pensaban los arandinos otorgarle grandes honores y pedirle que no abandonara jamás el pueblo, prometiéndole que viviría sin ningún gasto y a su gusto lo que le restara de vida.

Pero cuando fueron a buscarlo, no lo hallaron en parte ninguna. No hubo bodega donde no se mirara, ni casa en la que no se preguntara, pero nadie sabía nada del «mediquín». Subieron algunos a la ermita de la Virgen de las Viñas y encontraron al sacerdote solo.

—Se ha ido: nada ha querido saber de vuestros convites y vuestros honores –dijo el cura apesadumbrado–. Hizo cuanto tenía que hacer y no volverá.

Todos comprendieron entonces que la Virgen de las Viñas había enviado a su ángel y que éste había hecho el milagro de la curación. Por esta razón, junto a la Virgen y en su mismo templo, puede verse la talla de un muchacho, casi un niño, que recibe el nombre de Mediquín. Esta figura está ataviada de modo particular: su ropa siempre es del mismo color que el manto de la Virgen, y cuando la Virgen toma un manto verde, el Mediquín viste de verde; si azul, el Mediquín también de azul; y si blanco, blanco el Mediquín. Así confirman los arandinos la relación entre su Virgen más querida y el ángel que vino para curar a los enfermos y sanar a sus devotos.

Las capas pardas

La leyenda de las capas pardas se narra en la ciudad de Zamora a los niños con el fin de que aprendan a respetar las costumbres religiosas y permanezcan en silencio durante los desfiles procesionales de Semana Santa. Aunque existen algunas variantes dependiendo de la imaginación de quien la cuenta, la versión más popular viene a decir lo siguiente:

Hace muchos años vivía en la antigua ciudad de Zamora un hombre piadoso, honrado y querido de sus vecinos. Tenía por oficio el ser molinero y solía trabajar en una de las «aceñas» o molinos de agua que hay junto al río Duero. Habitaba este hombre una casa pobre, cerca de la iglesia de San Claudio de Olivares, en los extramuros de la ciudad. No pasaba domingo ni celebración sin que el buen molinero se acercara a la iglesia para rezar fervorosamente al Santísimo Cristo de Olivares, dándole gracias por los beneficios que le concedía y pidiendo favores para su familia y sus convecinos. La figura del Cristo es una pobre talla de madera, esculpida con poco arte y, en vez de flores, adornan el Calvario algunos cardos secos y una calavera.

Tanta era la devoción que el molinero tenía por su Cristo que se empeñó en hacerlo desfilar en la Semana Santa, del mismo modo que se hacía con otras figuras y pasos de las iglesias zamoranas. Pidió consultas al obispo y viendo éste que la intención era buena y que no había ningún motivo para rechazar su pretensión, autorizó que se sacara el Cristo de Olivares en procesión el miércoles, a la caída de la tarde.

Convocó el molinero a sus vecinos y les comunicó la buena noticia, pero fueron pocos los que quisieron acompañar al Cristo a esas horas tardías, cuando el viento hiela los huesos y es más agradable el fuego y el vino. De modo que, llegado el miércoles santo, los devotos alzaron en hombros la figura y salieron del templo. Como era noche cerrada y hacía un frío de mil demonios, los feligreses tomaron sus capas, llamadas de Aliste o alistanas, porque en esa parte de Zamora las utilizan los pastores para protegerse de las inclemencias del tiempo. Así iban los veinte o treinta cofrades: ataviados con sus pobres capas pardas y llevando en andas al triste Cristo, que crujía sobre sus hombros.

Al subir por la Cuesta del Mercado, ya dentro de las murallas, esperaban los zamoranos ver la nueva procesión, de la que se llevaba hablando algunos días en las plazas y los corrillos. Pero hete aquí que todo fueron burlas al ver tan triste congregación, con aquellas raídas capas pardas del pueblo, con aquel Cristo sin flores y tan pobremente esculpido. Durante todo el recorrido tuvieron que soportar las mofas y las chanzas de los zamoranos, que se reían abiertamente de la mísera comitiva.

Ya volvían los cofrades a su iglesia cuando, al pasar junto a la Catedral, sin que nadie tocara las campanas, éstas comenzaron a dar a muerto y a oficio de difuntos. Grave fue la sorpresa de todos los habitantes de la ciudad, que hincaron sus rodillas ante el Cristo y pidieron humildemente perdón por su malvada conducta. Desde entonces, la cofradía del Santísimo Cristo de Olivares fue una de las más respetadas y un piadoso silencio puede observarse a lo largo de todo su recorrido.

La congregación de las capas pardas dejó de desfilar cuando el buen molinero pasó a mejor vida y la tradición se perdió durante algún tiempo; después, se recuperó ya en el siglo XX, imitando aquel desfile procesional. Sus cofrades van ataviados con las ásperas capas alistanas, muy poco utilizadas en la actualidad, y portan candeleros, hacen sonar lúgubres carracas y un cortejo musical cierra la procesión. Las campanas de la torre del Salvador vuelven a tocar a muerto cada Miércoles Santo.

La Semana Santa de Zamora pasa por ser una de las más importantes de España; en parte porque algunas de sus cofradías se remontan a los siglos XV y XVI; en parte porque los grupos escultóricos, o pasos, poseen una calidad artística indudable; y en parte porque es conocido el fervor y el respeto de los ciudadanos en los desfiles procesionales.

Héroes y Sucesos Notables

El recaudador de Salomón

Por ello he decidido edificar un templo
al nombre de Yahvéh, mi Dios...
1 Reyes, 5, 19

David, rey de los judíos, había empleado su vida en luchar contra los enemigos de Israel y no pudo llevar a cabo la gran obra que Dios le había ordenado. Salomón, hijo de David, logró la paz en su territorio y llegó a acuerdos con los países circundantes y mantuvo en orden su patria. Su poder se extendía hasta las fronteras de Egipto y sus riquezas eran la envidia del mundo. Salomón era, además, uno de los hombres más sabios de aquel tiempo: se asegura que compuso más de mil cánticos y tres mil proverbios, y que escribió tratados sobre los árboles, las bestias del campo, las aves, los reptiles y los peces. Desde todos los lugares del mundo venían gentes a escuchar la sabiduría de Salomón y su fama se extendió cuanto se podía extender en aquellos tiempos remotos. Ni siquiera Etán, el ezrajita, ni Hemán, ni Kalkol, ni Dardá podían competir con su ingenio y habilidad de pensamiento. Pero Salomón no era feliz: comprendió entonces que estaba en sus manos cumplir con el mandato divino y decidió comenzar la construcción del Templo.

La construcción del gran templo de Jerusalén exigía tesoros incalculables y Salomón pidió ayuda a otras naciones amigas. Envió cartas a Jiram de Tiro, pidiéndole madera de su país: los cedros del

Líbano han merecido desde tiempos inmemoriales el aprecio de todos por ser la madera más propia y noble. Jiram devolvió las cartas, asegurándole que se comprometía a enviar las mejores maderas de cedro y de ciprés que tuviera, a cambio de víveres. Cada mes iban al Líbano diez mil hombres que cortaban, talaban, desmochaban los árboles de Jiram de Tiro. Esto sin contar con otros setenta mil hombres que los transportaban. Más de tres mil capataces ordenaban las obras del templo: se extrajeron piedras de las canteras, se movieron tierras, se levantaron los cimientos, se prepararon los andamios... en fin, el Templo de Yahvéh comenzaba a erigirse conforme al mandato de Dios.

En las obras del Templo se gastaron incalculables sumas de oro y plata, pero Salomón no renunciaba a la suntuosidad y el lujo: no en vano aquel edificio estaba destinado a ser la Casa de Dios. Como las reservas del tesoro fueron agotándose, Salomón envió a sus recaudadores por todo el mundo: les ordenó que recorrieran los mares, los montes, los valles y los ríos, y que cobraran los impuestos a todos los judíos esparcidos por el orbe, puesto que todos los hijos de Yahvéh debían contribuir en la construcción del Templo.

Mandó a Adón Jiram que viniese a Hispania, donde, según la antigua creencia, los árboles daban frutos de oro y había fuentes de Ambrosía. El recaudador llegó al cabo de algunos meses a Sagunto, donde los fenicios y los judíos trabajaban en el comercio y vivían apaciblemente. Adón Jiram se reunió con los judíos y les expuso los motivos de su viaje:

—Ha ordenado Salomón que entreguéis vuestras riquezas, para que Yahvéh tenga su Casa en Jerusalén.

Los judíos abrieron sus baúles y sus cajas, y recogieron todo cuanto tenían puesto que, de buena fe, creían en el mandato de Salomón, su rey. Pero ni con todas las diademas, anillos, brazaletes y collares pudieron reunir mucho: ellos no eran más que mercaderes en unas tierras ásperas y plagadas de tribus casi salvajes.

—¿Esto es cuanto me traéis? –preguntó enojado el recaudador–. ¡Indignos súbditos de Salomón! Bien sé que cerca de aquí está el Jardín de las Hespérides y que tenéis tratos con las hijas de Héspero, el rey pagano. Sé que en vuestras casas guardáis inmensas riquezas, y no me iré de Sagunto hasta que entreguéis el último diamante que poseáis.

Ha de saberse que Héspero era un rey griego, hermano de Atlante; sus hijas, hermosísimas ninfas, se llamaban Eritia, Egle y Hesperetusa, y las tres guardaban el famoso Jardín de las Hespérides que, según todas las crónicas, estaba situado en Hispania o, tal vez, en el Atlas africano. En ese jardín florecían árboles con manzanas de oro y fuentes de ambrosía, y aquel lugar maravilloso estaba dedicado a Hera.

El caso es que los judíos apenas habían oído hablar de las Hespérides y dedicaban su tiempo al comercio, a la agricultura y a la pesca; de modo que sus tesoros eran más bien escasos. Aun así, buscaron en sus casas cualquier objeto que pudiera tener algún valor: candiles, botones de bronce, madera labrada, rejas de arados... Y con todo, no reunieron mucho.

El enojo del recaudador Adón Jiram iba en aumento y su cólera tenía atemorizados a los judíos de Sagunto: el cielo pareció venirse abajo cuando los pobres judíos mostraron su recaudación.

—¡Malditos herejes! ¡Indignos y taimados! –decía–. ¿Esto es cuanto me traéis? ¡No me iré de estas tierras hasta que me enteguéis vuestras riquezas!

Y acto seguido hizo prender a todos los hijos de los judíos hasta la edad de siete años, prometiendo que no los liberaría hasta que no llenara la bodega de su barco con oro, plata y bronce, y todas las joyas de los judíos de Sagunto.

Pero Yahvéh, que ama la justicia, vio con lástima la situación de su pueblo y aquella misma noche Adón Jiram murió, cumpliéndose de este modo su palabra: que no abandonaría Sagunto hasta no cargar de riquezas su barco; y como esto era imposible, no pudo abandonar nunca el pueblo junto al Mediterráneo.

En Sagunto se recuerda esta leyenda y se dice que el recaudador fue enterrado allí mismo, bajo una lápida en la que puede leerse:

AQUÍ DESCANSA EL CUERPO DE ADÓN JIRAM,
SIERVO DE SALOMÓN, QUE VINO A COBRAR SUS TRIBUTOS.

Viriato

Algunos cronistas afirman que Viriato fue jefe de los españoles y que sus estados alcanzaban desde el Ebro al Tajo. Sin embargo, el amable lector debe saber que España no existía en aquellos tiempos y que la Península Ibérica se encontraba bajo el dominio romano. Los romanos llamaban a este territorio Hispania o Iberia y habían dividido su espacio en tres provincias, denominadas Baetica (junto al río Betis, en el sur), Tarraconensis (en el levante) y Lusitania. Duante siglos, y a medida que avanzaba la romanización, los antiguos fueron cambiando algunos nombres y estableciendo distintas circunscripciones, que dependían de sus asentamientos, de las ciudades, de los ríos o de las industrias en los diferentes emplazamientos.

Corría el siglo II a.C. cuando Roma trataba de someter a las tribus que por entonces habitaban la estepa castellana. Para lograr la unificación de los territorios peninsulares, Roma había enviado a Hispania a uno de sus grandes guerreros: Marco Pompilio. Pero las dificultades eran muchas: los romanos se encontraron con pueblos casi salvajes, asentados en las márgenes de los ríos, en las faldas de las montañas o en los bosques; su organización era muy primitiva, pero veneraban a sus caudillos y eran capaces de morir antes que someterse al imperio de los extranjeros.

Uno de aquellos jefes era Viriato. Este hombre era lusitano, junto a su tribu, vivía en un poblado junto a las riberas del Duero, acaso en los territorios que hoy se denominan Zamora o en la Sierra de Mogadouro, en Portugal. Como todos sus vecinos, Viriato se dedicaba al pastoreo y, aunque había sido elegido como jefe de su tribu, ello no impedía que trabajase en lo que sabía: cuidar cerdos en los roquedales y encinares de su territorio.

Aquel pueblo lusitano se vio forzado a entrar en guerra contra los romanos y, advirtiendo que los extranjeros estaban más pertrechados y ordenados que ellos, Viriato organizó a su pueblo de modo singular: mandó que sus hombres se agruparan en cuadrillas y que subieran al monte. Desde allí podían observar los movimientos de las tropas imperiales y preparaban emboscadas en los pasos estrechos y en los bosques. Se comunicaban haciendo sonar los cuernos y silbando como habían aprendido de sus antepasados. El caso es que esta estrategia, que se llamó más adelante «guerra de guerrillas», produjo gran mortandad entre los soldados romanos y Marco Pompilio estaba casi decidido a abandonar la conquista de Lusitania. Por todo el imperio corrió la fama de aquel pastor llamado Viriato que tenía en jaque a las tropas de Roma.

Desde los riscos, los lusitanos acechaban el paso de los ejércitos y lanzaban grandes rocas y aceite hirviendo y enormes estopas de fuego. En los bosques, les cortaban el paso construyendo barreras con encinas o incendiaban el camino por donde los romanos iban a pasar. Cuando las tropas levantaban un campamento, los lusitanos aprovechaban la oscuridad nocturna y asesinaban a los vigías, y soltaban lobos y toros salvajes en el interior de los recintos. Todo ello traía desesperado a Marco Pompilio, que no sabía qué hacer para combatir a Viriato y sus secuaces.

El cónsul romano meditaba en su tienda cómo podría acabar con esta situación y recordó la máxima de Filipo II de Macedonia, padre de Alejandro Magno. Según aquel sabio, para derrotar al enemigo no hay nada como encizañar sus almas y procurar que unos traicionen a otros: «Divide y vencerás». No lo dudó: Marco Pompilio envió a varios mensajeros por todo el territorio, encargando que dijeran a Viriato que deseaba negociar con él y que procurarían encontrar un acuerdo para que romanos y lusitanos vivieran en paz en aquellas tierras. Supo de ello Viriato, y envió a tres camaradas suyos llamados, al parecer, Miminuro, Aulaco y Ditalco.

Estos tres pastores se presentaron ante Marco Pompilio y comenzaron las negociaciones. El cónsul, hábil y diestro en las cosas de la guerra, aturdió a los pobres lusitanos con sus palabras y con su riqueza: les mostró espadas de oro, grandes tesoros, coronas, mujeres hermosas... y les prometió que todo aquel lujo sería suyo si conseguían matar a Viriato. La avaricia hizo el resto.

Una noche, Viriato descansaba en su choza del monte. Con gran sigilo, los tres traidores entraron en el chamizo y vieron que su caudillo dormía. Entonces, actuando con la mayor infamia, lo apuñalaron y lo dejaron muerto.

Volvieron Miminuro, Aulaco y Ditalco al campamento romano y contaron al cónsul lo que habían hecho, afirmando que Viriato estaba muerto y desangrado en los montes de Lusitania. Reclamaron entonces lo prometido, pero Marco Pompilio los expulsó de su tienda diciéndoles que pidieran a Roma lo que quisieran y que él nada podía hacer por ellos.

Los asesinos escribieron una carta al Senado romano: en ella contaban al pormenor todo cuanto habían hecho por Roma, asesinando al caudillo lusitano, y que por este servicio pedían grandes tesoros, y tierras, y mujeres hermosas, tal y como el cónsul Marco Pompilio les había prometido.

Al poco llegaron noticias de Roma. Una breve nota decía:

ROMA NO PAGA A TRAIDORES.

En la ciudad de Zamora existe un monumento que representa la figura de Viriato, que señala a Roma con aspecto desafiante. Una inscripción latina recuerda sus hazañas: *Viriato, terror romanorum* (Viriato, terror de los romanos). En aquellas tierras se le tiene por héroe y se venera su memoria, no en vano sólo una infame traición de sus amigos pudo acabar con su vida.

ANÍBAL EN HISPANIA

Tras muchas penalidades y preocupaciones,
tomó la ciudad al asalto, al cabo de ocho meses.
POLIBIO, *Historias*

El recordado Amílcar, héroe de los cartagineses, había dejado el poder a Asdrúbal, el cual luchó contra los romanos de forma heroica. Por descontado, durante el transcurso de las guerras púnicas, Roma obtuvo muchos triunfos pero los guerreros de Numidia hacía temblar los cimientos del Imperio. Tras la muerte de Asdrúbal, la asamblea de Cartago se reunió para decidir quién sería su caudillo, y entre todos salió vencedor Aníbal, hijo de Amílcar.

Aníbal no lo dudó: no había mejor forma de herir a los romanos que atacándolos fuera de sus dominios naturales y se internó en Hispania. Sometió a los ólcades y asentó sus campamentos en Cartago Nova o Cartagena, su ciudad predilecta. Tanto era así que ni los romanos tuvieron que pagar más tributos que otros, y se le concedió a la ciudad grandes honores. La popularidad de Aníbal crecía en la misma medida que crecían sus triunfos en el campo de batalla.

Dispuesto a conquistar Hispania de un extremo a otro, Aníbal lanzó sus tropas contra los vacceos, en el extremo occidental de la Península, cerca del río Durius o Duero. Salmantica y Arbucala cayeron en sus manos, aunque las tribus carpetanas y algunos ólcades lo estrecharon fuertemente. Sin embargo, un gran río llamado Tagus o Tajo le sirvió de defensa y Aníbal volvió a Cartago con grandes riquezas y con más honor del que jamás hubiera imaginado.

Hasta Roma llegaron las hazañas del general cartaginés y las murallas del Imperio se resquebrajaban con sólo oír el nombre de aquel caudillo que, al frente de sus elefantes y caballería, estaba asolando las tierras de Hispania. Sin embargo, Aníbal aún no había atacado directamente a los romanos, cuya principal ciudad en la Península era Sagunto. Antes quería hacerse con el resto del territorio y apremiar de este modo a los cónsules y pretores de Roma.

Roma envió una embajada a Cartagena. Los mensajeros llevaban órdenes tajantes e instaron al caudillo cartaginés del siguiente modo:

—Con los dioses por testigos, Aníbal, que te mantengas alejado de Sagunto porque esta ciudad está bajo la protección de Roma. Y no cruces el río Iberus (Ebro), según está firmado con tu predecesor Asdrúbal.

—A esos dioses vuestros invoco, romanos: nos habéis arrebatado Cerdeña, nos habéis robado sin tregua, nos impusisteis tributos vergonzosos ¿y aún queréis que mantenga tratados infames? Vedlo vosotros mismos: ni los propios saguntinos son felices bajo vuestro yugo y no ha más de un año que las revueltas se suceden en la ciudad. Y sólo por unirlos, los enviáis contra mi pueblo para que destruyan mis ciudades. Decid a vuestros dioses que tomaré Sagunto, que cruzaré los Alpes con mis elefantes y que en poco tiempo entraré en Roma.

Sin duda Aníbal era, como dice Polibio, un joven impetuoso, que se dejaba llevar por su pasión antes que por su razón.

Sagunto estaba cerca del mar, junto a unas montañas que separan a los iberos de los celtíberos. Muy cerca está también la ciudad de Segóbriga y los sedetanos. Los campos de Sagunto son muy feraces y con facilidad podrían alimentar a media Hispania. Aníbal estableció su campamento y comenzó el asedio a la ciudad romana. Estaba persuadido de que la toma de aquella ciudad le otorgaría la confianza de sus tropas y que ya nada se impondría entre él y Roma. Por otro lado, era necesario que ninguna ciudad romana quedara a sus espaldas mientras continuaba su gloriosa hazaña contra la metrópolis. En Sagunto encontraría oro y alimentos suficientes para consolidar su caudillaje y ni un solo soldado se atrevería a levantar la voz contra un general dadivoso y valiente como él.

El propio Aníbal participaba en los trabajos de guerra y arengaba a sus tropas desde las torres. Los soldados cartagineses estaban de enhorabuena: su general no escatimaba en gastos y para cada uno de ellos había palabras de ánimo y dispendio generoso. Tal era el propósito del caudillo africano: si lograba, como dice Polibio, aumentar el ardor guerrero de los suyos y predisponía a los cartagineses para lo que les esperaba, nada podría interponerse entre él y Roma.

Tras varios meses de asedio, Sagunto cayó en manos de Cartago y Aníbal vio el camino libre hacia la gloria: incluso los indomables iberos, que habían luchado hasta la extenuación contra las tropas romanas, veían con espanto la furia de los cartagineses y actuaban del modo más cauto y prevenido. Por otro lado, Roma no se atrevía a enfrentarse a Aníbal tan lejos de la península itálica; hasta entonces, los combates por la hegemonía del Mediterráneo se habían llevado a cabo en las aguas cercanas a Italia, o en Sicilia o Cerdeña; pero Hispania era un lugar lejano, abrupto, donde las tropas republicanas apenas podían contar con la ayuda de algunos súbditos o algunos mercaderes.

No se sabe, a punto fijo, cuál fue la reacción de Roma: en el Senado se debatían los antiguos pactos entre ellos y los cartagineses, pero parecía evidente que Aníbal no los tenía en cuenta y que negaba su validez.

La costa de Hispania vio con terror el paso de la caballería cartaginesa, con sus aguerridas tropas y aquella suerte de espectáculo impresionante: los elefantes como torres móviles que asolaban cada lugar por el que transitaban. Los sedetanos, los segobrigenses o los ausetanos junto al Mare Baliaricum admiraban la gran proeza de Aníbal, y muchos iberos se unieron a las tropas invasoras con el ánimo de llegar a Roma. En Hispania, como dicen los historiadores, fundó Aníbal su gloria.

Volvió el fiero cartaginés sus ojos hacia Calagurris, una ciudad situada en el norte de Hispania, muy cerca del gran río Iberus. Las casi salvajes tribus de iberos oponen resistencia a los descendientes de la hermosa Dido, pero el avance de Aníbal es implacable. El consejo de ancianos de Calahorra se reúne en la plaza, como era costumbre, y señala al joven Calón como héroe y capitán de las tropas iberas. Pero a duras penas pueden detener la furia cartaginesa durante dos o tres días: al fin, se ven reducidos en los límites de sus murallas y sólo resta esperar un crudelísimo asedio.

Aníbal era un general impaciente y estaba ya pensando en la gloria de la conquista de Roma, de modo que envió mensajeros a Calón, los cuales le instaron para que rindiera la ciudad en ese mismo día o todos los ciudadanos de Calagurris serían pasados a cuchillo tan pronto como los cartagineses se hicieran con la fortaleza. Pero Calón respondió: «Calahorra no se rinde».

De este modo comenzó el más terrible asedio que hayan conocido los siglos: Aníbal distribuyó sus hordas en torno al fuerte amurallado e hizo construir, además, otra muralla con siete torres, para asegurarse de que ningún ibero salía de la ciudad. Cortó las aguas del río Cidacos y envenenó los manantiales, e incluso pagaba enormes sumas de oro a los hechiceros y los magos para evitar que la lluvia cayera en Calahorra.

Los alimentos comenzaron a escasear: el hambre y la sed atenaza a los asediados, y las enfermedades merman considerablemente su número. La peste, las ratas y las culebras se hacen dueños de la ciudad, pero los iberos colocan a sus muertos en las murallas y los visten como guerreros para intentar atemorizar a los cartagineses.

Muchos días pasaron y la ciudad quedó en completo silencio: ya no se oían los cánticos guerreros en la ciudad, ni podía distinguirse el humo de las fraguas y las chimeneas... Aníbal observó que en las murallas sólo había cadáveres pues los cuervos y los buitres se comían los ojos de aquellos vigilantes inmóviles. Con sumo cuidado, el capitán cartaginés ordenó que se acercaran sus soldados a la muralla... pero desde las almenas no se lanzaban saetas, ni aceite hirviendo, ni rocas. Sólo un silencio sepulcral parecía habitar en aquella ciudad.

Cuando abrieron las puertas, un fétido olor a podredumbre provocó las náuseas de Aníbal: los cadáveres estaban amontonados en las calles, los perros y los cerdos se comían a los muertos, que se desmembraban al sol. Un pestilente hedor salía de las casas, de los templos y de las posadas: algunos cuerpos estaban mutilados, porque los últimos vivos se habían visto en la necesidad de comerse a su parentela. El espectáculo era tan horroroso que Aníbal ordenó que pusiera fuego en la ciudad y que nadie tocase ni una moneda de oro de los calagurritanos. Asombrado por el valor y el sacrificio de aquellos hombres, Aníbal volvió la espalda y no quiso saber nada de los iberos.

Aún permanecen ocultas o son misteriosas las razones del fracaso de Aníbal en Italia. Habían logrado lo más difícil: cruzar los Alpes. Habían conseguido, ante el asombro del mundo, traspasar las inmensas cumbres a lomos de los elefantes y, sin embargo, jamás llegaron a la capital del mundo. Tras la terrible batalla de Canas, en la que perecieron más de setenta mil romanos, Aníbal solicitó a Cartago más tropas y oro con el que dar el asalto definitivo a Roma, pero Cartago se lo negó. En aquel año de 216 a.C., los cartagineses se retiraron a Capua, la capital de la Campania, y allí se entregaron a los placeres. De esta irresponsabilidad guerrera nació la expresión «Las delicias de Capua», con la que se da a entender que los placeres y la molicie acaban por arruinar los triunfos obtenidos. En Capua, el poderoso caudillo Aníbal vio cómo sus guerreros perdían todo interés por la conquista de Roma y cómo preferían una vida fácil y holgada en la maravillosa ciudad, en vez de animarse en las glorias de la batalla. En el verano siguiente, Roma preparó concienzudamente el asalto a los campamentos cartagineses y, en esta ocasión, no dejó pasar la oportunidad. De este modo, el gran caudillo que vino de Hispania cayó derrotado y así terminó la osada gesta de Aníbal.

WAMBA

Por aquel entonces Hispania era poco más que un lugar agreste y salvaje, donde moraban tribus dispersas de godos, vascones, montañeses, iberos y otros pueblos casi primitivos. Lejos quedaban ya los intentos de los romanos por traer a la civilización a aquellas razas de indómitos individuos. Cuando el Imperio Romano cayó en manos de los bárbaros, éstos avanzaron sobre la península itálica, sobre la antigua Galia y sobre Hispania, estableciéndose como mejor les convenía.

Durante varios siglos los reyes visigodos trataron de unificar el reino de la península ibérica, con distinta fortuna. Los monarcas solían fallecer prematuramente, bajo la influencia de venenos o puñales. Todo tipo de traiciones se perpetraban con la intención de lograr el trono de Hispania y ésta parecía sometida a una maldición: los pobladores del extremo galaico se asentaban en poblados primitivos y negaban cualquier autoridad a los reyes que se sucedían; los astures, otro tanto; los cántabros y los vascones se rebelaban; los navarros designaban su propio rey; los iberos moradores de las riberas del Ebro se ocultaban y acechaban en las montañas; los levantinos negaban la autoridad real y traficaban con los griegos; los béticos andaban por las sierras más ocupados en buscar su sustento que en las intrigas palaciegas; y en toda la meseta central, las diferentes tribus batallaban hasta la muerte por unas tierras a las que poco se les podía sacar.

Tan terrible situación se agravó mucho cuando, mediado el siglo VII, murió Recesvinto. Entonces los ánimos se enconaron, pues el rey no había nombrado sucesor y los nobles godos se lanzaron al trono como lobos. Las muertes violentas, los asesinatos, los envenenamientos se sucedieron y los reyes no sustentaban la corona más que unos días.

Llegó a oídos del Papa esta circunstancia, lo cual le produjo un profundo dolor. Hizo llamar a cuarenta nobles godos y les pidió que le explicaran al pormenor la trágica historia de su pueblo. Los nobles admitieron que todos ellos eran pretendientes al trono y que Hispania estaba dividida y en el mayor desastre.

—Mas si el Santo Padre designa a uno de nosotros –dijeron–, su orden será acatada por todos.

Pidió auxilio divino el Papa para dar con el hombre que pudiera regir los destinos de Hispania con valor y honradez, pero no acababa de decidirse por ninguno de aquellos cuarenta nobles. Una noche, el Sumo Pontífice tuvo un sueño y creyendo que aquella visión era profética, dijo a los nobles:

—Volved a vuestra patria, y buscad a un hombre llamado Wamba, que trabaja con un buey blanco y otro negro: ése será vuestro rey.

Regresaron los nobles apesadumbrados y confundidos, pues ninguno de ellos había sido elegido; pero respetaban y veneraban al Santo Padre e hicieron cumplir su mandado: al poco tiempo muchas cuadrillas de soldados salían a los caminos, preguntaban en las posadas y en la ventas, cruzaban ríos y montes interrogando a los campesinos... pero en lugar ninguno aparecía el labrador Wamba. Llegaron hasta los confines de Galicia, sortearon las cumbres de Asturias, se internaron en los bosques de Vasconia, navegaron por el Ebro, llamaron a las puertas de los castillos catalanes, cada casa de Castilla fue visitada y hasta la antigua Gades, en el sur de Hispania, llegaron los soldados... pero en lugar ninguno aparecía el labrador Wamba.

Pasados tres años, los nobles ya renunciaban a dar con el labriego y creyeron que el Santo Padre les había engañado. Pero, he aquí que en un rincón de las inmensas tierras castellanas, dos soldados que descansaban bajo una encina vieron pasar a una joven aldeana. Admiraron su belleza y observaron que se dirigía a un otero. Desde allí la oyeron gritar:

—¡Wamba, Wamba!

La mujer, con la alegría de la esposa joven, le pedía que dejase ya el arado y que volviera a casa, donde tenía la comida dispuesta.

Los soldados imaginaron que aquel hombre era el que buscaban, mas para estar seguros, esperaron. ¡Cuál no sería su sorpresa cuando lo vieron aparecer con una yunta de bueyes, uno blanco y otro negro, como había profetizado el Papa! Arrojándose a sus pies, los soldados le comunicaron la noticia: el mismísimo Papa de Roma había soñado que él sería el próximo rey de Hispania, y quisieron besarle las manos. Pero él se negó:

—No dejaré mis campos, ni abandonaré a mi esposa, ni cambiaré mi humilde vida por todos los reinos del mundo. Dejadme.

Los pobres soldados volvieron a la corte y contaron a los nobles cuanto les había sucedido. Ellos estaban convencidos de que aquel Wamba era el rey prometido y los dos bueyes confirmaban su presentimiento. Los cuarenta nobles tomaron sus caballos y se dirigieron a la casa del labriego. Allí comprobaron que Wamba era un joven discreto, justo y amable, y vieron con sus propios ojos la yunta de bueyes: uno blanco y otro negro. Le instaron amablemente a que aceptara la corona, pero Wamba prefería sus campos, el aire puro de Castilla y una vida apacible junto a su esposa, lejos de las ambiciones e intrigas cortesanas. Para evitar la insistencia de los nobles, Wamba clavó su vara en la tierra y dijo:

—Sea, amigos: cuando mi cayado florezca, entonces seré rey.

Y no acababa de decirlo cuando a la vara le nacieron yemas nuevas y unas hojitas verdes, y al cabo todo el cayado se cubrió de flores blancas y rosadas. En este asombroso suceso vieron todos que Dios mismo había nombrado a Wamba rey de Hispania y el propio labrador supo que su destino era coronarse y aceptar el trono.

Se afirma que Wamba y su esposa, la reina, fueron justos y sabios, y que gobernaron su patria con prudencia y sosiego. También se asegura que, durante el reinado de Wamba, Hispania conoció la paz y la prosperidad, y que en aquel punto comenzaron las glorias de una tierra marcada por la profecía del Papa: un buey blanco y otro negro.

Don Rodrigo y la pérdida de España

Amores trata Rodrigo...
ROMANCE TRADICIONAL

Así lo dice el romancero.

La historia de don Rodrigo es una de las más conocidas y populares, y ha sido recreada en obras de teatro y romances modernos. Los sucesos que se narran acaecieron allá por el siglo VII, poco antes de la invasión sarracena de la Península. Don Rodrigo es, según la tradición, el último rey godo y tenía su residencia en Toledo. En los palacios de la ciudad imperial residía buena parte de la corte española y sólo algunos nobles vigilaban la frontera sur, donde los moros comenzaban a aventurarse con el propósito de conquistar la antigua Hispania. Seguramente los infieles creían cuanto de España se contaba: «donde nace el oro fino, / y la plata no faltaba», como dejó escrito San Isidoro.

El conde don Julián, hombre de valor, vivía en el alcázar de Ceuta y desde allí repelía los violentísimos ataques moros. Sin embargo, el norte de África no era lugar propio para mantener a una familia, y don Julián envió a su hija a Toledo, donde las guerras y las algazaras no podrían dañarla.

En la corte toledana, a decir verdad, la vida transcurría apaciblemente y nada quebraba el sosiego de los caballeros y damas. El palacio se extendía en un vergel o jardín donde las muchachas cortesanas jugaban y bailaban durante la primavera. Entre todas ellas, la más hermosa era la hija de don Julián, llamada Florinda y a la que todos conocían con el nombre de la Cava. Era esta muchacha una joven dulce y amable, que sólo lamentaba los peligros en los que se veía su padre y siempre lo tenía presente en la memoria. Su belleza cautivaba a cuantos la veían y su galanura la hacía querida por amigas y jóvenes pajes.

No pudo don Rodrigo sustraerse a la hermosura de Florinda y, aun sabiendo que hacía mal, comenzó a cortejarla. La Cava rechazaba sus pretensiones, porque era muy niña y, además, el rey no había contado con el beneplácito del conde don Julián. En vano luchaba don Rodrigo por atraer sus miradas, pero su corazón estaba inflamado de amor y una pasión desordenada agitaba su alma. Comenzó a presentarle regalos y cortesías: un día se acercaba a su cámara y le mostraba las más raras flores del reino; al cabo, le venía con sedas escogidas entre las mejores de Arabia; en una ocasión le ofreció un collar de oro y rubíes que deslumbraba... En el palacio no se veían con buenos ojos estos alardes de riqueza y esta soberbia en la conquista de una muchacha. Aun así, de nada valieron presentes y galanterías: Florinda se negaba una y otra vez a conceder su amor al rey.

Amargado y violento, el rey se retorcía las manos y se mesaba los cabellos: ninguna dama se había resistido con tanta obstinación. Ideó entonces un malévolo plan: encerróse en una cámara apartada e hizo llamar a la hermosa muchacha bajo pretexto de tener noticias de su padre, el conde don Julián. La Cava acudió sin dilación, porque no había cosa más grata para ella que recibir nuevas de su padre, al que amaba con tierno afecto. Mas cuando la muchacha hubo entrado, el rey cerró con siete llaves la sala y allí mismo la forzó. La joven gritaba y maldecía a don Rodrigo, pero éste tenía la frente nublada y no concebía otro deseo más que el de poseer a la hermosísima Florinda.

Los días siguientes se tiñeron de amargura: la Cava se había encerrado en su cámara y pasaba las noches llorando y gimiendo. Nada la consolaba y en nada encontraba placer. Más deseaba morir que cualquier otra cosa: veíase a sí misma indigna y creía que su hermosura había tenido la culpa. Golpeábase el pecho, rasgaba sus ropas y se cortó los preciosos cabellos, en señal de luto. Por días se marchitaba su belleza, a nadie quería hablar y una profunda tristeza anidó en su corazón. Ni siquiera su mejor amiga, la joven Inés, comprendía aquel súbito cambio en el carácter de la Cava.

—Hermana mía –le decía–; decidme qué os pesa... ¿os he ofendido en algún modo? ¿Dónde quedó vuestra alegría y la dulzura con que me hablabais? ¿Tendré yo la culpa?

Tanto apremió Inés a su amiga, que ésta al fin confesó cuanto le había sucedido. Con los ojos arrasados en lágrimas dijo que el rey la había deshonrado del modo más infame y que ya nunca más la Cava sería digna de llevar el blasón del conde don Julián.

Con dulces palabras Inés consoló a su amiga y le hizo ver que todo el deshonor caía sobre la corona de España, toda la infamia sobre don Rodrigo y todo el pecado sobre el alma del rey. La convenció para que escribiera a su padre, y para que le contara la grave ofensa que había recibido. Al fin accedió Florinda y, tomando recado de escribir, envió cartas al conde y en ellas derramó muchas lágrimas y lamentos, que daba pena verlo.

Toda la sangre del corazón se le subió al rostro. Don Julián ardía de ira y venganza. Cuando recibió las cartas de su hija, las abrió con gran alegría, pues la amaba tiernamente. Pero el contenido de las mismas casi le hizo perder el juicio...

—¡Maldito seáis por siempre, don Rodrigo! –gritaba mientras golpeaba con su espada cuanto hallaba a su paso–. ¡Maldito seáis vos y toda vuestra estirpe! ¡Hijo de mala putaña, sobre vuestra tumba han de vivir las serpientes y los escorpiones! ¡Un hombre que tal hace, merece la perdición eterna!

No pasaron tres días y el conde don Julián ya había pergeñado su venganza: escribió cartas a los moros y en ellas les aseguraba que entregaría las llaves de España con gusto. También envió mensajeros a Sevilla, donde un siniestro clérigo llamado don Opas esperaba también la caída de don Rodrigo. De modo que todas las desgracias se acumulaban sobre el trono del rey.

Sin embargo, el monarca vivía agradablemente en Toledo: nada sabía de cuanto se le preparaba. Para continuar su infame trato a la Cava, había ordenado que la llevaran a sus aposentos y allí, una vez y otra la deshonraba sólo para su gusto, y de este modo aumentaban sus pecados y la venganza de sus enemigos. En cierta ocasión estaba el rey dormido junto a la desgraciada Florinda, y aquel día tuvo un sueño don Rodrigo: vio una tienda sostenida por trescientas cuerdas de plata. En la tienda había cien doncellas hermosísimas, engalanadas con los más preciosos vestidos de seda y oro. Sus cabellos eran oscuros y los ojos verdes como la mar: su piel, blanquísima como nieve; y las sedas y armiños dejaban ver las dulzuras de sus cuerpos lascivos. Cincuenta de aquellas damas tañían laúdes y cítaras, y la armonía resultaba extraña y misteriosa. Las otras cincuenta cantaban y bailaban con voces dulcísimas que enamoraban. Una de aquellas hermosas avanzó hacia el rey, envuelta en vapores de ámbar e incienso: una banda ceñida en su pecho decía que la dama se llamaba Fortuna. Traía los ojos vendados con un rico paño de oro y en sus manos una esfera universal.

—Si duermes -dijo Fortuna-, despierta, rey don Rodrigo. Y verás tu destino aciago y tu desdichado final. Verás a tus caballeros desangrados y tu batalla, perdida. Tu reino, don Rodrigo, yace sepultado en las ruinas: tus ciudades, tus villas, tus castillos pertenecen a otro. El conde don Julián, padre de tu amada, te ha traicionado. Tú deshonraste a su hija y él ha jurado que te dará muerte. Tal mereces, Rodrigo, por tu desgraciada vida.

Despertó sobresaltado el rey y vio con extremo dolor a la Cava, que lloraba a su lado. Grandes voces se oían en palacio y el monarca salió por ver a qué se debía tanto alboroto. Ahora lo supo: el conde don Julián arrasaba Ceuta y, de la mano de los moros, pasaba a tierras cristianas asolando fortalezas y quemando cuanto hallaba a su paso. Don Rodrigo aprestó sus ejércitos y salió al encuentro de sus enemigos.

Las batallas fueron terribles y la sangre derramada anegaba los campos y los valles. Siete encuentros tuvieron moros y cristianos, y en los siete las huestes de don Rodrigo fueron derrotadas. La carnicería asombraba a los aldeanos, que se refugiaban en las cuevas de las montañas. Por todos lugares se encontraban los restos de los valerosos godos, heridos de muerte o comidos por los perros. Don Julián y sus vasallos eran los más fieros e incluso a los mismos sarracenos asombraba su sangrienta venganza. La octava batalla tuvo lugar en el sitio de Guadalete, en el año 711. Los soldados de Tariq ben Ziyad y don Julián atacaron con violencia singular y los ejércitos de don Rodrigo se vieron abocados a una muerte implacable: por el campo se veían hombres cansados, con los escudos abollados y las lanzas rotas; los rostros, tintos de sangre, imploraban piedad al sarraceno, y éstos no dudaban en degollarlos sin compasión. Ningún capitán salvó su vida, ningún estandarte ni pendón quedó a salvo...

Desde un otero, el perverso rey veía el espectáculo vergonzoso de su derrota y allí se lamentó con estas palabras:

—Ayer era rey de España... hoy, no lo soy de una villa.

Volvió riendas y dio por perdido su reino. Solo, triste y amargado vagó por esos caminos de Dios, pidiendo la muerte y fustigándose el cuerpo a puñaladas. Ahora comprendía todo el mal que había hecho y cuánto lo merecía. Ahora comprendía los augurios y los sueños, y no hubiera dado un maravedí por su alma. La vergüenza le comía el corazón y no se atrevía a entrar en ciudades o villas: rodeaba por collados, se internaba en los bosques y espesuras, subía a las montañas, pero en ningún lugar hallaba sosiego para su corazón perdido.

En una ocasión don Rodrigo topó con un pastor y le pidió asilo en una choza, pues estaba tan cansado que apenas podía sostenerse sobre los estribos. Pero el pastor le negó con la cabeza: en ningún lugar hallaría donde dormir, porque aquellas tierras estaban desoladas y los cristianos, que esperaban la llegada de los moros, habían huido hacia el norte, quemando sus posesiones y llevándose con ellos a los sirvientes y ganados.

—Sólo queda, si gustáis, una ermita pobre, en lo bajo de aquel valle. Un monje la cuida, que él no ha querido marchar.

Don Rodrigo se vio obligado a comer un mendrugo de pan negro con aquel pastor y el infame más lloraba por los placeres que había perdido que por la desgracia de su reino. El monarca ni siquiera tenía con qué pagar el pan rancio del pastor, y con gran pesar tuvo que desprenderse de una cadena de oro y de un anillo.

Llegada la noche, el rey llegó a la ermita. Aquel lugar solitario y pobre le ablandó el corazón y los arrepentimientos comenzaron a morderle la garganta. Así, se arrodilló ante la santa imagen de Cristo y comenzó a orar. Muy fuertes golpes se daba en el pecho y, arrepentido, pedía a Dios que le quitara la vida.

En esto, llegó el ermitaño y le ofreció un jergón donde dormir y un mendrugo de pan negro para comer. Al borde del fuego, don Rodrigo se confesó y contó al viejo fraile todos los males que había hecho y cuán infame había sido su conducta. El eremita lo consoló y rogó a Dios por su alma de perdición.

—Ved, santo ermitaño -dijo el rey-, si podéis imponerme una penitencia con la que pueda salvarme y reparar todo el mal que he hecho.

El pobre monje advirtió que él era poco letrado y que no tenía autoridad para impartir justicia a los reyes. No obstante, como don Rodrigo lo apremió, el ermitaño dijo que reflexionaría durante la noche y que, a la mañana siguiente, le daría una respuesta.

Esta misma noche el fraile tuvo un sueño y, en él, Dios le hizo saber la penitencia que debía imponerle al lujurioso monarca. Quiso el Señor que don Rodrigo purgara su pecado de modo singular: que se metiera vivo en una tumba, con serpientes y escorpiones, y que allí se estuviera hasta que las alimañas hubieran muerto.

Viendo el rey que era mandato divino, también pensó que con tal penitencia salvaría su cuerpo y su alma, y no dudó en aceptar la penitencia. Cuando hubo cavado la fosa, se introdujo en ella y el fraile echó allí un cesto de serpientes y escorpiones. Después, cubrió la tumba con una pesada lápida y allí quedó encerrado don Rodrigo.

Pasaban los días y el fraile iba cada mañana a preguntar al monarca: «¿Cómo os va, buen rey? ¿Vaos bien con la compañía?». Don Rodrigo respondía que, por el momento, las alimañas no lo habían tocado, y con gran ánimo se esforzaba en pensar que saldría de aquella penitencia con bien. El ermitaño rogaba por su alma y pedía a Dios que lo absolviese y que acabara aquel tormento, del cual a duras penas podría sobrevivir. Pero Dios no volvió a revelar su palabra.

Más de siete noches pasaron, y el rey perdía su brío. Al cabo de la octava luna, las serpientes mordieron a don Rodrigo allí donde estaba su pecado, y comenzaron a comerle las entrañas. Grandes alaridos daba y el pobre fraile tenía que alejarse de la ermita para no escuchar los lamentos del penitente. Sentía por él gran compasión, pero así había querido Dios que acabara sus días el hombre que entregó España en manos de los sarracenos. Al cabo, don Rodrigo murió y cuando el ermitaño levantó la lápida sólo pudo ver los huesos negros y la calavera del monarca, que había sido comido por las alimañas, confirmando la maldición del conde don Julián, padre de la hermosa Florinda.

Se dice, también, que don Rodrigo había presentido esta tragedia algunos años antes de su muerte, cuando visitó la famosa cueva de Hércules en Toledo. Se decía que el mismo Hércules, en sus andanzas tras los Geríones, había fundado la ciudad sobre el Tajo y que había escondido grandes tesoros en una misteriosa gruta. Al parecer, el héroe hizo grabar en la entrada del pasadizo una terrible inscripción:

CAIGA SOBRE TU CABEZA LA DESDICHA.

De este modo Hércules advertía de las penurias que acontecerían al que osara traspasar las puertas de la cueva.

Durante muchos siglos nadie se atrevió a cruzar el umbral de aquellos pasadizos, pero don Rodrigo era ambicioso y quiso poseer las inmensas riquezas del héroe griego. Era común que todos los reyes de Hispania, cuando llegaban al trono, hicieran colocar un candado nuevo a las puertas de la cueva, con el fin de perpetuar la tradición y preservar los tesoros de Hércules. Sin embargo, don Rodrigo hizo todo lo contrario: mandó que se quebraran todas las cadenas y que se rompieran todas las cerraduras.

Así, el rey pudo entrar en aquel misterioso recinto. Pero no encontró los tesoros que esperaba: sólo había un tapiz, guardado en paños de lino y oro. Cuando desenvolvieron la tela, el rey pudo observar una escena de guerra, trabajada al estilo antiguo. Se veían guerreros envueltos en sangrienta lid: unos llevaban turbantes y armas parecidas a las que utilizaban los sarracenos; los otros vestían al estilo cristiano. Sobre un otero, un rey admiraba la contienda y a los pies de su caballo había culebras y escorpiones.

Pero don Rodrigo no dio más importancia a aquel hallazgo e hizo derruir la cueva, olvidándose de ello hasta que la desgracia que se anunciaba en la entrada se ciñó sobre sus sienes.

Del conde don Julián se supo que la amargura anidó en su corazón cuando comprendió que había entregado su patria a los infieles. La pena por su hija también consumió su existencia del modo más lamentable: la pobre Florinda no pudo soportar su vida y se arrojó al Tajo, donde pereció ahogada. El conde huyó hacia el norte y nada quiso saber de los sarracenos, pero éstos lo encontraron en tierras de Aragón y le dieron una muerte terrible, cortándole los miembros y esparciéndolo por los caminos, donde los cuervos y los lobos se lo comieron.

Leyenda famosa de Bernardo el Carpio

Por las riberas del Arlanza
Bernardo el Carpio cabalga...
ROMANCERO

Por aquellos años reinaba don Alfonso de Asturias. Don Alfonso II, *el Casto*, que así lo llamaban, gobernaba los reinos de León y Dios quiso que su vida acabara en el año 842. Muchos sucesos notables tuvieron lugar en sus posesiones y, entre todos, el más recordado es el que tuvo como protagonista a Bernardo o Bernaldo del Carpio. Ahora se dirá lo que ocurrió.

Tenía el rey don Alfonso una hermana, llamada Ximena. Era esta dama muy hermosa y de carácter dulce y amable. Se dice que Ximena tuvo muchos pretendientes pero su corazón lo había entregado ya a un caballero: Sancho Díaz, el conde Saldaña. Sus amores están escritos en muchos lugares y se asegura que hubo ternura y cariño entre ambos. También se dice que la hermana del rey y el conde de Saldaña se casaron en secreto y a espaldas del rey, y que en esta boda tuvo mucha parte la mismísima reina.

De aquella pasión desgraciada nació un niño, al que se le dio por nombre Bernardo. Cuando el infante vio la luz, el cielo se oscureció y hubo grandes fuegos en las esferas. Ximena ocultó al niño, porque conocía la terrible enemistad entre el rey Alfonso y Sancho Díaz. Pero este secreto pronto fue conocido por el monarca, el cual, rojo de ira, ordenó que se apresara a Sancho Díaz y que se le cargara de cadenas. También mandó que lo amarraran a un muro de la prisión y que, cada cuarenta días, le diesen tormento. Y que nunca saliera de los calabozos. A su hermana Ximena la envió a un convento, acusándola de deshonrar el trono de León y de ser la vergüenza de la familia. El mismo rey don Alfonso le cortó las haldas a su hermana, como si de una prostituta se tratara.

Creció Bernardo en la corte, aprovechando las enseñanzas de su ayo y preceptor, y logró hacerse notar en el arte de la guerra, de las letras y de los amores. Era, con pocos años, la flor de la juventud caballeresca y no había otro como él en los reinos de León, ni de Aragón, ni en toda la morería hubo jamás uno como nuestro Bernardo. Aun a regañadientes, el rey don Alfonso no tuvo más remedio que ordenarlo caballero. Y cuando logró este honor, Bernardo salió de la corte e hizo construir un castillo cerca de Salamanca y esta fortaleza se llamó El Carpio. Dicen que un malvado le salió una vez al camino y se burló de él, diciéndole:

—Más te valiera, Bernardo del Carpio, buscar a tu padre en vez de lucir tus galas en los balcones de las damas. Hasta el mismo rey os llama bastardo.

Esto hirió mucho el corazón de nuestro héroe y, a toda costa, quiso saber quién era su padre y cuál era la historia de su vida. En su castillo del Carpio, el muchacho hizo llamar a Elvira, una anciana matrona que se había hecho cargo del infante cuando sus padres fueron llevados a prisión. Allí le preguntó qué había sido de ellos y doña Elvira le dijo cuanto sabía: que no era bastardo, como por todos lugares se proclamaba, sino hijo de sangre real; que su madre doña Ximena tuvo amores con un caballero honrado, el conde de Saldaña; también le confirmó que hubo bodas y que la hermana del rey no había deshonrado la casa real; y, finalmente, le dijo que su padre, Sancho de Saldaña, estaba preso en Luna y cargado con mil cadenas.

Mucho se enojó Bernardo con su tío, don Alfonso. Se vistió con ropajes negros de luto, y hasta su misma capa era tan negra como la muerte. Con cuarenta de los suyos se fue a ver al rey y se quejó ante él de la prisión de su padre.

—Señor: mi madre es vuestra hermana y está por vuestro gusto enterrada en vida. Mi padre, don Sancho de Saldaña, por vuestro gusto está preso en Luna y cargado de cadenas. Con razón he de vestir luto y así será hasta que vea a los dos libres de este injusto castigo.

Don Alfonso se enojó mucho con Bernardo y le recriminó su insolencia. También lo acusó de desagradecido, porque se había criado en la corte, a su lado, y gracias a la benevolencia del monarca había podido llegar a ser caballero.

—La caridad, señor, no paga la injusticia –dijo Bernardo, y se quitó de su presencia.

Así nacieron los enojos y la eterna enemistad entre el Carpio y la corte de León.

No obstante, la lealtad de un caballero cristiano hacia su rey impide cualquier rebeldía, y Bernardo acudía a las órdenes de don Alfonso cuando éste lo solicitaba. Muchos hechos de armas se sucedieron en aquellos años y en todos destacó el del Carpio por su valor y destreza. En el sitio de Oseja, Bernardo mató a don Bueso el francés, que venía a destruir los reinos de León, y todos los nobles cristianos alabaron la valentía del joven, llamado el bastardo. Conocida esta hazaña, el rey mandó llamar a su sobrino y le ofreció algunos presentes, pero él insistió en que lo único que deseaba era ver libre a su padre, don Sancho de Saldaña. Pero el rey se lo negó.

En otra ocasión, Bernardo hizo gran matanza entre los sarracenos, cerca del lugar llamado Valdemoro, y con cien cabezas ensartadas en otras tantas picas fue a Oviedo y pidió de nuevo clemencia para su padre. Y de nuevo el rey se lo negó.

Dice la leyenda que con motivo de unos juegos, en la corte de León, vinieron a aquella ciudad los más valientes y aguerridos caballeros. Hubo bailes y danzas, y todo era algarabía en las plazas y las calles. Allí, por orden de caballería, estaba también Bernardo, mas tomó posada y no quiso participar en los torneos. También estaba en la ciudad de León un caballero catalán llamado Urgell, que encantaba a todos con su pericia y habilidad en las cañas y bohordas. Pero los leoneses estaban tristes y avergonzados, porque no había entre ellos ninguno que pudiera igualar al caballero de Urgell. «¿Dónde está Bernardo el Carpio?», se oía decir en los corrillos. Pero el joven héroe no quería fiestas ni bailes, y sólo había acudido a León por orden del rey. Pensó entonces don Alfonso que tal vez, si le prometía la libertad de su padre, acaso Bernardo quisiera luchar con Urgell. Y lo mandó llamar, prometiéndole el oro y el moro si derrotaba al extranjero. De nuevo el Carpio pidió que se libertara al conde de Saldaña, su padre.

—Así será –respondió el monarca.

Apareció en el campo nuestro héroe, como siempre vestido con ropajes negros como el azabache. Un escalofrío cruzó la espalda de Urgell, que hasta entonces se había vanagloriado de su pericia. Cuando Bernardo alzó su pendón, todos los presentes lo aclamaron y lo vitorearon. El de Urgell se llegó a su oponente montado en un corcel blanco y golpeó el escudo del castellano, con lo que hizo una ofensa gravísima. Acordaron los jefes del real que los dos caballeros jugarían sólo a derribo, pero el ufano Urgell pidió lucha a sangre y muerte. No lo dudó Bernardo, y aceptó el envite.

Ambos caballeros, el uno de blanco, el otro de negro, se aprestaron al torneo. Bernardo picó espuelas y su negro alazán levantó la tierra del campo con tanta ira como su dueño. El catalán hizo lo propio y su corcel blanco espumaba la boca con furia. El choque de ambos fue terrible, y las dos picas se quebraron por su centro. Tomaron nuevas lanzas, y Bernardo levantó la suya con intención de derribar al caballero de Urgell: estando cerca, el catalán levantó la suya para impedir el golpe, pero en el último instante, el del Carpio bajó la pica y gopeó a su enemigo en la coraza, derribándolo con estrépito. Raudo y veloz, Bernardo desenvainó su formidable espada y, descabalgando, llegó hasta donde el catalán yacía tendido y moribundo.

—¿Decís ahora, caballero, que vos sois el mejor lidiador y vuestro rey el mejor monarca?

—Prefiero la muerte a desdecirme –contestó Urgell.

Y sin dudarlo, Bernardo lo atravesó con su espada.

Nobles, damas y villanos aclamaron a su héroe, mas éste se retiró un tanto y se presentó ante su rey, pidiéndole que cumpliera su palabra. Don Alfonso le contestó que se hablaría de ello cuando acabaran las justas y los torneos, al cabo de siete días.

Durante este tiempo Bernardo estuvo encerrado en su posada, sin querer hablar con nadie y sin volver al campo de juegos. Por más que se lo pidieron, no quiso acudir. Más bien al contrario, escribía billetes al rey, recordándole su promesa y la necesidad de que pusiera al conde Saldaña en libertad. Incluso la misma reina intercedió ante don Alfonso para que cumpliera el juramento que le había dado a Bernardo, pero el monarca se irritó y envió a su esposa al diablo, diciéndole que jamás liberaría a Sancho de Saldaña.

Cuando lo supo Bernardo, corrió a palacio y se presentó ante su tío con rostro iracundo:

—Mil veces me habéis prometido justicia, y nunca me la habéis otorgado. Yo os fui leal ante el rey Orestes; os fui leal en Zamora, cuando Almazán sitió la muy noble ciudad; os fui leal en Mérida y os fui leal en Orbí, el río. Mal, muy mal me pagáis, señor.

Y se fue Bernardo, lamentando su suerte y lleno de enojos. Mas la lealtad con el monarca había tocado a su fin, y el Carpio decidió no volver a servir a su rey nunca más y hacerle tanto daño como pudiera.

Así lo hizo: con cuatrocientos hombres armados el del Carpio asolaba los campos, destruía ciudades, asaltaba las caravanas y mancillaba el honor de don Alfonso. Éste, irritado con su sobrino, le hizo llegar cartas, ordenándole que se presentara ante él inmediatamente. Bernardo receló de este mandado, porque conocía que su tío era un traidor y un infame. Por tanto, hizo que se aprestaran sus huestes y, vestido de negro como era su costumbre, partió hacia Oviedo, donde tenía entonces la corte don Alfonso.

—¡Traidor! –le espetó el rey, cuando lo tuvo en su presencia–. ¡Bastardo! ¡Hijo de mal padre! ¡Yo te di el Carpio y tú me pagas destruyendo mi reino!

—¿Me disteis? –respondió Bernardo–. ¿Qué me disteis? Yo me gané el Carpio y mío es. Mentís, como siempre mentís, rey don Alfonso. Por mil veces que os he salvado, mil veces me habéis mentido; mil veces me habéis prometido la libertad de mi padre, y otras tantas habéis faltado a vuestra palabra.

Y diciendo esto, subió a la tarima, igualándose con el rey, cosa que todos los caballeros y nobles del reino tenían prohibida, porque era una ofensa y traición.

El rey ordenó que lo apresaran, pero Bernardo sacó su espada y al punto aparecieron doscientos soldados suyos dispuestos a asolar y a prender fuego al palacio. Aterrado, don Alfonso hizo que todos sus soldados se retirasen y trató de sosegar a su sobrino con buenas palabras:

—¡Oh, mi querido Bernardo! -le decía-. ¿Por una broma os enojáis?

—Estas burlas no son burlas, señor. Me habéis llamado traidor y usurpador: pues quedaos con el Carpio y que os aproveche.

Y diciendo esto, dio media vuelta y salió del palacio.

Solo y abatido se le vio por las riberas del Arlanza, como dice el romance, y apesadumbrado como iba, se oyó que decía:

—Bastardo me llaman y soy de sangre real. El mismo rey de ese modo me ofende, que no lo toleraría en nadie y aun en él, estas palabras son injustas. Ni mi padre es traidor, ni mala mujer mi madre, que cuando yo nací ellos estaban casados y Dios los había bendecido. ¡Oh, maldito seas Alfonso! ¡Metiste a mi padre en hierros y a mi madre la enterraste en el claustro de un convento! Yo me iré a Francia y allí lucharé contra ti y contra los tuyos. Contra gascones, contra leoneses y contra asturianos iré en batalla... y te mataré o moriré.

En alianza con unos y con otros, Bernardo, el caballero desdichado, apremiaba a las huestes del rey Alfonso y tanto las estrechaba que cuando lo veían llegar al mando de cuatrocientos hombres, huían como almas que lleva el diablo. En todos lugares Bernardo tajaba y humillaba a los leoneses y el rey llegó a pensar que «el bastardo» cumpliría su amenaza de matarlo y derribarlo del trono.

Finalmente, el pusilánime rey se convenció de que la mejor estrategia era dar la libertad a Sancho de Saldaña. Hizo que le llegaran los avisos y noticias a Bernardo: que su padre saldría de la prisión en pocos días. Los mensajeros que llevaron estas nuevas al del Carpio recibieron joyas y monedas, y fueron festejados como príncipes. Al cabo, Bernardo hizo que se quemaran sus ropas de luto y dejó libre su caballo negro. Vestido de punta en blanco y con la alegría de ver y abrazar a su padre, el joven caballero giró las riendas hacia León, convencido de que allí le esperaba la mayor alegría de su vida.

Cuando Alfonso ordenó soltar las cadenas del conde de Saldaña se descubrió que éste había muerto unos días antes, porque el carcelero había tenido que visitar a un familiar enfermo, y lo había dejado allí sin agua y sin pan, de modo que el triste Saldaña había perecido del modo más horrible.

El rey, conocido esto, temió la venganza de Bernardo y pergeñó la más abyecta de las farsas: hizo traer al muerto y ordenó que se le pusieran ricas vestiduras, y que sobre las sienes marchitas se le colocara la corona de conde, como le correspondía. También quiso el rey que se le dieran colores y afeites al cadáver, para que éste pareciera vivo.

—Bernardo creerá que su padre muere con la emoción del encuentro... –se decía el rey.

Hizo montar el cadáver sobre un caballo muy manso que había en los establos, y se le colocó una vara para que estuviera tieso y semejara que montaba a caballo. Durante una noche estuvo el pobre muerto así dispuesto, en el patio del castillo, a la intemperie, y sin que nadie velara por su alma.

Al día siguiente, de mañana, hicieron salir al caballo manso con su triste carga al camino por donde venía tan alegre Bernardo. De lejos vio nuestro héroe a su padre y distinguió la corona del condado de Saldaña. Apremió a su corcel y fue raudo como el viento en busca del desdichado Sancho Díaz. Cuando llegó a su altura, un estremecimiento recorrió su espinazo: su padre tenía los ojos vueltos en cuévanos hundidos; su rostro semejaba el de un fantasma; sus cabellos decían cuánto había sufrido en prisión; sus manos tenían llagas y en el cuello se veían aún las huellas de las cadenas; un olor putrefacto le hizo volver el rostro, mas al tratar de detener al caballo manso, el cadáver se desprendió de la vara que lo sujetaba y el conde muerto cayó al polvo como un fardo de paja.

Bernardo lo tomó en sus brazos y él mismo le dio sepultura:

—¡Ay, dolor! –decía–. ¡Triste fue mi nacimiento, triste mi ventura!

Durante muchos años Bernardo guerreó al lado de los sarracenos y los franceses, humillando en cada ocasión a las tropas de Alfonso. También tuvo ocasión de derrotar a las tropas de Carlomagno en el lugar de Roncesvalles, donde fue conocido por su singular valor y destreza en las armas. Al parecer, en todas las batallas parecía más buscar la muerte que cobrar honor, y algunos caballeros nobles aseguraron que jamás pudo perdonar al rey Alfonso y que el rencor hacia el monarca acabó por matarlo de angustias.

LA MANO HORADADA

Como se sabe, Alfonso VI se vio obligado a huir de León ante la persecución de su hermano Sancho de Castilla. El ambicioso Sancho deseó siempre, desde la muerte de su padre don Fernando, ser el único e indiscutible rey de los territorios cristianos de Castilla y León, para lo cual puso precio a la cabeza de Alfonso y asedió las ciudades de Zamora y Toro.

Aterrorizado por las violencias de Sancho, don Alfonso partió hacia Toledo y se entregó a los moros, de los cuales esperaba acaso más benevolencia que de su propio hermano. En la maravillosa ciudad del Tajo, Alfonso encontró asilo en el palacio de Al-Mammún, el cual, lejos de mantenerlo como cautivo, le ofreció todas las comodidades posibles: le destinó grandes salones tapizados, un jardín hermoso y varias jóvenes moras con las que pudiera entretenerse. De paso, Al-Mammún consideraba que tener en el palacio al heredero de Castilla podría proporcionarle algún beneficio: no descartaba, por ejemplo, que Alfonso se tornara ambicioso y que ayudara a los moros a derrotar a su hermano Sancho.

Pues bien, en esta situación se produjo un hecho que ha quedado entre las leyendas más famosas de la historia de España: se ha recogido en numerosos libros, ha sido motivo de dramas y romances, y se ha tenido como una prueba de valor y serenidad en el rey Alfonso. Se trata de la leyenda de la mano horadada.

El caso es que en cierta ocasión se hallaba don Alfonso en su jardín, complacido en la belleza de las plantas, el aroma de las flores y las caricias de sus concubinas. Estando en tan ameno lugar, llegaron hasta él las voces de unos moros que discutían acaloradamente. Volvióse don Alfonso por oír mejor qué decían, pero no podía escuchar con claridad los argumentos. Mandó a las moras que le dejasen solo y avanzó por la rosaleda hasta un diván, en el extremo del jardín. Allí, escondido tras una celosía enramada, pudo oír a su huésped, Al-Mammún, que debatía con otros caudillos ciertos asuntos de guerra. La preocupación máxima de los moros por aquella época era el portentoso avance de los cristianos y algunos sarracenos dudaban de la capacidad de la ciudad de Toledo para resistir las embestidas de Castilla. Al-Mammún suponía que colocar varias guarniciones en los montes cercanos sería suficiente para sujetar a los cristianos, pero un árabe viejo y sabio proponía disponer todas las fuerzas en el interior de la muralla...

De pronto, este viejo árabe interrumpió su discurso y señaló el lugar donde estaba don Alfonso escondido, y desde donde había escuchado toda la conversación.

—Ese perro infiel nos ha espiado –dijo un capitán, dispuesto a sacar su cimitarra.

Rodearon todos la celosía dispuestos a matar allí mismo al heredero de Castilla pero, cuando se plantaron ante él, vieron que don Alfonso estaba profundamente dormido en el diván. Al-Mammún, que era de natural benévolo, sugirió que no había nada que temer, porque el cristiano estaba dormido y nada habría escuchado: bastaba con retirarse a otra sala y seguir deliberando sobre las cuestiones de la defensa de Toledo. Pero el viejo árabe levantó su mano derecha y dijo:

—Callad –y mirando con gesto cómplice a sus amigos, añadió–: derramaremos plomo fundido en su mano, y veremos.

Esperaban todos que don Alfonso, si estaba despierto, saltaría del diván pidiendo clemencia; pero, aunque en realidad lo había oído todo, permaneció tranquilo y ni un solo músculo de su rostro se movió.

Aún así, Al-Mammún no estaba convencido y ordenó que se le trajera el plomo fundido, cosa que se hizo al momento.

Ya podía sentir don Alfonso el calor de la fragua cerca de él, pero no hizo el menor movimiento ni sus facciones expresaron el más mínimo temor. Al-Mammún tomó con cuidado la mano de don Alfonso y éste cedió con aparente gusto, como hace quien está verdaderamente dormido y soñando con los ángeles. Con cruel lentitud, el caudillo moro tomó el plomo fundido y dejó caer una gota sobre la mano del prisionero. Al momento, don Alfonso se despertó, preguntando:

—¿Qué hacéis? ¿Aprovecháis el sueño de un hombre para torturarlo de este modo?

Así que los caudillos árabes quedaron convencidos de que don Alfonso verdaderamente estaba durmiendo y que no había oído nada acerca de la defensa de Toledo. Los moros pidieron disculpas a su huésped y curaron la herida tan bien como pudieron, aunque ya para siempre la mano del rey de Castilla tuvo la marca del plomo fundido.

Al poco tiempo, se supo en Toledo que Sancho había muerto en el cerco de Zamora, y don Alfonso pidió a Al-Mammún que le otorgara la libertad, cosa que hizo el moro inmediatamente. Tal vez pueda resultar sorprendente que aquel moro liberara a su prisionero y más cuando iba a ser coronado rey, pero quien así lo entienda no sabe cuáles eran las leyes de la caballería: más honor era para Al-Mammún darle la libertad a don Alfonso, que matarlo allí mismo y evitar la lucha en batalla abierta. Ningún caballero haría cosa semejante. De modo que el sarraceno le entregó cuatro caballos y dos sirvientes y dejó que don Alfonso regresara a su patria.

Después, el desterrado fue coronado rey con el nombre de Alfonso VI y, tras el memorable suceso de la Jura de Santa Gadea, prosiguió con la Reconquista.

No olvidó don Alfonso cuanto había escuchado tras aquella celosía, y mirando la herida de su mano recordaba todos los detalles de la defensa de Toledo. Por esta razón, el rey conocía todos los entresijos de la fortificación y la disposición de las tropas moras en la ciudad. Al cabo de poco tiempo, en el año 1085, el rey de la mano horadada entraba en Toledo, dando nuevas glorias a Castilla y León.

La culebra de Vivar

> ¿Quien nos darie nueuas de myo Cid el de Bivar?
> ¡Fose a rio d'ovirna los molinos picar
> e prender maquilas, commo lo suele far.
> CANTAR DEL CID

En las riberas del río Ubierna había una culebra que atemorizaba los contornos, ni en Quintanilla Morocisla ni en Vivar estaban los aldeanos tranquilos. Se decía que esta espantosa serpiente medía tres varas de largo y tenía dientes como de dragón. Ha de saberse que este tipo de alimañas eran muy frecuentes en los tiempos antiguos y se sabe de una que habitaba los fangos de Barrio Panizares, la cual era tan grande que sobrepasaba la media legua.

Mas volvamos a las riberas del Ubierna: en un molino cercano vivía una mujer honrada llamada Teresa. Tenía esta mujer un hijo, de nombre Rodrigo. Las malas lenguas dicen que la molinera había tenido a este muchacho por unos amores con un noble burgalés, llamado Diego Laínez, un caballero de pro, descendiente de una de las familias más importantes de Castilla. El caso, según se asegura en la comarca, fue que don Diego amaba más a la humilde molinera que a su iracunda esposa y que siempre estimó más a su hijo bastardo, Rodrigo, que a los herederos legítimos de su casa. Tanto es así que Rodrigo, ya mozo, fue educado en palacio, pasó pronto a Burgos y, de allí, a Zamora, donde tuvo tratos con la mismísima reina doña Urraca. Pero ésta es otra historia.

Rodrigo era un niño vivo y travieso, un verdadero perillán: no paraba quieto y siempre andaba tramando malicias y desastres. Cuando no estaba enbadurnándose en la harina, estaba cazando ranas en el río... Como se dice en aquella parte, su madre no hacía vida de él.

Cierto día estaba Teresa preparando la molienda cuando bajó Rodrigo corriendo y saltando como de costumbre. Pedía a su madre que admirase el magnífico ratón que había capturado en el granero y estaba empeñado en que la pobre molinera tejiera un sayo para el roedor. Harta ya de las ocurrencias de Rodrigo, su madre le entregó una hoz y un saco:

—Y ahora -le decía- te vas al prado que hay camino abajo, y te traes el saco lleno de hierba para el burro. A ver si haces algo de provecho y te dejas de ratones y ranas.

Rodrigo, en el fondo, era buen muchacho y por nada del mundo hubiera querido enojar a su madre o molestarla en el duro trabajo del molino. Así que, dispuesto a obedecer, tomó la hoz y el saco y bajó por los caminos del prado dispuesto a segar tanta hierba como pudiera. Desde luego, Rodrigo sabía que podría encontrarse con la maldita culebra, pero el mozalbete era animoso y vivo, y no temía en nada al reptil.

Cuando llegó al prado soplaba una brisa suave y el sol brillaba en todo lo alto. Ya se conoce que los días soleados son muy propicios para que las serpientes y las culebras salgan entre las rocas o abandonen durante unas horas las charcas; porque estas alimañas gustan de tomar el sol para calentarse la sangre, que la tienen fría como el hielo.

Estaba segando Rodrigo sin pensar en los peligros que le acechaban cuando, de pronto, vio aparecer entre las hierbas la cabeza afilada de la temida culebra: bien se podía decir que la bicha medía treinta pasos, o más. Rodrigo se echó para atrás, un tanto sobrecogido. Pero, repuesto de la primera impresión, quedóse quieto y observó detenidamente los sinuosos movimientos del reptil. Entonces, lanzó al aire un manojito de hierbas que volaron con la brisa sobre la cabeza de la serpiente. Ésta, atraída por el oscilante batir de las hojas, lanzó una fiera mordedura a las briznas volanderas y dejó libre su cuello, a merced de Rodrigo. En ese preciso instante, sin dudas ni temor, el muchacho se lanzó hacia ella con la hoz en la mano y, de un solo tajo, la culebra quedó descabezada.

Rodrigo estaba orgulloso, y con razón, de su proeza; mas no quiso volver al molino con el saco vacío y estuvo segando hierba hasta que el sol comenzó a ocultarse. Regresó entonces junto a su madre y le mostró ufano su trofeo. En esto, y en otras cosas que ya había demostrado, conoció Teresa que su hijo estaba llamado a hacer grandes prodigios en la historia del pueblo.

Este muchacho no defraudó las expectativas de su madre y, por supuesto, tampoco las que depositó en él su padre, don Diego Laínez (o Lainez): con el tiempo, el pequeño Rodrigo fue llamado Rodrigo Díaz de Vivar, y los moros le decían Sidi o Cid, que significa «señor».

De él se cuentan numerosas leyendas, como la de la piedra de Quintanilla: se dice que entre Quintanilla y Vivar había disputas por los límites comarcales y que quisieron poner fin a las querellas encomendándole al Cid que lanzara una piedra en Vivar. Tanto como alcanzara la piedra, tanto sería el término del pueblo de Vivar. Se asegura que el Cid cogió un canto y que lo lanzó con tanta fuerza que estuvo a punto de golpear en la ermita de San Roque, ya muy cerca de Quintanilla. Viendo que la piedra volaba sin parar y que estaba a punto de alcanzar la ermita, Rodrigo Díaz de Vivar dijo:

¡Detente canto,
no pegues contra el santo!

Y reprendió a los alcaides de Quintanilla, diciéndoles que si la cuestión fuese la distancia, sin duda Quintanilla pertenecería a Vivar.

Con todo, lo más asombroso es que la piedra que hoy se puede contemplar junto a la ermita de San Roque (y que dicen es la misma que lanzó el Cid) pesa más de un quintal y tiene los agujeros propios de un bolo, como para introducir una enorme mano en ellos y poder arrojarla.

El Cid también es el protagonista de otra leyenda en el paraje llamado la Patada del Cid. Según se comenta en Basconcillos del Tozo y en Arcellares, en el valle cercano vivía una enorme serpiente. Rodrigo Díaz de Vivar fue a luchar contra ella y la venció, pero en el transcurso de la pelea Babieca se vio obligado a arrodillarse; con tanta fuerza lo hizo que allí quedó impresa, en la roca, su huella. A veces el relato se transforma y se dice que lo que puede verse en la piedra son los cascos de la mítica cabalgadura y el hueco dejado por la lanza del Cid al derribar a su enemiga.

De todas las leyendas de Ruy Díaz, acaso la más popular es la que aconteció en Valencia. Falleció al parecer el Cid en la ciudad levantina y, enterados los moros, quisieron reconquistar de nuevo la preciosa joya del Mediterráneo. Aterrorizados ante tan siniestra perspectiva, los caballeros del Cid montaron el cadáver de su señor en Babieca y lo hicieron desfilar por las playas al encuentro de los sarracenos. Éstos, que temían al Cid como si fuese el mismísimo demonio, huyeron despavoridos y la Ciudad del Turia estuvo en paz durante muchos años después.

El bastardo

No corren buenos tiempos para el honor, la galantería y la caballerosidad. De hecho, amigo lector, ya casi se desconoce la palabra «bonhomía», que viene a designar un comportamiento leal, sincero y de palabra. Sin embargo, aún nos queda la historia y la leyenda: los caballeros medievales se regían por leyes muy severas, entre las cuales estaba, por ejemplo, la necesidad obligatoria de defender a las damas, de no tolerar las afrentas que se les hiciesen y de respetarlas en todo momento.

Hubo, por tanto, un tiempo en que los hombres se distinguían no por lo que poseían, sino por sus hechos y actitudes. En aquellas épocas remotas se sitúa la leyenda del joven Ramiro, llamado el Bastardo.

Reinaba en Navarra don Sancho el Mayor y corrían los turbulentos años del siglo XI. El rey don Sancho estaba casado con la hermosa doña Mencía, una mujer singular y de apasionado corazón. Los reyes tenían dos hijos: uno, de nombre García, era el legítimo heredero de la corona; el otro, llamado Ramiro, era fruto de una relación adúltera del rey con una noble navarra. Sin embargo, y como sucedía a menudo, el joven bastardo vivía en palacio con su padre y su madrastra. Naturalmente, no se podía esperar que doña Mencía tuviera especial cariño a Ramiro, pues no era hijo suyo y, además, era la prueba de una infidelidad. Las mujeres de aquella época, no obstante, aceptaban mal que bien esta situación, porque no les quedaba otro remedio. Don Sancho había reiterado sus disculpas a su esposa y ésta las había aceptado. Y esto era sorprendente, porque en raras ocasiones un rey se humillaba ante nadie: el trono tenía estos privilegios.

Por su parte, el bastardo Ramiro conocía muy bien su estado y sabía que en ningún caso podría acceder al trono, por ser fruto de una relación ilegítima entre el rey y una desconocida. No obstante, Ramiro fue educado en palacio y conoció todos los deberes y obligaciones de un caballero de corte.

Así estaban las cosas, y los dos muchachos crecieron sanos y fuertes, aunque, a decir verdad, don García no dejaba de sentir cierta repulsión por su hermano, al que consideraba inferior y al que ofendía siempre que tenía oportunidad. Estos desplantes los soportaba Ramiro con buen talante, porque sabía que su posición en la corte estaba marcada por su bastardía.

La ambición y la soberbia se apoderaron del corazón de don García cuando cumplió los veinte años y ya estaba tramando cómo hacerse con el trono, a pesar de que su padre aún vivía. Y más que todo, quería deshacerse de su hermano, cuya presencia ya no podía tolerar por más tiempo. Convertido en un tirano, don García humillaba a los escribanos, a los soldados y a los aldeanos, y su fama de soberbio corrió por Navarra, haciéndose cada vez más odioso a sus compatriotas.

Decidido a llegar al trono, el heredero urdió una terrible maquinación: comenzó a decir que su madre, doña Mencía, era una adúltera y que era necesario quemarla en la hoguera. Esto, por un lado, irritó al viejo monarca, el rey Sancho, pero sus fuerzas estaban muy menguadas y apenas podía oponerse a las conspiraciones de su hijo. Por otro lado, estos infundados rumores amargaron los días de doña Mencía, traicionada vilmente por el heredero. Don García suponía, con acierto, que estas infamias matarían de dolor a su padre y que, con suerte, su madre acabaría en un convento o en el patíbulo.

Ya se felicitaba de su argucia don García cuando, por sorpresa, apareció en escena el hijo bastardo de don Sancho. Ramiro defendió a su madrastra y, contra todos, divulgó la afrenta engañosa de don García, tachándolo de vil y ruin, de ambicioso y tirano. La opinión popular estaba de acuerdo con el heredero, porque el vulgo siempre quiere espectáculos grotescos, y los nobles estaban decididos a juzgar a doña Mencía y llevarla a la hoguera. A toda esta infecta trama se opuso don Ramiro con tesón y con valor, cosa que estuvo en trance de costarle la vida, porque el infame don García acechaba con sus esbirros en las esquinas y en las plazas, siempre dispuesto a asesinar traicioneramente a su hermano.

La corte vio la causa y no se pudo decidir si doña Mencía era adúltera o no, puesto que se esgrimieron testigos y relaciones contrapuestas. No quedó más remedio que someterlo al juicio divino. El «Juicio de Dios» era una fórmula legal muy utilizada antaño: consistía en que dos individuos de ideas opuestas luchaban para dirimir una cuestión; se suponía que Dios ayudaría al que tuviera razón, de modo que el vencedor en el Juicio de Dios era el vencedor a los ojos del pueblo.

En el caso del adulterio de doña Mencía, su propio hijo era quien acusaba y el bastardo, quien la defendía. Esta insólita situación resultaba humillante para los monarcas y don Sancho cayó enfermo y estuvo en trance de morir. Por su parte, la reina se apartó del mundo y pasaba las noches llorando su desgracia en los aposentos del palacio.

Los magistrados ordenaron, por tanto, que se hiciera un Juicio de Dios y que don García, el acusador, y don Ramiro, el bastardo, defensor de doña Mencía, se batieran en torneo. Ambos debían luchar en el campo con armas de sangre y sólo uno saldría con vida de aquel encuentro, porque se habían ofendido mucho y se habían nombrado mentirosos, infames y otras cosas peores.

La justa se llevó a efecto en los alrededores del palacio y el pueblo estaba dividido: había quien, por ver una ejecución, animaba a don García; y había quien, en buen seso, defendía el honor de la reina y, por tanto, jaleaba a don Ramiro. La lucha fue feroz y los dos hermanos lucharon a muerte durante más de tres horas. Ya parecía que vencía el heredero, ya semejaba que el bastardo llevaba la victoria. La reina observaba el duelo en el estrado con gran pena y congoja, y no podía por menos de llorar viendo que uno de los dos acabaría por sucumbir: el uno era su hijo, aunque malvado; el otro era defensor, aunque representaba la vergüenza de su casa.

Agotados y heridos, los dos hermanos peleaban sin tregua: ya habían abandonado los caballos y esgrimían sus espadas con el pie en tierra. Tan fieros tajos se lanzaban que infundían terror en el vulgo. Ramiro sostenía su acero con vigor y atacaba con destreza, pero don García usaba con maña su escudo y hacía silbar en el aire el filo de su arma.

—¡Bastardo! -gritaba don García-. Vuestro vil nacimiento se demuestra cuando defendéis a una ramera: ¿lucháis por una puta porque puta fue vuestra madre?

—El honor de las madres está en sus hijos -contestó el bastardo-: luchad más y hablad menos, que yo defiendo a vuestra madre porque su hijo no tiene valor para hacerlo.

Y diciendo esto, lanzó una estocada tan violenta que partió en dos el escudo de don García. Éste giró hacia un costado y tentó la pierna de don Ramiro, que se retiró a tiempo. Mas volviéndose con destreza, viró su espada de izquierda a derecha y la cabeza del heredero corrió ensangrentada por tierra.

Un silencio estremecedor invadió el campo, y el bastardo caminó lentamente hasta el estrado para honrar a la reina doña Mencía. La señora se despojó de su manto y cubrió con él la espalda de su defensor. Significaba esto que la reina lo tomaba como hijo, que le otorgaba sangre real y que lo convertía en legítimo heredero del trono de Navarra.

De este modo el Juicio de Dios demostró la falsedad de las acusaciones de don García y elevó a su justo puesto a un hombre que luchó por defender la inocencia de la reina.

La campana de Huesca

En la ceremonia de su coronación Ramiro II estaba aterrorizado. Tras la muerte de su hermano Alfonso I de Aragón, llamado *el Batallador*, al pobre Ramiro no le quedó más opción que aceptar el trono. Los nobles aragoneses podían estar tranquilos: Ramiro era un hombre pusilánime y de poco carácter, de modo que sus intereses no corrían peligro; es más: seguramente, con el nuevo rey, podrían llevar a cabo aquellas ideas de independencia y tiranía que más le convinieran.

En efecto, el nuevo rey don Ramiro se había visto en el trance de aceptar un cargo para el cual no estaba preparado. La corona era para él una carga demasiado pesada: su vida había discurrido por los senderos divinos y no había nada más placentero para Ramiro que la vocación monástica a la que se había entregado desde muy joven.

A principios del siglo XII, Ramiro había tomado los hábitos benedictinos en el monasterio de San Ponce de Tomeras y había decidido no participar en los asuntos políticos, a los cuales, por nacimiento y herencia, estaba destinado.

Cuando fue coronado rey, don Ramiro II fue apodado *el Monje* y hay quien afirma que los más osados lo llamaban «el rey Casulla». En cualquier caso, parece probado que el monarca era considerado un pelele o un títere, y que los nobles aragoneses se burlaban de él con frecuencia. Su vida, por otra parte, estaba continuamente amenazada y sufrió varios atentados e intentos de rapto, todo ello promovido por los señores feudales de la época, los cuales pretendían de este modo atemorizarlo. Tanto mejor para ellos, cuanto más oculto e inerme estuviera el rey.

Así, Ramiro apenas abandonaba su castillo en Huesca y en raras ocasiones salía de sus estancias. Por todo el reino se corrió la voz de la cobardía del nuevo monarca e incluso el obispo de Ordás, uno de los principales instigadores de la reclusión del rey, se burlaba de «don rey Casulla».

Por su parte, Ramiro comprendió muy pronto que los nobles aragoneses estaban echando a perder el reino y que él no tenía poder ni fuerzas para enfrentarse a tan poderosos enemigos. Su vocación monástica le había impedido conocer el arte de la guerra y la discreción de la política. De modo que, embozado y en secreto, acudió al monasterio de San Ponce y quiso entrevistarse con el abad, amigo muy querido suyo, llamado fray Frotardo o, como lo llaman algunos, fray Frotaldo.

—Padre Frotaldo -dijo Ramiro-, ved en qué trance me hallo: los nobles se burlan de mí, porque no conozco las leyes, ni se guerrear, ni tengo fuerzas ni ánimo para tener descendencia. Todos me menosprecian y el reino se pierde sin remedio. Decidme, padre Frotaldo, ¿qué he de hacer yo, que no sé nada de esto ni de aquello?

El abad hizo salir a su discípulo al jardín, mas no dijo nada. Acercándose a un hermoso rosal que había en el claustro, tomó en sus manos unas tijeras de podar y, con suma prudencia, cortó las flores marchitas y las ramas que incomodaban a otras rosas, y quitó con sus propias manos las hojas secas y los tallos machorros que no daban flores.

Entonces, Ramiro comprendió cuál debía ser su actitud y, dándole las gracias a fray Frotaldo, volvió a su castillo de Huesca, dispuesto a cortar los tallos secos y podridos de su reino.

Hizo llamar a los principales nobles de Aragón: aquellos que se habían burlado de él y que lo habían despreciado. En una sala del castillo los encerró a todos: allí estaban los veinticinco, riéndose abiertamente del monarca y preguntándose el motivo de la llamada. En esto estaban, cuando entró don Ramiro, ataviado con su capa real y su corona, y seguido de cien soldados armados hasta los dientes.

—¡Cortadles la cabeza! -ordenó.

Y así se hizo: los soldados maniataron a los nobles y, uno por uno, fueron decapitados. El rey ordenó que colgaran las cabezas del techo de la sala, disponiéndolas como si de una campana se tratase. El horroroso espectáculo de las cabezas sangrantes no inmutó al nuevo rey, el cual de este tremendo modo había cumplido la sugerencia de su abad.

Finalmente, Ramiro II hizo llamar al obispo de Ordás, el cual era, como se sabe, uno de los caballeros principales de Aragón y uno de los que había procurado la muerte del rey en distintas ocasiones. Cuando llegó el obispo, el monarca lo hizo pasar a la sala de la campana y le mostró las cabezas ensangrentadas de los cabecillas rebeldes. Con una mueca de desprecio y sabiéndose ya libre de la muerte, el obispo advirtió:

—Muy bien me parece la campana, don Ramiro. Mas ved que para que todo el mundo sepa lo que habéis hecho, es necesario que la campana tenga badajo.

—Y lo tendrá –contestó el rey.

Y acto seguido, hizo que degollaran al obispo y pusieran su cabeza en el centro de la campana. De este modo todo el reino de Aragón supo que don Ramiro II no iba a tolerar ni burlas ni menosprecios y que la corona tenía un digno representante, valiente y terrible como correspondía.

El rey don Ramiro II, *el Monje*, murió en el año 1154.

Se dice que la noche anterior a su defunción, el monarca tuvo un sueño: a sus mientes había venido la visión de una cacería, en la cual él mismo participaba. Según contó a sus cortesanos, iba por los montes Pirineos tras un oso y los monteros habían logrado acorralar a la bestia en una hondonada. El rey, entonces, se acercó con su ballesta y observó que en el lugar sólo había un osezno que hablaba y le pedía que no lo matase.

Al día siguiente, don Ramiro tuvo la impresión de que el sueño había sido muy real y tuvo presentimientos amargos. No obstante, cargó con su ballesta y fue a la cacería prevista. Todo sucedió como en el sueño y, cuando llegó a la hondonada, vio al osezno que imploraba que le salvase la vida. Un ballestero lanzó la flecha, mas ésta no alcanzó a la cría de oso, sino al rey, y le partió el alma. De este modo se cumpió el vaticinio del monarca y de este modo entregó su vida a Dios el rey famoso de la Campana de Huesca.

Los siete infantes de Lara

Mal me quieren en Castilla...
ROMANCE TRADICIONAL

Burgos era una ciudad feliz: todo era alegría en sus calles y plazas; los panaderos sacaban de los hornos las tortas calientes y los cocineros asaban las piernas de cordero según su maravillosa receta. Venían los quesos de Navarra y los vinos de Haro y la Ribera. Incluso desde León se habían enviado doscientos terneros. Todo, en fin, era algarabía y trajín.

Se celebraban las bodas de doña Lambra y Rodrigo Velázquez. Las tornabodas tuvieron lugar en Salas: como puede suponerse, se organizaron torneos y tablados, y desde los más remotos lugares vinieron caballeros vestidos de punta en blanco con sus caballos finamente enjaezados. No faltaban los nobles parientes: allí estaban don Gonzalo Gustioz de Lara y su esposa Sancha, hermana del novio. Don Gonzalo y doña Sancha tenían siete hijos, nombrados por todos con el honroso título de los Siete infantes de Lara.

Dice el romance que las bodas fueron buenas, pero las tornabodas, malas. Y bien cierto es lo que dice. Porque en Burgos todo fue alegría y festejo, pero en Salas ocurrieron desgracias que tiñeron de sangre las tierras de Castilla.

Llegaron los siete infantes a Salas y allí fueron recibidos por su madre, doña Sancha, con gran alegría. Los padres amaban con toda su alma a los siete, pero el más pequeño, Gonzalvico, era el preferido de ambos: no en vano don Gonzalo Gustioz quiso que el benjamín llevara su propio nombre. Algún mal presentimiento tuvo en su corazón doña Sancha, que ordenó a sus hijos que tomaran posada en la calle Cantarranas y no salieran por las plazas.

—Tened cuidado, mis hijos -decía-, que en festejos como éstos hay traidores que no buscan más que pendencias: quedaos puertas adentro y no desenvainéis vuestras espadas.

Así que la celebración discurría del mejor modo posible.

La novia, doña Lambra, quiso que en su honor se celebrasen torneos de lanzas, llamados bohordas, que consistían en arrojar el arma contra un armazón de tablas. Los caballeros, uno por uno, iban saliendo de sus campos y ejecutaban la suerte como Dios les daba a entender: unos mejor y otros peor. En esto, apareció un caballero de buena planta y mejor figura, con su lanza en la mano y un caballo andaluz de los mejores que allí se vieron. Con gran destreza, lanzó su pica y arrancó los aplausos de toda la concurrencia. Al pronto, se vino al palco y gritó:

—¡Amad, señoras, cada cual como es amada, que más vale un caballero de Córdoba, que todos los infantes de Lara!

Doña Lambra, mujer hermosa y ardiente como pocas, se alzó en el estrado dando vítores y aplaudiendo al caballero:

—¡Ea, galán caballero: maldita sea la mujer que os niegue su cuerpo! ¡Y maldita sea yo, que no ha dos días que estoy casada: si así no fuera, mi cuerpo os daría con gusto y placer!

De este modo indecente hablaba aquella lujuriosa mujer: así era, que no había pasado dos noches con su marido y ya deseaba entregarse a otro.

Si las palabras del extranjero dolieron mucho a doña Sancha, más dolieron las que dijo la infame esposa. En breve tiempo Castilla había sido humillada: que un caballero cordobés se vanagloriara de su estirpe, valía; pero no había necesidad ninguna de mentar a los infantes de Lara. Y, por demás, doña Lambra había hablado como cortesana y puta, deshonrando la casa de Lara y a todos los castellanos. Doña Sancha no pudo por menos que reprender a su cuñada:

—Callad, doña Lambra. No habléis así de vos misma ni de los infantes de Lara.

—¡Callad vos! -espetó la lujuriosa novia-, que paristeis siete hijos como puerca en cenagal.

La vergüenza y el rubor cubrieron la frente de la pobre madre y abandonó el estrado seguida de su marido, que miraba a doña Lambra con ojos furiosos.

Aquellas palabras fueron oídas por un ayo de los siete infantes y él también quiso abandonar el torneo. Marchóse cabizbajo a cumplir con sus faenas y a atender a los infantes en lo que fuera menester. Los infantes pronto conocieron que algo enojaba a su ayo y le preguntaron la causa de aquella pena. A ninguno se lo quiso decir, sino a Gonzalvico, el menor de los hermanos.

—Ved, amo, que doña Lambra ha ofendido vuestra casa y ha maltratado a vuestra madre con palabras injuriosas.

Poco tardó Gonzalvico en aprestar su caballo y en pulir su lanza. Al cabo, se presentó en el torneo vestido de punta en blanco, con toda la apostura y gallardía de los Lara. Tomó su pica y con gran pericia ensartó la lanza en el tablado. ¡Para qué contar los vivas y los gritos que allí se oyeron! Nadie como Gonzalvico ejecutaba toda suerte de lances en los tablados y torneos, y se puede asegurar que nadie como él cabalgaba con toda la galantería que se espera de un caballero. Concluida la bohorda, el infante se plantó ante doña Lambra y dijo:

—¡Amad, lindezas, cada cual como es amada, que más vale un infante de Lara, que todos los caballeros de Córdoba, aunque conozcan a sus padres y vengan con ellos!

Se le subieron los colores a doña Lambra y, ciega de ira, abandonó el estrado. Volvió al palacio entre gritos y maldiciones, y no quiso que nadie la molestara. En su podrido corazón alimentaba la idea de vengarse de los infantes de Lara. Taimada y astuta como era, hizo llamar a su esposo, don Rodrigo Velázquez, y entre falsas lágrimas y lloriqueos le dijo:

—¡Ay, esposo! Mal me quieren en Castilla: vuestros sobrinos, los infantes de Lara, me han ofendido, me han llamado puerca y cortesana... ¡ay! Y he oído que quieren cortarme las faldas, como se hace con las putas... Ya no me queda remedio: he de volverme a Córdoba y hacerme mora, para que me gocen los sarracenos... ¡ay!

Don Rodrigo, ciego de pasión por doña Lambra, no descubrió los ardides de su reciente esposa y creyó de buena fe las quejas de la infame.

—No te enojes, amor, que yo he de vengar esta afrenta.

De este modo comenzaron las grandes disputas entre los de Lara y los partidarios de doña Lambra. Cualquier plaza, cualquier esquina, cualquier recodo de muralla era propicio para la lucha. La sangre corría cada noche y, cuando no moría uno, moría otro, atravesado por la espada o a traición con una daga.

Hasta el rey llegaron estos ruidos y, enojado, no consintió que en sus dominios estuvieran los caballeros dándose puñaladas unos a otros. Hizo llamar a don Rodrigo y a don Gonzalo, padre de los infantes, y ordenó que entre todos hubiese paz y sosiego. Para confirmar este pacto, mandó que los propios infantes de Lara acompañaran y custodiaran a doña Lambra hasta Barbadillo. Los infantes accedieron de buena fe, creyendo que las rencillas y las enemistades habían quedado olvidadas.

Poco conocían a doña Lambra: ya por el camino iba mascullando ofensas y traiciones, y maldiciendo a los siete caballeros que la acompañaban. Cuando llegaron al palacio de Barbadillo, doña Lambra ordenó a un criado suyo con el que estaba amancebada que escupiera a Gonzalvillo, el menor de los de Lara.

—Y después –le dijo–, toma esta copa llena de sangre de puerco y se la tiras a la cara.

Así lo hizo aquel desgraciado imprudente. Cuando Gonzalvillo se vio ofendido de aquel modo, se fue tras el paje con la espada en alto, y de nada le valió al criado refugiarse tras doña Lambra. Gonzalvillo lo derribó de un golpe y cuando el miserable quiso levantarse, el de Lara le cortó la cabeza de un soberbio tajo.

Por segunda vez, la infame doña Lambra acudió a ver a su marido y se quejó ante él de las ofensas que había recibido de los infantes de Lara. A sus lamentos y sus ayes, doña Lambra añadió mentiras y perfidias para que el corazón de don Rodrigo se emponzoñara y naciera en él un odio inextinguible hacia sus sobrinos.

—Y si no vengas esta afrenta –decía doña Lambra–, al mismo Almanzor se lo pediré.

Su marido, don Rodrigo Velázquez, era cobarde y no osaba contradecir a su esposa. Como todos los cobardes, don Rodrigo no pensó en valerse por sí mismo ni pedir cuentas a los de Lara; bien al contrario, ideó una añagaza propia de una zorra, una traición con la que su perversa esposa quedaría contenta.

Fue a ver a don Gonzalo Gustioz de Lara y a doña Sancha: con grandes reverencias los honraba y se complacía en la paz que el rey había ordenado. También alabó mucho a su hermana Sancha y a los siete infantes, sin referir la pretendida ofensa que los muchachos le habían hecho a su esposa. Después, en un aparte, le dijo a don Gonzalo.

—Ved, don Gonzalo, que el rey quiere tratar algunos asuntos con el moro Almanzor y me ha encomendado que le escriba cartas. Os encomiendo, por vuestro honor, que las llevéis a Córdoba y que me traigáis respuesta.

Don Gonzalo, que era hombre bueno y leal, no quiso negarse y aceptó el encargo. Su noble corazón apenas imaginaba la trampa que se le tendía y, sin dudarlo, a la mañana siguiente se despidió de su esposa Sancha y de sus siete hijos y tomó el camino de Córdoba.

La Ciudad de los Califas era en aquel tiempo un lugar hermosísimo: los moros la habían convertido en un paraíso de flores y agua; las calles estaban perfumadas con los dulces aromas de oriente y en los jardines podían verse las extraordinarias bellezas árabes, con sus rostros cubiertos y los ojos negros brillando con picardía. Córdoba era también la residencia de Almanzor y sus fornidas tropas, que amedrentaron a los castellanos durante mucho tiempo. Almanzor hacía honor al terror que infundía, aunque todos conocían su talante caballeresco y leal.

En fin, tras unas largas jornadas a caballo, don Gonzalo Gustioz de Lara llegó a la ciudad califal, y pidió ser recibido por Almanzor. No se sorprendieron poco los moros al ver a un castellano en la ciudad sin temor y sin miedo. Durante muchas horas don Gonzalo tuvo que esperar en una sala del palacio, custodiado por cincuenta hombres con cimitarras, pero al fin apareció Almanzor y el castellano pudo entregarle la carta.

El caudillo moro saludó con amabilidad a su huésped y leyó en silencio. Volvióse con la frente sombría y a grandes zancadas paseó por la sala con aire meditabundo. Finalmente, se plantó ante don Gonzalo y le dijo:

—En mala hora traéis cartas, don Gonzalo. Aquí se me pide que os dé muerte.

Pálido y aterrorizado, don Gonzalo comprendió entonces la traición de Rodrigo Velázquez. Mas nada podía hacerse ya, sino encomendarse a Dios. No contaba don Gonzalo con la caballerosidad del moro, quien habló con las siguientes palabras.

—Gran traición os han hecho, don Gonzalo de Lara. Mas no temáis: no os mataré. Quedaréis cautivo en mi alcázar, pero en todo se os tratará como os merecéis.

Así lo ordenó el caudillo Almanzor y así fueron cumplidas sus órdenes: se le destinó uno de los pabellones más ricos del castillo y se le entregó a una hermana del moro para que lo atendiera. Y si no fuera por la melancolía y la añoranza de los suyos y su patria, bien podría decirse que don Gonzalo vivía en la más completa felicidad. Pero, para su desgracia, era un pobre cautivo, y aún no sabía lo peor: la infamia de don Rodrigo Velázquez había llegado al extremo y en las mismas cartas que mandó al moro, se decía que la flor de Lara, los siete infantes, acudirían a la frontera en tal fecha y que allí mantendrían batalla con quien fuera menester.

En Salas, el corrompido don Rodrigo hizo llamar a sus sobrinos y les dijo:

—Mirad, queridos sobrinos, si queréis venir conmigo al campo de Almenar, donde he sabido que unos moros van a hacer correrías. Ved si queréis honrar al rey.

Los jóvenes, siempre dispuestos y decididos, quisieron acompañar a su tío y aún no había clareado el día cuando todos salieron de Salas con la intención de dar batalla al moro. Ya estaban cerca de Almenar y allí no vieron moros ni tropas árabes: el campo estaba tranquilo, aunque en el aire se presentía la tragedia.

—Id vosotros -dijo el traidor don Rodrigo- por aquella parte, que yo iré por ésta.

Los infantes, confiados, acataron las órdenes de su tío y bajaron por una ladera hacia el valle de Arabiana. ¡Horror! ¡Traición, traición! Allí estaba el moro Alicante con los mejores de los suyos. Las cimitarras desenvainadas, los escudos dispuestos, los yelmos calados, los caballos pertrechados para lucha cruenta. Mas los infantes de Lara no conocieron nunca qué era el temor y dando vivas a Castilla, arremetieron contra los moros con una fiereza sin igual. Rodaban las cabezas con turbantes, y los caballos caían heridos de muerte.

—¡A ellos! ¡A ellos los siete infantes de Lara! -se oía gritar.

La carnicería fue espantosa: el río se tiñó de sangre y por todos lados se oían los lamentos de los moros pidiendo a Alá que no los abandonara. El mismo moro Alicante tuvo que emplearse en la lucha y en trance estuvo de ser herido por el joven Gonzalvillo. Jamás vieron los siglos una batalla semejante: los aceros retemblaban en las montañas y los brillos de las espadas iluminaban el cielo, que por instantes se tornaba rojo como sangre.

Desde un otero cercano y con malvada sonrisa, el traidor don Rodrigo observaba la batalla. Caía ya el sol y bien se veía que los siete infantes no podrían resistir mucho más las sañudas embestidas de los moros. Con todo, los muchachos se defendían con valor.

—¡Ah, del moro Alicante! -gritó el infame don Rodrigo-. ¡Poco te empleas en la batalla: si no matas a los infantes, Almanzor te cortará la cabeza!

Excitado por la furia o el temor a su caudillo, Alicante hizo venir a cuarenta soldados que tenía en retaguardia y con gran violencia atacó a los castellanos. Allí quedaron todos: Diego, Martín, Suero, Fernán, Ruy, Gustioz y el bravo Gonzalo, al que su amorosa madre llamaba Gonzalvillo. El moro Alicante hizo cortar sus cabezas y ensartarlas en largas picas: por los lugares que pasaban, los cristianos se santiguaban y los moros se reían.

Era, según el romance, el día de San Cebrián cuando Alicante y los suyos entraron en Córdoba. Almanzor, con gesto sombrío, observó los trofeos sangrientos y los hizo colocar en un tablado. Después, hizo llamar a su cautivo y le dijo:

—Ved, don Gonzalo, los trofeos que me traen mis guerreros. Dicen ser de gentes nobles de Castilla: ¿los reconocéis?

Aterrorizado ante aquel espantoso espectáculo, don Gonzalo cayó de rodillas y llorando pedía a Dios su propia muerte, mientras decía: «¡Hijos míos, hijos míos!». Con un lienzo blanco limpió las cabezas de los siete infantes y besaba su frente, y les hablaba como si aún estuviesen vivos. Los corazones de los que allí estaban se llenaron de congoja y las mujeres lloraban al ver las ternezas que el padre decía a sus hijos muertos... El mismo Almanzor levantó del suelo a su prisionero y, dándole ánimos, le decía:

—Sed fuerte, caballero, y pensad que esta traición necesita venganza.

Muchos años habían pasado desde que ocurrieron los trágicos sucesos que se han relatado. Don Gonzalo era ya un hombre viejo y cansado, al que habían menguado más las heridas de la vida que las de la guerra. Sombrío y melancólico, pasaba las horas frente al fuego recordando la cruel muerte de sus amados hijos: los siete infantes de Lara. También recordaba, con mucho afecto, a aquella joven mora, hermana de Almanzor, que enjugó su llanto en las jornadas más tristes de su existencia. Nada había contado a su esposa de aquel cautiverio, mas en su corazón aún guardaba un rincón para la mujer que hizo más soportables los días en Córdoba. De tanto en tanto, sacaba de su faltriquera la mitad de un anillo y la miraba con lástima; la otra mitad quedó en manos de aquella mora.

Lo que ignoraba don Gonzalo es que, cuando Almanzor le otorgó la libertad, aquella muchacha estaba esperando un hijo suyo. No se piense que el caudillo árabe lamentó tal unión o el nacimiento del niño: bien al contrario, lo trató como hijo propio y le hizo vasallo suyo muy cercano. Ordenó que no se dijera al muchacho nada acerca de su nacimiento ni de su padre, y Mudarra, que así se llamaba, fue creciendo fuerte y feliz en la hermosa Córdoba.

Pero en cierta ocasión, el joven tuvo una trifulca con un compañero de juegos y éste lo insultó muy gravemente, llamándolo renegado, bastardo y cosas peores. Mal hizo aquel morito, porque Mudarra era fuerte y osado: le propinó tal paliza que aún se oyen los quejidos en las calles de Córdoba. Pero el muchacho no quedó contento con esto y quiso saber cuál era su origen y quién era su padre. Su madre no pudo ocultarle por más tiempo la verdad y le contó cuanto había ocurrido y quién le había dado la vida.

—Toma, hijo mío, la mitad del anillo que tu padre me entregó. Y ahora, debes partir hacia Castilla y vengar la traición que se hizo a tu padre y a tus hermanos, los infantes de Lara.

Sintió Mudarra arderle la sangre en las venas: el valor de los Lara se unía en su corazón a la osadía de Almanzor, y no pasaron tres días sin que se viera a un joven solitario camino de Castilla. Con renovada furia se agolpaban en su memoria los hechos que su madre le había contado y en su pecho sólo albergaba el deseo de ver a su anciano padre y vengar la traición que se le hizo. ¡Oh, cuánto lamentaba no haber conocido a Gonzalvillo, de los siete hermanos el más amado!

Cierto día, se hallaba don Gonzalo frente a su chimenea cuando le anunciaron la llegada de un joven que venía de Córdoba. Apenas lo vio, supo que aquel era su propio hijo, sangre de su sangre en el cautiverio moro. Así lo confirmó el extranjero, mostrándole la mitad del anillo que antaño quedara en posesión de la hermana de Almanzor. Fue grande la alegría y don Gonzalo Gustioz abrazó tiernamente a su hijo...

—He llegado hasta aquí, padre, para vengar las afrentas que te hicieron y para cobrar la traición que me privó de mis hermanos.

Apenas podía contener las lágrimas el buen viejo: en verdad aquel muchacho merecía llamarse hijo suyo y hermano de los siete infantes de Lara. Ni en porte, ni en galanura, ni en fuerza, ni en honor desmerecía a sus hermanos.

Por toda Castilla corrió la voz: un extranjero llamado Mudarra, hijo bastardo de Gonzalo Gustioz de Salas, andaba por los pueblos y las aldeas buscando al infame Rodrigo Velázquez. Éste, enriquecido y bravucón, decía no tener miedo y fanfarroneaba en su casa diciendo que nunca se había visto a un bastardo con valor.

Pero llegó la ocasión de verificar aquellas bravatas y de cumplir la venganza de Mudarra. Un día de primavera, el infame Rodirgo Velázquez había salido solo de caza y, cansado por el calor, se refugió bajo las ramas de un árbol. Viéndose sin defensa, le acudieron algunos temores, pero pronto los disipó: «Bah» se decía, «¿he de temer al hijo de una renegada? Maldito sea él y los de su estirpe: si lo tuviera delante...».

En esto, se presentó ante él un joven vestido de escudero y acercándose amablemente a él, le preguntó su nombre. El traidor le contestó que se llamaba Rodrigo Velázquez y que estaba esperando a Mudarrillo, el hijo de una renegada...

—¡Si tú te llamas Rodrigo, yo me llamo Mudarra, hijo de don Gonzalo y hermano de los siete infantes de Lara! ¡Tú, traidor, los vendiste y dejaste que murieran! ¡Mi padre fue cautivo, aunque bien quisieras que hubiera muerto, y las cabezas de mis hermanos fueron clavadas en picas como si fueran asesinos! ¡Si Dios me ayuda, aquí dejarás el alma!

Aterrorizado y comido por los remordimientos, don Rodrigo exclamó:

—¡Esperad, esperad, que coja mis armas!

—¡El espera que tú le diste a los siete infantes de Lara!

Y volteando su espada, le dio tan fuerte tajo que la cabeza se desprendió del cuerpo. Allí quedó tendido sin vida aquel infame; no contento con esto, Mudarra cubrió el cadáver con piedras y proclamó en los alrededores que en aquella tumba estaba don Rodrigo Velázquez, el traidor. Por esa razón, durante muchos años los viajeros que pasaban por aquel lugar no se santiguaban, sino que echaban una piedra más, en señal de desprecio.

De doña Lambra se supo que sus traiciones, lujurias y villanías la habían llevado a la prisión y que fue condenada a la hoguera y a ser quemada viva en la plaza.

Don Alonso Pérez de Guzmán en la torre de Tarifa

A duras penas podía don Alonso contener el ímpetu de los moros: por un lado y por otro acosaban a los cristianos de Tarifa y, a pesar de la heroica defensa de la ciudad, el capitán temía que muy pronto los sarracenos tomarían la fortaleza.

Don Alonso Pérez de Guzmán se hallaba en su alcoba pero no podía dormir: desde su torre podía ver los fuegos del campamento enemigo y aun pensaba que en cualquier momento los moros aparecerían sobre sus corceles salvajes y que atacarían una vez más su ya maltrecha ciudad. Así había pasado muchas noches, esperando el asalto definitivo, pero los infieles siempre esperaban hasta el amanecer y entonces los soldados de uno y otro bando se enfrentaban cruelmente. Si los moros eran osados en el asedio, los cristianos no les andaban a la zaga. Se fundía plomo, se calentaba aceite, se apilaban las rocas, se aguzaban las espadas y las lanzas, se tensaban los arcos: toda la noche era febril agitación en el castillo, esperando el nuevo asalto sarraceno. Pero los días pasaban y Tarifa no se rendía.

Sin embargo, don Alonso estaba ahora amargado: los moros habían raptado a su joven hijo y lo tenían preso en el campamento. Los vasallos le habían dicho que el muchacho había cometido una imprudencia y que había salido del castillo solo, con la intención de matar al caudillo sarraceno. Las noticias en este punto eran confusas y hubo quien aseguró que ciertos espías lo habían prendido dentro de la propia fortaleza... ¿Qué importaba ya? Lo único cierto, lo único verdadero era que su hijo estaba en poder del enemigo y que su vida corría peligro.

Apenas lograba recordar don Alonso las heroicas proezas de otros tiempos. Durante mucho tiempo estuvo al servicio del sultán de Marruecos, combatiendo a su lado contra otros moros que deseaban su perdición. Desde los desiertos africanos había regresado a España, acudiendo veloz a la llamada del rey Alfonso, el cual también tenía dificultades para doblegar la soberbia de su hijo Sancho. Fue precisamente Sancho quien le encomendó defender la plaza de Tarifa contra los moros y era en este lugar donde la tragedia se veía llegar. Toda una vida, en fin, dedicada a la guerra, andando de acá para allá buscando honores y victorias... para al fin rendir cuentas a Dios en el extremo del mundo, en Tarifa. Desde la torre del castillo, don Alonso podía ver las dos partes del mundo: África a un lado, Castilla al otro, y tan amadas eran para él unas tierras como las otras.

La amargura por la pérdida de su hijo aumentaba en la consideración de la triste vida que le había concedido el destino: siempre con el escudo preparado, siempre con la lanza en ristre, siempre acuciado por las intrigas políticas, siempre yendo de un lugar a otro, sin paradero ni alegría. ¡Si entre los moros acechaban los mismos cristianos! ¡El mismo infante don Juan ayudaba a los sarracenos! ¡El mismo hermano del rey lo asediaba tan fuertemente!

Por fin clareaba: la noche había pasado y en el campamento sarraceno había gran agitación: los moros iban de un lado para otro dando voces y llamando a Alá constantemente. Don Alonso imaginó que en aquella tienda púrpura y blanca estaba su amado hijo, la única esperanza de su vejez, el único honor de su casa. Quién sabe si en aquel precioso amanecer una daga traidora se hendiría en su pecho o si una cimitarra violenta le cortaría el cuello. Acaso cometieran la infamia de ahorcarlo frente a la torre de Tarifa, para dar más pena al padre...

—¡Basta de penas! -gritó don Alonso en su alcoba-. ¡Ah de la casa! ¿No hay nadie que vele en el castillo cuando su señor está despierto? ¡Los míos, los míos! ¡Preparad los calderos de aceite hirviendo! ¡Aprestad las armas! ¡Hoy verán esos perros con quién se están jugando la vida!

Aún estaba el sol rojo en oriente cuando el castillo bullía en actividad frenética: las mujeres preparaban el condumio, los hombres hacían sonar sus armas, los niños apilaban rocas en la muralla, los capitanes disponían los turnos y las escuadras, los viejos martilleaban en los yunques y afilaban las espadas...

El mismo don Alonso estaba en la torre observando el campo enemigo. Para su desgracia, los musulmanes no hacían preparativos de guerra. Bien al contrario, se podían ver algunos soldados reunidos en corros, como si estuvieran en tiempo de paz: unos parecían conversar amigablemente, otros jugaban a los dados y otros dormían como perros al sol. Sólo, de tanto en tanto, se reunían los capitanes en la famosa tienda adornada con los colores púrpura y blanco. Pronto comprendió don Alonso que aquel día no habría batalla y que los sarracenos pretendían que Tarifa se rindiera por el dolor de un padre: esperaban seguramente que don Alonso se arrastrara como una prostituta para pedir la liberación de su hijo, que se humillara ante ellos y que rindiera la plaza a cambio de la vida de su vástago.

Al fin, desde el campamento musulmán, salieron diez hombres de a caballo. Entre siete soldados ataviados con ropas nobles a la usanza mora iban los caballeros principales: allí venía con aire soberbio don Juan, al que los tarifeños llamaban *el Perro,* y el famoso caudillo árabe cuyo nombre no se debe pronunciar. Entre ambos, sobre un caballo negro y con las manos atadas, venía un muchacho joven... apenas quince años tendría, con el semblante serio y la mirada fija en la torre. Desde este lugar lo observaba su padre, con los ojos nublados por las lágrimas: allí llegaba su hijo amado, lo único que en la vida le quedaba.

Llegó la comisión mora a los pies del castillo y don Alonso apenas podía contener su furia. Así habló el infame sarraceno:

—¡Tú, Alonso Pérez de Guzmán, llamado *el Bueno:* aquí tienes a tu hijo! ¡Te decimos que entregues la plaza de Tarifa o tu hijo morirá!

Don Alonso escuchaba en lo alto de la torre y miraba a su hijo que, con ojos llorosos, pedía clemencia a Dios. Entonces, el heroico defensor de Tarifa tomó una daga de su cintura y con gesto de desprecio se la lanzó al sarraceno, diciendo:

—Ahí tienes mi puñal: mátalo si es tu gusto, pero Tarifa no se rinde.

Y se volvió a sus aposentos, donde lloró amargamente.

Don Alonso Pérez de Guzmán, llamado *el Bueno,* murió poco después, en el año 1309, habiendo dejado en la Historia amplio y venerado recuerdo.

Sayavedra

Río Verde, río Verde,
más negro vas que la tinta.
Romancero

Antes de que el lector pase adelante ha de conocer algunas circunstancias referidas al caso que se va a narrar. La leyenda dice que el caballero sevillano Juan de Sayavedra (o Saavedra) participó en las revueltas de las Alpujarras, cuando los moriscos pretendieron, a principios del siglo XVI, recuperar la tierra granadina. En parte la rebelión de las Alpujarras era un recuerdo nostálgico pero, sobre todo, era el deseo de librarse de la opresión política, religiosa y social de los cristianos que, en 1492, habían cumplido la conquista de la Península. En aquellas revueltas participaron hombres de gran valía, como don Alonso de Aguilar (hermano del Gran Capitán) y algunos, como el citado, murieron en una emboscada famosa, cerca del río Verde del que habla el romancero. La leyenda también supone que este Sayavedra salvó la vida en aquella ocasión y que murió por defender su fe.

En realidad, existen varias fuentes distintas que se han mezclado, propiciando la confusión reinante acerca de don Juan de Sayavedra. Según los historiadores, este caballero no vivió lo suficiente como para ver la toma de Granada. Era, según todos los indicios, cortesano del rey Juan II y amigo de don Diego González de Ribera. Fue hecho preso en los alrededores de Cártama y los moros le dieron abundante suplicio. Sin embargo, don Juan de Sayavedra no murió en aquella ocasión y la Historia lo descubre años más tarde, hacia 1456, en la conquista de Jimena de la Frontera. Por tanto, nuestro personaje vivió en plena reconquista y no cuarenta años después, cuando Granada pasó a manos cristianas.

Estas precisiones históricas y otras de gran valía pueden encontrarse en el *Romancero* publicado por Crítica (Barcelona, 1994), al cuidado de Paloma Díaz-Mas.

Las aguas del río Verde bajaban negras de sangre. En las laderas de Cártama los cuerpos yacían sin vida, con heridas mortales en el pecho y en el rostro. Los escudos enfangados, las adargas quebradas, los yelmos hendidos... Los héroes de antaño habían perecido en la traicionera emboscada de los moros. Por un lado y otros se oían los lamentos de los cristianos, que pedían a Dios por su alma y dejaban escapar la vida entre horribles gemidos.

El joven Urdiales, valiente y esforzado, estaba tendido en el barro: su cabeza bajo las aguas y el cuerpo en la orilla. Aún podía verse la cimitarra que atravesaba su corazón de parte a parte y que lo desangraba sin remedio. Ni su amo, que tanto lo quería, pudo salvarle la vida. De lejos pudo verlo don Juan de Sayavedra, y mientras huía sorteando los cadáveres a su paso, decía: «Oh, mi yerno amado, ¿cómo consolaré a mi hija? ¿Qué le diré?».

Don Juan ha podido escapar y se ha ocultado entre unas jaras. Más lamentaba la pérdida de tanto buen caballero, que la herida del brazo que lo atormentaba. Allí pudo recostarse y descansar, pero la triste muerte de sus amigos le llenaba el pecho de angustias y congojas. Tres días estuvo llorando, sin comer ni beber, y aún pensaba en la vergüenza de presentarse ante el rey y darle la noticia de aquella matanza. «¿Y tú, cómo es que vives?», estas palabras le diría.

Hambriento y herido, don Juan salió al fin a los caminos y pidió a unos pastores que le diesen un mendrugo de pan. Pero, a lo lejos, unos sarracenos que hacían guardia en la loma lo descubrieron y enseguida supieron que se trataba de Sayavedra. Grandes alaridos daban y aguijonearon a sus caballos para apresar al desgraciado huido. Los pastores, que eran cristianos, quisieron esconder a don Juan y librarlo de las garras de los infieles, pero Sayavedra les detuvo y les dijo: «Mejor ha de ser así: mejor morir que volver avergonzado».

Dejó que los moros le pusieran cadenas, le escupieran en el rostro y lo azotaran con los látigos. Fue llevado a Marbella, y puesto en prisión donde los rayos del sol no entraban jamás. Pan negro y agua sucia le daban, mas él nada quería comer de los moros y pasaba las horas pidiendo a Dios que lo llevase consigo.

Al cabo de tres días, llevaron al preso ante el rey moro. ¡Para qué relatar el lujo y la riqueza que se veía en aquel palacio! Tanta era la ostentación del monarca, que la miseria del prisionero hubiera inspirado lástima a cualquiera. El rey ordenó que el caballero cristiano se arrodillara, pero don Juan advirtió que se ahorcaría con las cadenas que llevaba antes que postrarse a los pies de un infame sarraceno. El rey se recostó en su diván, sonrió y le dijo:

—No temáis buen caballero. Y ahora, decidme: si vos me tuvieseis preso en Castilla, ¿cómo me honraríais?

—Os lo diré –contestó don Juan–: si abjuráseis de Alá, os mantendría vivo y os colmaría de honores. Pero si no lo hicieseis, os cortaría la cabeza con mi propia espada.

El rey sonrió con una mueca de venganza y ordenó que lo volviesen a prisión. Allí estuvo otros siete días don Juan de Sayavedra. La melancolía le mordía las entrañas y las ratas, los calcañares. Encadenado como una bestia, su pelo se tornó blanco y en el rostro las arrugas hicieron surcos de vergüenza y desgracia. Al cabo, el rey le mandó llamar de nuevo. El prisionero parecía haber envejecido treinta años y el moro sintió alguna compasión por él.

—Por Alá, don Juan: si renunciáis a vuestro Dios, os entregaré siete ciudades, las más hermosas de Al-Andalus, y pondré a vuestro servicio siete castillos. Siete mil soldados os harán servicio y setenta hermosas mujeres os darán placer. Renunciad a vuestro Dios y tendréis todo cuanto podáis imaginar.

—No renegaré de mi Dios –respondió el cristiano.

De inmediato el rey se levantó de su diván, bajó los escalones que lo separaban del prisionero y lo miró con ojos de fuego.

—Lo que vos haríais, hágolo yo.

Y sacando su cimitarra, le cortó la cabeza.

El pastelero de Madrigal

Gabriel, quien quiera que seáis,
manda en mí el rey que me digáis
quién sois en fin.
José Zorrilla

De Felipe II se cuentan muchas historias, unas falsas y otras verdaderas. Si bien lo que se dice de bueno suele ser mentira y lo que se dice de malo, verdad. El caso es que a finales del siglo XVI era Felipe II quien dominaba buena parte de Europa y su ambición no reparaba en dificultades: todo eran trampas y argucias, con tal de aumentar su poder y someter a su imperio a cuantos tenía a su alrededor. Uno de sus más ardientes deseos era el de hacerse con el reino de Portugal, que por aquellas fechas gobernaba un sobrino suyo: don Sebastián. Para desgracia de los portugueses y alegría de Felipe II, el rey don Sebastián partió de Lisboa con dirección a África en una expedición temeraria y llena de riesgos. La batalla de Alcazarquivir es conocida más bien como el *desastre* de Alcazarquivir, pues allí murieron casi todos los cristianos portugueses, y los que en aquel lugar estuvieron no fueron vistos ni vivos ni muertos nunca más. Ocurrió esta tragedia el día 4 de agosto de 1578 y corrió por Castilla y Portugal que el mismo rey don Sebastián había perecido en el lance. Como quiera que fuese, por mucho que se buscó el cadáver del rey, éste no apareció jamás, y Felipe II vio las puertas abiertas para acaparar el trono portugués. El hecho de que no pudiera ser recuperado el cuerpo sugirió la idea de que, en verdad, el rey seguía vivo y que se escondía en algún lugar incógnito por temor a las asechanzas de su tío, Felipe II.

La leyenda del rey incógnito pervivió durante algunos años, durante los cuales aparecieron varios individuos que pretendían hacerse pasar por el verdadero don Sebastián; al cabo, todos fueron descubiertos, encarcelados y ahorcados.

Por aquellos tiempos, como se supone, las intrigas que se urdían contra el rey Felipe II eran constantes. Bien por asuntos políticos, bien por rencores personales, lo cierto es que muchos castellanos (y casi todos los portugueses) hacían cuanto podían para enojar al rey, o para traerle quebraderos de cabeza o para dañarle de algún modo. Uno de estos individuos intrigantes era Fray Miguel de los Santos, un frailongo agustino, oscuro y de mala catadura. El propio Felipe II lo había desterrado a Salamanca, con el fin de mantenerlo fuera de la Corte, aunque finalmente levantó un tanto su poderosa mano y Fray Miguel de los Santos acabó siendo vicario de Santa María la Real en el pueblo abulense de Madrigal.

Sin embargo, el fraile no dejó de tramar maldades y acechanzas a pesar de su apartamiento, y encontró lo que mejor le convenía en el pueblo de Madrigal. Vivía allí un hombre llamado Gabriel de Espinosa, de oficio pastelero, con una dueña y una niña de pocos años. Su vida era común, si bien la timidez de este hombre no propiciaba muchas relaciones ni habladurías. Para Fray Miguel de los Santos fue un hallazgo: el pastelero se parecía al rey don Sebastián como una gota de agua a otra.

Le faltó tiempo al frailongo para acercarse al despacho de Gabriel de Espinosa y proponerle, en secreto, suplantar al rey de Portugal. Gabriel no quiso hablar de ello y, taciturno como era, se negó a tamaña infamia. El fraile insistió, y comenzó a llevarle joyas, tejidos, brocados y suficiente dinero para que no tuviera que volver a amasar harina durante el tiempo que durase su vida. El interés del fraile era mantener al nuevo don Sebastián de incógnito, mientras él, por su parte, urdía la rebelión en Portugal y se aseguraba el triunfo de la intriga. De modo que comenzó a escribir cartas a tal y cual noble, a este archiduque y a aquel virrey. También envió cartas a doña Ana de Austria, proponiéndole el matrimonio con don Sebastián y asegurándole que éste aún vivía. Al tiempo, hizo correr la voz entre los comerciantes, capitanes y nobles portugueses, cubriéndose las espaldas en caso de revolución.

Las cartas entre el falso don Sebastián y Ana de Austria iban y venían, pero era el fraile quien se encargaba de redactarlas, poniendo en ellas toda la pasión y el ardor de los amantes verdaderos. Tanto fue así, que Ana finalmente creyó estar enamorada del mismísimo rey de Portugal. Los dineros de la rebelión comenzaban a faltar y al fraile no se le ocurrió otra cosa que pedirle ayuda a la princesa: ésta, creyendo que era don Sebastián quien con tanta vehemencia solicitaba su comprensión ante la tiranía de Felipe II, no dudó en enviarle las joyas más preciadas que tenía.

La conspiración iba así del mejor modo posible y tanto Gabriel de Espinosa como Fray Miguel se felicitaban por el buen curso de los acontecimientos. Pero he aquí que sucedió un hecho lamentable: iban el fraile y el pastelero de camino a Valladolid, donde debían encontrarse con otros portugueses para preparar el golpe definitivo y hacerse con el trono de Portugal, cuando decidieron descansar en una posada. En aquella venta apartada vivían varias cortesanas que no tardaron en dar conversación al fraile y al pastelero. Taimadas y sagaces como son, las mujeres rodearon de zalamerías a ambos, y los dos viajeros quedaron pronto envueltos en sus brazos. Tras una noche festiva, estas mujerzuelas quisieron cobrar sus honorarios y como Gabriel no llevaba dinero en su taleguilla, les ofreció alguna de las joyas que le había enviado Ana de Austria.

¿Para qué decir más? Las cortesanas creyeron que Gabriel era un ladrón y que las joyas eran el botín de algún asesinato, de modo que lo acusaron ante don Rodrigo de Santillana, que era por entonces alcalde de Valladolid.

Gabriel fue detenido y encarcelado. La causa que se siguió contra él reveló muchas circunstancias jugosas: se supo que muchos nobles portugueses lo habían visitado en la trastienda de su despacho, en Madrigal; se conoció que tras las intrigas estaba el nombre de Fray Miguel de los Santos, de modo que también éste fue apresado y ahorcado sin más miramientos. Además, se encontraron las cartas con doña Ana de Austria, que fue condenada a vivir en un monasterio sin salir de su celda sino para oír misa.

Cuando el alcalde don Rodrigo de Santillana tomó declaración a Gabriel de Espinosa, éste afirmó que sólo había aceptado la propuesta de suplantar al rey de Portugal por dinero, por bienes y regalos. Aseguraba que él era sólo un pobre pastelero de Madrigal, sin hacienda y sin nombre, que sus padres no vivían y que no tenía más familia que él mismo. Sin embargo, lo que más llamó la atención del alcalde fue que decía todas estas cosas como queriendo decir lo contrario: juraba que era pastelero y en sus ojos se echaba de ver que mentía; repetía que era un pobre hombre y sus gestos galantes lo desmentían; afirmaba que todo lo hizo por riquezas y volvía el gesto para sonreír a escondidas. Y más: el alcalde lo amenazaba con la horca y él mostraba un desprecio por la muerte que sólo se conoce en los talantes más valerosos.

Finalmente, el hombre que se hacía llamar Gabriel de Espinosa, pastelero de Madrigal, fue condenado a muerte. Se le trasladó a su pueblo, se le arrastró por las calles, se le descuartizó y se le decapitó, y la cabeza se colocó en una jaula de hierro a buena altura, donde los cuervos y los grajos le pudieran sacar los ojos.

De todos estos acontecimientos y de otros muchos se da noticia en la *Historia de Gabriel de Espinosa, pastelero en Madrigal, que fingió ser el rey don Sebastián de Portugal. Y asimismo la de Fray Miguel de los Santos, de la Orden de San Agustín, en el año 1595.* Publicóse esta relación en Xerez, en el año 1683.

Historia de la guerra de las comunidades y Juan de Padilla

Lo legendario y lo histórico se mezclan en este episodio: los personajes principales de esta peripecia son reales y existieron verdaderamente. En cambio, otras circunstancias de su vida están entretejidas con suposiciones e invenciones de cronistas y poetas. Ocurrieran las cosas como quiera que ocurrieran, lo cierto es que el nombre de Juan de Padilla está íntimamente ligado a la revolución de Castilla y al deseo de los castellanos de guardar sus antiguos fueros: la rebeldía castellana no tuvo lugar porque quisieran más de lo que en justicia les pertenecía, sino porque no le fueran usurpados los derechos que a fuerza de trabajo e historia se habían ganado.

Dice el erudito don Francisco Martínez de la Rosa que ya desde la monarquía de los Reyes Católicos se veía venir la infamia que Castilla tendría que soportar. Con la llegada al trono de Carlos I, las imposiciones se hicieron más fuertes y a los castellanos se les negó el pan y la sal: para los intereses del Imperio, Castilla era el granero de trigo y de hombres, y a cambio sólo se les ofrecerían deberes e infamias. Carlos no conocía a los castellanos: era, de hecho, un extranjero en el trono e ignoraba las costumbres y la lengua de la nación que gobernaba. Colocó en cargos honoríficos y políticos a sus amigos de Flandes y Alemania, los cuales no dudaron en sangrar a Castilla y llevar todas las riquezas lejos de España. Impuestos, gravámenes, órdenes: esto era cuanto hacían aquellos ministros. Se anularon los fueros y las libertades de las ciudades castellanas y el descontento se extendía desde Palencia a Toledo.

Ni siquiera se atrevió Carlos V, emperador de Alemania, a convocar cortes en Castilla: lo hizo en Santiago y no para escuchar los ruegos de sus miserables súbditos, sino para evitarlos y no enojarse con sus peticiones. Castilla podía sobrellevar la opresión, pero no el desprecio, y en las calles de Toledo se oyeron las primeras quejas y se organizaron los primeros tumultos. El paladín de este primer amago de revolución fue Juan de Padilla, del que un enemigo suyo dice que era limpio de sangre, bien dispuesto de cuerpo, de ánimo esforzado, ducho en armas, juicioso, mozo en edad y querido por todos los vecinos. Sugirió Juan de Padilla que se enviasen cartas a otras ciudades de Castilla y que, formado el consejo, se pidiera al emperador la restitución de libertades y fueros. Varias peticiones más se solicitaban: que el rey no abandonase su patria, que no se diesen oficios a extranjeros, que no se sacase moneda del país, que no se pidiera más dinero a Castilla, que las cortes se celebrasen en el país, que no se vendiesen los cargos, que la Inquisición no oprimiese a los pueblos y, finalmente, que se administrara justicia como es debido. Excepto Burgos, Sevilla y Granada, las demás ciudades estuvieron de acuerdo, y fueron los procuradores de Salamanca los que representaron a Castilla en la audiencia. Pero el monarca no los escuchó, les volvió la espalda y les reprendió muy severamente. Los procuradores de Salamanca y Toledo reclamaron de nuevo sus derechos y se negaron a jurar obediencia, de modo que Carlos desterró a unos y encarceló a otros.

Cuando llegaron estas noticias a Toledo, Juan de Padilla y los suyos asaltaron el alcázar y colgando a ciertos nobles corruptos, se hicieron con el poder. Poco importó esto a Carlos, que abandonó España en el año 1520 habiendo conseguido un inmenso tesoro que dilapidaría en el extranjero.

Esta noticia produjo un levantamiento general en gran parte de Castilla y no se acataron las órdenes de Adriano de Utrech, un cardenal faldero y débil al que Carlos había puesto al frente del país. Los procuradores de Cortes que habían concedido el dinero a Carlos fueron perseguidos e insultados públicamente y en Segovia llegaron a matar a uno de ellos. Toledo, Segovia, Burgos, Zamora, Madrid, Cuenca y Guadalajara se alzaron en armas y alertaron al resto de ciudades: por la ley o por las armas lograrían zafarse del yugo imperial y del deshonroso sometimiento de Carlos. Éste conoció el desastre de la guerra civil que se urdía en Castilla y mandó aviso de que aceptaba las peticiones de Toledo, pero, al fin, envió soldados a Segovia y quiso hacer un escarmiento en aquella población. Pero Segovia pidió ayuda y toledanos, burgaleses, zamoranos, madrileños, toresanos, leoneses y murcianos, entre otros muchos, acudieron al auxilio de sus compatriotas. Al mando de los de Toledo iba, por supuesto, Juan de Padilla. Tan gran ejército se formó que el capitán de las tropas imperiales tuvo que retroceder, pero acudieron a Medina del Campo en busca de ayuda y de la artillería. Los ciudadanos de Medina lo impidieron, pues no querían participar en la humillación de sus compatriotas. Resueltos y valientes, los pobladores de Medina se enfrentaron a los soldados. La furia imperial se cebó en el pueblo: se quemaron las casas, colgaron a los vecinos y se cometieron las peores tropelías en aquel año de 1521. Medina quedó en la mayor ruina y el dolor fue inmenso entre los honrados ciudadanos. No dudaron los comuneros en acudir en su auxilio y pusieron en fuga a las tropas imperiales, que huyeron a Flandes como el niño llora en las faldas de su madre. Los comuneros se hicieron con la artillería de Medina y desde Galicia, Asturias y Vizcaya llegaron cartas de ánimo y apoyo.

Padilla y Zapata eran ya los capitanes de un numeroso ejército de revolucionarios. Fueron a Tordesillas y allí se entrevistaron con la reina Juana, encerrada y tratada con crueldad por su propio hijo. Doña Juana les escuchó y les trató con respeto, y sostuvo con su presencia el nuevo gobierno: la Santa Junta de Castilla. Los castellanos vitorearon a su nueva reina y el sello real volvió a ser respetado por todos. Todas las ciudades estaban entonces gobernadas pacíficamente por los comuneros, excepto las de Andalucía que anunciaron su incondicional apoyo a Carlos y amenazaron con atacar a los castellanos. Pero esto no llegó a suceder.

En fin, las ciudades de Castilla veían florecer de nuevo sus campos y los habitantes comerciaban y trabajaban en la mayor felicidad. Pero los nobles comenzaron a quejarse abiertamente de este gobierno del pueblo y recordaron que la reina Juana no era más que una pobre loca. De modo que la avaricia y la tiranía invadieron sus pechos y volvieron sus ojos al emperador, traicionando del modo más infame a sus compatriotas. También tuvo mucho que ver en el descontento de los nobles el propio Carlos, que enviaba cartas secretas a los nobles, prometiéndoles el oro y el moro si lograban acabar con la revolución.

Cuando el rey tuvo convencidos a los nobles, envió una carta a los comuneros jurando que haría cumplir las antiguas leyes y asegurándoles todas las antiguas peticiones de Castilla. Aceptaron de buen grado los comuneros e ingenuamente creyeron en la buena fe del emperador. Pero éste traicionó su confianza y, ya en España, ordenó que los cabecillas de la revolución fuesen condenados a muerte, sin juicio y sin proceso; anuló todas las leyes contrarias a su voluntad y se declaró señor absoluto de los reinos de Castilla. Los navarros y los portugueses contribuyeron a sojuzgar al pueblo y los ciudadanos libres fueron sometidos de nuevo a la más penosa esclavitud. A duras penas los comuneros, sorprendidos por esta traición y asaltados por las tropas imperiales, pudieron reunir sus tropas: fue nombrado don Pedro Girón capitán de los revolucionarios. Los imperiales sitiaron Tordesillas y en su auxilio llegó Acuña, obispo de Zamora, del cual se dice en las crónicas que, pese a su avanzada edad, tenía un ánimo tan templado y un espíritu de libertad que podría competir con el mismo Juan de Padilla. Gran batalla se entabló en la capital de Castilla y numerosos los muertos que quedaron en sus calles, pero al fin la heroica ciudad no resistió y fue tomada por las armas y sus ciudadanos colgados o degollados. La misma reina Juana fue de nuevo encarcelada y se le pusieron cadenas durísimas.

Cundió el desánimo entre los comuneros, los cuales se sintieron engañados y traicionados, y todo anunciaba que la revolución tocaba a su fin. Muchos caudillos abandonaron la bandera de la libertad y se unieron al Imperio, unos por ambición y otros por un puñado de monedas. Dice el cronista Martínez de la Rosa que esta situación hubiera bastado para desanimar a cualquier pueblo, «pero eran castellanos» los que luchaban y era la libertad lo que anhelaban. Tomaron las riendas de la rebeldía Juan de Padilla, Juan Bravo y Francisco Maldonado.

Juan de Padilla fue elegido capitán del ejército y aclamado por el pueblo y las tropas. Dispersó sus huestes por la comarca de Valladolid y durante mucho tiempo batalló contra nobles y partidarios del emperador. «Fueron frecuentes las escaramuzas con las tropas de los gobernadores, haciéndose unos y otros gran daño, talando campos, tomando villas y lugares, y sin escuchar nunca palabras de paz a pesar de haber venido a esta sazón un legado del Papa».

Por segunda vez los comuneros remontaban el vuelo y por segunda vez la libertad desplegaba sus alas en Castilla. Fiero y valiente cual ninguno, Padilla se lanzó contra Tordesillas y, tras varios días de sangrientas batallas, la ciudad volvió a manos revolucionarias. De nuevo los gobernadores imperiales trataron de convencer a Padilla y a los suyos, pero esta vez los comuneros no cedieron y no quisieron ser traicionados una segunda vez.

Siete mil infantes y cuatro mil caballos se dirigían a los campos de Tordesillas: así lo había ordenado Carlos, dispuesto a terminar de una vez por todas con los comuneros. Y a ellos se le unieron otros seis mil infantes y otros cuatro mil de a caballo. Viendo Padilla que era imposible resistir a tan inmenso ejército, dirigió sus tropas a Toro, donde esperaba encontrarse con otros partidarios. El día 23 de abril de 1521 las tropas imperiales alcanzaron a los comuneros cerca de la población de Villalar.

Aquel día la lluvia y el barro hacía más lenta la marcha de Padilla y los suyos, y los imperiales atacaron violentamente y a traición. Quinientos comuneros perdieron la vida en el primer lance. Se batalló con singular fiereza y la sangre castellana se mezclaba con el agua que corría a torrentes en aquel lugar.

—¡Libertad, libertad, libertad! –gritaba Padilla a los suyos.

Los partidarios de Carlos hicieron gran mortandad, pero el ánimo de Padilla insuflaba coraje a los suyos. Todos conocían que era inútil la resistencia y, aun así, lucharon con valentía ante los traidores a su patria. Por cientos caían en el barro, con el corazón hendido o con el cuello tajado. En aquella gloriosa batalla, entre el blandir de espadas y los atronadores estallidos de la artillería, un grito se elevaba por encima de todos: era Padilla que lanza en ristre reclamaba libertad para su pueblo.

—¡Libertad, libertad, libertad!

Desesperado, buscó la muerte y en un último esfuerzo ensartó de un espadazo al vizconde de Valduerna, a un escudero y, sin espada, se lanzó contra el enemigo... Cayó al fin, herido y sin fuerzas.

Esa misma noche del 23 de abril fue encarcelado y atado con cadenas; junto a él estaban Juan Bravo, capitán de Segovia, y Francisco Maldonado, capitán de Salamanca. El héroe castellano hizo escribir cartas a su esposa: «más siento tu pena que mi muerte», le decía. Al día siguiente los tres capitanes fueron conducidos al patíbulo y caminaban con ánimo resuelto y con la conciencia tranquila. Cuando Juan Bravo oyó que eran condenados por traidores, con un gesto de desprecio le dijo al pregonero:

—Mientes tú y quien te lo mandó decir: no somos traidores sino amantes de nuestro pueblo y defensores de la libertad.

Oyendo esto, dijo Padilla:

—Amigo Juan, ayer fue tiempo de luchar como caballeros; hoy es tiempo de morir como cristianos.

Llegados al lugar del suplicio, Juan Bravo gritó:

—Degüéllenme a mí primero, que no quiero ver morir a los mejores caballeros de Castilla.

Y fue decapitado. También ajusticiaron a Maldonado, que quiso morir mirando a su tierra salmantina. Después quisieron ejecutar a Juan de Padilla. Muy sereno y con el alma entregada a Dios, el capitán castellano miró a su verdugo y le espetó:

—¿Ahí estáis vos, buen caballero? Acabad pronto.

Con la restauración de las libertades en España, en 1975, se convino que sería fiesta de Castilla y León el 23 de abril, y con este motivo se celebra en la población de Villalar algún acto público en recuerdo de los castellanos que dieron su vida por la libertad de su pueblo.

Leyendas del Nuevo Mundo

Jauja

Cuando nieva son buñuelos,
bizcochos y caramelos.
ALELUYA DEL SIGLO XIX

Don Julio Caro Baroja, en su libro *Jardín de flores raras,* estudió con su habitual sagacidad muchas tradiciones peculiares: trataba, por ejemplo, la alquimia, los duendes, los ángeles y los monstruos. El profesor dedica un pequeño capítulo a la isla de Jauja o al país de Jauja, que tanto da. Según el historiador, los hombres han tenido una especial predisposición a imaginar lugares en los que el alimento y el placer brotan como por arte de magia. En estos lejanos países no es necesario trabajar, puesto que todo lo ofrece la Naturaleza, y la vida es un gusto constante.

En Europa existen términos parecidos a nuestro Jauja. Los franceses, por ejemplo, tienen su Pays de Cocagne, donde todo son delicias: en España tuvo cierto predicamento el País de la Cucaña. En un antiguo manuscrito medieval ya se habla de estas prodigiosas tierras. Se dice que un romero fue a Roma con la intención de ser absuelto. Pero sus pecados eran tan graves y había cometido tantos que el Papa le impuso como penitencia ir al País de la Cucaña, donde según se contaba las paredes de las casas eran manjares deliciosos y por los valles corrían ríos de vino y miel... En Holanda existe el Luylekkerlandt, con significados semejantes.

Respecto a Jauja la tradición supone que dicho lugar estaba en el actual Perú. Se dice que cuando el conquistador Francisco Pizarro llegó a aquellas tierras quedóse asombrado ante la inmensa fertilidad del país.

Además, la tierra florecía dos veces al año gracias a su clima favorable y en las minas podían extraerse sin dificultad grandes pepitas de oro y metales preciosos. Allí fundó Pizarro una ciudad, en 1533, y las noticias que llegaban a España eran tan prodigiosas que el nombre de Jauja se identificó inmediatamente con un país maravilloso donde todos los placeres están al alcance de la mano.

Sólo un cuarto de siglo después se representaba en Castilla un paso de Lope de Rueda titulado *La tierra de Jauja* (en *El deleitoso*, 1545). Según el dramaturgo, en Jauja se azotaba a los hombres que se aplicaban en el trabajo, porque la labor era innecesaria y perjudicial.

La tierra de Jauja es por demás fértil, pero en su seno guarda maravillas que nos asombran. Hay, para empezar, dos ríos: por uno corre leche y por el otro, miel. Entre un río y otro, los habitantes pueden disfrutar de una fuentecilla de mantequilla, en la que de tanto en tanto surgen hermosísimos requesones. Estos manjares van a caer al río de la miel y el viajero sólo tiene que alargar su mano para disfrutar de tales delicias. Por lo que toca a los árboles, puede decirse que la variedad es infinita, aunque destacan unas plantas en las que el tronco es de tocino y se asegura que los más tiernos brotes son como de panceta. Algunos arbustos no tienen propiamente hojas, sino hojuelas, que es un dulce exquisito. Los habitantes del país de Jauja suelen cortar las hojuelas de dicha planta y acercándose al río de miel, ponen unas gotas en el dulce, de donde se vino a decir que una cosa excelente es miel sobre hojuelas. Los asadores, como dice Lope de Rueda, son de «trescientos pasos de largo» y allí se amontonan todo tipo de viandas: conejos, perdices, capones, gallinas, patos... y más allá están las carnes rojas: buey, ternero, venado, cordero... Los pescados saltan a la orilla, como prestándose a ser comidos, y los hay muy variados y sabrosos, como el besugo y el rodaballo. Junto a los árboles y las rosaledas hay cajas con confituras, mermeladas, compotas, mazapanes y turrones; y unas grandes cubas de vino delicioso que parece ambrosía. Además, sin ninguna dificultad pueden encontrarse arcones con tortas de pan, arroz, huevos y queso.

Don Julio Caro Baroja transcribe una aleluya del siglo XIX en la que se nos ofrece más información. Se dice, entre otras muchas cosas jugosas, que en Jauja no hay pordioseros, porque todos son hombres galantes y nobles; los árboles tienen curiosos frutos: levitas y pantalones; y los chiquillos juegan a lanzarse a la cabeza bollos y dulces.

La temporada de lluvias es especialmente deleitosa: «los lunes llueven jamones, / perdices y salchichones»; los martes caen del cielo pescados, albóndigas y cabrito; los miércoles pollos al chilindrón o con tomate, y de postre chocolate. Los jueves toca pavo asado y hojaldre; los viernes llueve queso, manzanas, avellanas, pasas e higos; los sábados caen puros y cigarrillos; y los domingos, chuletas y pan.

Otras curiosidades no menos notables merecen destacarse: las mujeres son, naturalmente, hermosas y dulces, y tan dulces son que le hacen el amor al hombre, no tienen vergüenza ni son mojigatas como en Castilla, y prefieren un fornicio ameno que perder el tiempo en galanterías y requiebros vanos. Como puede suponerse, no existe el matrimonio y cada cual busca mujer u hombre con el que gozarse; pero no es necesario entablar conversación ni conocerse, basta con gustarse y entregarse a los placeres de los besos y las caricias.

La alegría lo inunda todo, hasta el punto que la gente se muere de risa, y no por enfermedades ni padecimientos. Cuando hay un entierro, las mozas bailan y tocan los panderos adornados con cintas de colores. En las procesiones, en vez de cirios y santos, se llevan en romería lomos embuchados, chorizos culares y jamones.

El huevo

En una taberna de Lisboa, según cuentan, se habían reunido varios capitanes y almirantes de navíos. Es en esa parte de la hermosa ciudad lusitana llamada Alfama, cuyas calles angostas y empinadas huelen a fritanga de sardina, a berzas cocidas y a vino de saldo. En aquella época era lugar de reunión de gentes marinas y en las posadas y figones podían verse algunos rostros conocidos por su valor en la mar.

Por esos años Portugal había emprendido varias expediciones, pero su máximo interés radicaba en las costas africanas y sólo a duras penas se internaban en el Océano Atlántico, porque era un piélago peligrosísimo y monstruoso. Llegaron, eso sí, hasta las Islas Azores y allí tenían algunas casas de pescadores y algunos cultivos.

El reino de Castilla, por su parte, apenas podía embarcarse en aventuras arriesgadas: la mayor parte del tesoro se dedicaba a sufragar los gastos de la Reconquista, porque Granada aún estaba en posesión de los moros y la única intención de Isabel de Castilla era expulsar a los musulmanes de la Península.

En la famosa taberna de la Alfama estaban algunos caballeros principales y cada cual contaba al por menor las hazañas que habían vivido en sus carabelas y naos. Gonçalves, por ejemplo, contaba que había descubierto en Mauritania una tribu de ojos azules como los teutones y que había sido maravilloso verlos caminar por el desierto en sus camellos, cubiertos con túnicas azules como el cielo. Da Pinto, un marinero del sur, añadía que en las Azores se estaban construyendo unas embarcaciones poderosísimas, capaces de arrastrar ballenas y cetáceos inmensos. Otro marinero malencarado afirmaba haber degollado a cuarenta turcos él solo y que había regresado a Lisboa con un cargamento de oro. Sin embargo, a pesar de sus riquezas, volvía a la mar porque no había cosa que le hiciera más provecho a su salud.

Las fanfarronerías, teñidas de verdades y mentiras, suelen oírse en estas tabernas portuarias. Allí estaba, según cuenta la tradición, un joven capitán de navío, llamado Cristóbal. Como era de natural taciturno, apenas hablaba y sus compañeros quisieron saber en qué andaba y cuáles eran sus proyectos. El joven Cristóbal afirmó que había estado en tratos con la reina Isabel de Castilla y que, tras numerosos intentos y fracasos, había logrado que la monarquía española sufragase los gastos de una expedición arriesgadísima.

—¿Y dónde irás? –le preguntaron.

—A las Indias.

—¿A las Indias? –inquirió Da Pinto–. Poco tiene de maravilloso ese viaje, pues muchos de nuestros compatriotas ya han cruzado el Cabo de Buena Esperanza...

—Sí –afirmó Cristóbal–, pero yo acortaré el viaje yendo a través del Atlántico.

Los gestos de asombro se reflejaron en aquellos rostros curtidos por el salitre: todos comenzaron a vociferar y a dar palmadas, como si las palabras de Cristóbal fueran indicios de una locura o sinrazón. Afirmaban que al final del Océano había una cascada inmensa llena de monstruos y que los barcos se despeñarían allí y que todos los marineros, incluido Cristóbal, morirían. Otros, más avisados, aseguraban que la expedición de su amigo fracasaría sin duda porque, para llegar a las Indias, no había más camino que el Cabo de Buena Esperanza.

—¡Ea, Cristóbal! -dijo un marinero anciano-. Para que pudieras llegar a las Indias navegando hacia occidente, ¡la Tierra debería ser redonda! Ho, ho, ho... ¡No he oído otra cosa más divertida en mi vida!

—¡Sí! -dijo riéndose Gonçalves-. Y si fuera redonda... ¡los moros se caerían hacia los lados! ¡Ja, ja, ja!

—¡Y el agua se derramaría! -vociferó otro, mientras se desternillaba de risa.

—¡Sí, sí! -exclamó Da Pinto, burlándose del joven capitán-. ¡La Tierra es redonda como una pelota!

—Redonda como un huevo -dijo Cristóbal enojado por tantas risas.

Los marineros callaron y todos pensaron que aquel muchacho había perdido el juicio y que se arriesgaba a que lo excomulgaran o lo condenaran a la hoguera, porque en aquellos tiempos las palabras de Cristóbal eran tanto como una herejía. Gonçalves tomó un huevo de la cesta que había sobre la mesa y lo colocó en un plato: el huevo comenzó a rodar de un lado para otro, sin rumbo fijo. Así quería demostrar que la Tierra no podría sostenerse y que la argumentación de Cristóbal carecía de sentido. Sin embargo, el joven capitán tomó el huevo en su mano y lo agitó con fuerza, de manera que la película de grasa que rodea la yema se rompiera: después lo colocó sobre el plato por la parte más ancha y el huevo quedó inmóvil. De este modo enseñó que una esfera podía sostenerse por sí misma, y que así estaba la Tierra suspendida en el espacio. Del mismo modo, siendo la Tierra redonda, podría llegar a las Indias dando la vuelta al globo.

Esta anécdota, que algunos autores sitúan en otros lugares y circunstancias, dio origen a la expresión «el huevo de Colón», que se emplea para describir acciones o ideas que son en apariencia difíciles, pero finalmente se resuelven con ingenio.

Cristóbal Colón creyó realmente que las tierras descubiertas por él en 1492 eran las Indias, es decir: Asia. Sin embargo, pronto se conoció que el paraíso encontrado al otro lado del Atlántico era un nuevo continente, maravilloso y fértil, y en el cual se sucederían las aventuras, las leyendas y las historias inverosímiles durante los siglos siguientes.

El misterio de las ciudades abandonadas

¡Cada monumento maya
era un calendario convertido en piedra!
C. W. Ceram

Los siguientes párrafos son, en parte, un extracto del capítulo XXXI del famoso libro Dioses, tumbas y sabios, *escrito por Kurt Wilhelm Marek (C.W. Ceram) en 1949. El título de dicho capítulo es también el que se emplea aquí para encabezar la leyenda de los mayas: una aventura maravillosa que es, en palabras de Ceram, uno de los procesos «más asombrosos de la Historia».*

Los arqueólogos y exploradores del siglo XIX tuvieron ocasión de asombrarse ante los restos de la prodigiosa cultura maya. Los mayas representaron la cumbre de la ciencia y la cultura desde el norte del Yucatán hasta Copán, en la actual Honduras; y desde Tikal, en Guatemala, hasta Palenque, en Chiapas. Durante al menos un milenio los mayas ocuparon estos territorios y desarrollaron el método más ajustado de cómputo del tiempo, más preciso aún que el que se realizó para el calendario juliano, el calendario gregoriano o el moderno cálculo astronómico. Las matemáticas eran para ellos casi una religión y, sin duda, eran la base científica de su cultura. Todo en el mundo maya es representación numérica, calendario sin fin: las columnas, los frisos, las escalinatas, los altares... cualquier edificio está coronado y rodeado por símbolos numéricos (tzolkin, haab, cumhu, etc., etc.) Los investigadores aprendieron a contar los meses y los años de aquella insondable civilización pero a duras penas conseguían saber a qué se referían. En otras palabras: no se conocía la historia de los mayas.

La ciencia arqueológica había descubierto algunos fragmentos de un texto conocido como los «Libros de Chilam Balam», con anotaciones mixtas de español y maya, pero sólo un documento hallado en 1860 revelaba la verdadera historia del pueblo maya. Afortunadamente para los arqueólogos este manuscrito de Chilam Balam fue fotografiado antes de que desapareciera «en condiciones bastante misteriosas». Pero en fin, algo se podía saber de los escurridizos habitantes del Yucatán. Se supo, por ejemplo, que Chichén Itzá fue un prodigio de grandeza y lujo; se supo que hubo traiciones y guerras; y se conocieron las fundaciones de Mani y otras grandes ciudades. También se descubrió cuán fácil fue para los españoles acabar con el pueblo maya.

Los estudiosos, sin embargo, distinguían el Antiguo Imperio Maya del Nuevo Imperio. Decían que el Nuevo Imperio surgió, aproximadamente, en el siglo VIII de nuestra era y que se distingue del Antiguo porque, incomprensiblemente, los mayas se trasladaban de un lugar a otro, hacia el norte, abandonando ciudades y construyendo otras completamente nuevas, pero tan grandiosas como las que habían abandonado.

Naturalmente, los investigadores no acertaban a componer tan extraño rompecabezas y se preguntaban: «¿Quieren decir con esto que el pueblo maya ha abandonado su bien organizado Imperio, sus plazas fuertes y su territorio para edificar un nuevo Imperio más al norte, en medio de la inseguridad de una comarca virgen?».

En efecto, los mayas avanzaban en un territorio selvático, agreste, lleno de peligros, en una zona establecida entre Tabasco, Chiapas, Guatemala y Honduras.

Los misterios de esta civilización se agudizan aún más: los mayas construían una pirámide en medio de la selva, pero estas construcciones no guardaban relación con acontecimientos políticos o sociales (enterramientos, nacimientos, victorias, ofrendas, etc.), sino que se erigían simplemente porque así lo exigía el prodigioso calendario que regía sus vidas. Cada cinco, diez o veinte años, hacían elevar una torre. En ocasiones, y aún no se sabe por qué, volvían a las antiguas pirámides abandonadas y las revestían de nuevo, añadiendo en los capiteles y los frisos nuevas fechas y calendarios.

Lo cierto es que, llegado un momento concreto, los mayas abandonaban sus ciudades y marchaban a otro lugar, generalmente al norte, donde fundaban otra urbe semejante en todo a la que habían dejado atrás. No puede decirse que unos cuantos nobles huyeran y fundaran otra ciudad, no: se iban todos, recogían cuanto tenían y olvidaban para siempre el antiguo emplazamiento. Ni uno solo de los mayas quedaba en la ciudad vieja: ésta sería pronto comida por las selvas y los huracanes. Sus murallas se venían abajo, cuando las raíces levantaban sus cimientos; arbustos y maleza crecía en las grietas y entre la piedra labrada; las calles, los patios y todo el esplendor de una gran ciudad quedaban en pocos años sumidos en el más profundo de los olvidos.

Para comprender un tanto lo insólito de este comportamiento, Ceram lo explica con el siguiente ejemplo: «Imaginemos, por ejemplo, que todo el pueblo francés, después de haber vivido una historia milenaria, emigrase de pronto a Marruecos para fundar allí una nueva Francia; que abandonase sus catedrales y sus grandes urbes, que repentinamente los habitantes de Marsella, Toulouse, Burdeos, Lyon, Nantes y París, emigraran.

«Y no sólo esto, sino que al llegar a Marruecos empezaran inmediatamente a construir nuevas ciudades y catedrales idénticas a las que abandonaron en Francia.»

El atinado ejemplo de Ceram es muy ilustrativo. Así sucedía de hecho y los estudiosos comenzaron a imaginar hipótesis: era necesario encontrar alguna razón para explicar un comportamiento que cualquier persona civilizada consideraría absurdo. Por ejemplo, se supuso que habían sido las guerras o ciertas invasiones lo que obligaba a los mayas a retirarse. Sin embargo, esta explicación carecía de fundamento, ya que los mayas eran en aquel tiempo el pueblo más rico y poderoso de la zona, y ninguna otra cultura podía acercarse, ni de lejos, a su poder bélico. Otra opción era razonar que fueron catástrofes naturales, como huracanes o riadas, lo que hacía huir a este pueblo; pero no hay rastro de estas supuestas tragedias meteorológicas. ¿Epidemias? ¿Cambios climáticos? ¿Revoluciones?

No hay más que hipótesis y ninguna parece demasiado atinada: los arqueólogos sólo saben, a ciencia cierta, que los mayas abandonaban sus ciudades y se internaban en la selva para construir otra ciudad idéntica o muy parecida. ¿Cómo explicarlo?

La teoría más aceptable la ofreció el profesor S. G. Morley. Según sus apreciaciones, todo radicaba en un pequeño detalle: los mayas no conocían el arado.

La civilización maya se asentaba en unos principios sociales muy rígidos: los mandatarios *(almehenoob*, los que tienen padres y madres, nobleza genealógica) y el pueblo. Entre los mandatarios estaban, naturalmente, los príncipes y los descendientes, pero también los sacerdotes, los sabios y los astrólogos. Éstos vivían en los palacios, en las sólidas construcciones pétreas, dentro del recinto de la fortaleza. Fuera de ella vivía el pueblo común: el único destino de este pueblo era servir a los grandes señores, en los sacrificios y en la alimentación. Su vida era trabajar para el príncipe o *halach uinic;* ofrecían dos tercios de su trabajo a los habitantes de la fortaleza y sólo se quedaban con el tercio restante, a pesar de ser muchos más en número.

Esta estructura social era, como avanzamos, muy rígida: lo cual quiere decir que la única conexión entre el poder y el pueblo era el dinero, los alimentos y los hombres que los miserables entregaban a los nobles y los sacerdotes. Curiosamente, los sacerdotes y los astrólogos nunca se preocuparon de los trabajos de los campesinos, de modo que el pueblo maya subsistía quemando zonas periféricas y sembrando sin arado, sin carros ni bestias de carga, todo con los medios más precarios y primitivos. Así que, como afirma Ceram, el mismo pueblo que llegó a la cumbre en obras científicas era incapaz de hacer frente a la escasez de alimentos.

Cuando unas tierras se consumían, los mayas no sabían cómo obtener de ellas más fruto y el hambre acuciaba tanto a los nobles como a los desgraciados campesinos. Y por tanto, emigraban: poco importaba a los poderosos estos continuos desplazamientos: eran los miserables los que construían las pirámides, los templos y las murallas, y los que de nuevo con sus rudimentarias herramientas deberían extraer todo el jugo a una tierra que no sabían trabajar.

Aún queda por confirmar esta teoría. Tal vez un día algún estudioso descubra las verdaderas razones de estos misteriosos viajes. Quizá en esos antiguos calendarios esté aún escondida la explicación a tan extraño comportamiento. Todas las civilizaciones han buscado el lugar mágico, el centro del universo, y las catedrales, las pirámides y los grandes templos no están situados al azar, sino que se corresponden con reglas precisas, místicas, astronómicas, científicas o supersticiosas. Acaso los mayas buscaban un lugar en el mundo, un lugar ciertamente especial, secreto, misterioso, mágico...

El señor Hatuey de Cuba

La historia que aquí se cuenta puede leerse con gusto también en la *Historia de las Indias* de Fray Bartolomé de las Casas y, resumida, en la *Brevísima relación de la destrucción de las Indias*, del mismo autor. Ha de decirse, primeramente, que Fray Bartolomé de las Casas (1474-1566) era un fraile dominico que se esforzó en denunciar las tropelías y crueldades de los españoles en América. La corte española de Carlos V y el Consejo de Indias argumentaban, en términos generales, que los españoles tenían el derecho de sojuzgar a los indígenas de acuerdo con las leyes de la guerra, tal y como se entendían entonces. Y, por otro lado, las autoridades eclesiásticas ordenaban la conversión de los indios al cristianismo. No todos los españoles estaban de acuerdo con estas prácticas aberrantes, sobre todo cuando la imposición política y religiosa se llevaba a cabo mediante torturas y crímenes horrorosos. Francisco de Vitoria y Bartolomé de las Casas denunciaron las tremendas injusticias y brutalidades de los españoles en América, y defendieron la libertad de los indios en lo que pudieron. El debate entre los defensores de los indígenas y los que pretendían una invasión sin límites acabó en un debate feroz, resuelto en parte por la bula del papa Pablo III *(Sublimis Deus)*, donde se proclamaba la libertad de los indios y la legitimidad de sus posesiones; además, desde Roma se ordenaba que la conversión al cristianismo debía realizarse mediante la predicación y el buen ejemplo.

El caso es que ni el papa Pablo III, ni Francisco de Vitoria, ni Bartolomé de las Casas tuvieron mucho éxito, y la conquista de América se desarrolló en la mayor injusticia y crueldad. Si los españoles fueron los artífices de grandes matanzas en el centro y sur de América, los ingleses hicieron lo propio en el norte, asolando y destruyendo las poblaciones indígenas. Tal y como afirma el cronista del siglo XVI «la causa porque han muerto y destruido tantas y tales y tan infinito número de almas los cristianos, ha sido solamente por tener su fin último el oro y henchirse de riquezas en muy breves días».

El oro y la ambición fueron, precisamente, los impulsores de dichas matanzas. A continuación se da noticia de la conquista de la isla de Cuba en 1511 por la expedición de Diego Velázquez.

Vivía por entonces en la isla un señor principal, muy amado de sus súbditos, llamado Hatuey. Este rey o señor había vivido antes en Haití, una isla preciosa a la que los conquistadores llamaron La Española. Pero las amenazas y las guerras hicieron que Hatuey se trasladara con muchos de los suyos a Cuba, esperando que los españoles jamás llegaran allí. Sin embargo, los conquistadores de Europa no se contentaron con pequeños territorios y la ambición gobernaba sus corazones. Quisieron, por tanto, asolar Cuba, matar a sus pobladores y quedarse con tanta riqueza como había en la isla. Hatuey se veía apremiado y reunió a sus súbditos diciéndoles:

—Ya sabéis cómo nos tratan los cristianos, y sabéis las grandes matanzas que han hecho con nuestro pueblo, pero ¿sabéis por qué?

A lo que los indios contestaron:

—Porque son por naturaleza crueles y despiadados.

El rey Hatuey negó con la cabeza y les informó que los cristianos tenían un dios al que querían y estimaban mucho. Y porque los cristianos amaban mucho a su dios, querían que todos los hombres de la tierra lo adoraran igualmente y quien no se avenía a adorarlo era torturado y muerto sin piedad.

Junto a Hatuey había un cofrecillo con diademas, brazaletes y anillos de oro. El rey lo abrió y dijo a sus súbditos:

—Éste es el dios de los cristianos. Cantaremos y danzaremos en torno a él, y suplicaremos a este dios que nos dé paz y que los cristianos no nos maten.

Así lo hicieron aquellos indios y durante toda una noche estuvieron bailando en derredor del cofrecillo de oro; cantaban himnos y se arrodillaban ante él, y aunque ellos tenían en poco valor el oro, pensaban que, siendo el dios de los cristianos, algo podría hacer por salvarles la vida. Estas danzas y cantos se llamaban *areitos*.

Llegaron al fin noticias y se supo que los capitanes y tropas de Diego Velázquez habían pasado a la isla, destruyendo todo cuanto encontraban a su paso, robando el oro, asesinando a hombres y niños, y violando a las jóvenes doncellas. Así vieron los súbditos de Hatuey que sus danzas de nada habían servido. De nuevo se reunieron todos en asamblea y el rey les dijo:

—Por el oro que tenemos, nos matarán. Echémoslo al río.

Así lo hicieron: recogieron en cestas todo el oro que poseían y lo lanzaron al río, porque estaban desesperados viendo la cruel muerte que les acechaba.

Durante muchos meses Hatuey estuvo huyendo de los cristianos, emboscado en las montañas, viendo cómo morían sus gentes y lamentándose de su mala fortuna. Finalmente, él mismo fue apresado y llevado al patíbulo. Se preparó una hoguera y se le condenó sin juicio a ser quemado vivo, sólo porque se había defendido, porque huía de la crueldad y porque no quiso rendirse a la opresión de los castellanos.

Ya tenían la pira dispuesta, cuando un fraile franciscano se acercó a él y le habló de Dios y de los beneficios de la fe cristiana. También le dijo que si renegaba de sus dioses y se convertía al cristianismo podría ir al cielo, donde había gloria y descanso eterno. Y si no, se vería en el infierno donde arden sin cesar los fuegos y las almas padecen grandes tormentos. Dijo Hatuey:

—¿Y van los cristianos al cielo?

—Sí –contestó el franciscano.

—Prefiero entonces ir al infierno –contestó Hatuey.

En pocos años la isla de Cuba quedó desolada. Fray Bartolomé de las Casas asegura que los indios salían a los caminos a recibir a los cristianos, y llevaban en cestas pescados, pan de maíz y otros manjares, los que tenían. Y que allí mismo los mataban, como sucedió en la matanza de Caonao. En otra ocasión, el capitán Pánfilo de Narváez aseguró que si los indios se rendían, no los mataría, pero traicionó su palabra y quiso quemar vivos a todos los caciques o reyes de aquel lugar. Se cuenta que un oficial recibió trescientos esclavos indios y que, al cabo de poco tiempo, no le quedaban sino treinta, porque a todos los mataba trabajando en las minas. En cuatro meses los cristianos mataron a siete mil niños, porque los hacían trabajar sin descanso en las minas y no les importaba que se murieran.

Tantas calamidades pasaban los indios que muchos se subían a los montes; pero otros, viendo que serían muertos de un modo u otro, se ahorcaban. Por toda la isla se podían ver hombres, y mujeres, y niños colgados. Por culpa de un cristiano se acabaron quitando la vida doscientos indios.

Los cristianos no quisieron que los indígenas estuvieran en las montañas y los persiguieron con crueldad, asolando cuanto encontraban a su paso. Por eso, dice Fray Bartolomé, durante mucho tiempo estuvo Cuba sin habitantes y la soledad y la amargura llenaban las ciudades vacías y los campos muertos.

Los hijos del sol. El imperio Inca

Yo estoy aquí para contar la historia.
Pablo Neruda, *Amor América* (1400)

Y dijo el sabio Pachacutec que el rey Sol y la reina Luna se unirían aquel glorioso día, y así fue.

Porque como una mujer y un hombre de amores desgraciados, el Sol y la Luna estaban condenados a no encontrarse jamás. Pero el gran Pachacutec profetizó que un día ambos se amarían y de ese encuentro nacerían un niño y una niña.

Los hombres que habitaban las cumbres de Huancayo, Ayacucho y Arequipa vieron con asombro cómo se verificaban las divinas palabras de Pachacutec. La Tierra toda se oscureció y la Luna se unió al Sol. Y el sabio dijo también que los Hijos del Sol nacerían en el lago Titicaca.

Cuando los hombres de aquellas comarcas llegaron al gran lago, encontraron allí a un joven hermoso y fuerte, y a una doncella hermosísima. El dios Sol les había ordenado que andaran el mundo y que predicaran la obediencia y la sumisión a su rey. Para que los Hijos del Sol fueran conocidos por todos los hombres, su padre les entregó una lanza de oro, de media vara de largo y dos dedos de grueso, y les dijo:

—Andad por las tierras de Apurímac y Urubamba, y enseñad a todos lo que os he enseñado. Y probad a golpear la roca con el cetro que os he entregado; y allí donde la vara se hunda con un solo golpe, levantad una ciudad en mi honor, y un templo, y nombrad un rey de los hombres.

Así lo hicieron los Hijos del Sol, tal y como se les había ordenado. Enseñaban a los hombres la caza y la agricultura, y les mostraban la diferencia entre lo bueno y lo malo; también les enseñaron las oraciones y las plegarias al dios Sol, y cómo habrían de construirse los templos y los palacios, con piedras labradas. Y además los adiestraron en el arte de la guerra.

Los hombres de aquellas tierras, que antes eran salvajes y desconocían estos secretos, vieron que todas las enseñanzas eran buenas y llamaron al Hijo del Sol con el nombre de Inca, que significa «príncipe», y a la Hija del Sol la llamaron Mamauchic, que significa «madre».

Los dos Hijos del Sol recorrieron los montes, los valles, los ríos y los collados, y golpeaban la tierra una sola vez con la vara de oro, pero la roca no cedía en ningún lugar. Hasta que, al fin, llegaron a una montaña llamada Huanacauri y allí probaron de nuevo a golpear la tierra con la vara de oro, y la roca cedió al punto, hundiéndose al primer golpe que dieron con ella. Los Hijos del Sol reunieron en aquel lugar a los hombres que se hallaban dispersos en la comarca, y comenzaron a enseñarles las cosas buenas que les había dicho su padre; y hablaron de la riqueza y la pobreza, de la paz y la guerra, de la injusticia y la injusticia, y de la bondad y la maldad. Allí fundaron una hermosa ciudad, con templos en los que se veneraba al dios Sol, con plazas, mercados y casas dispuestas en hileras, con huertos y prados.

Antes de despedirse de su pueblo, los Hijos del Sol ordenaron a los hombres que escogieran entre ellos al más honrado y sabio, y que lo coronaran rey. Así lo hicieron, y nombraron a Manco Cárpac príncipe de todos. Y éste fue el primer Inca.

El imperio de los Incas, protegido y amado del dios Sol, se extendió pronto más allá de las montañas y los ríos. Los hombres erigían templos y fundaban ciudades; construían carreteras y agrupaban grandes rebaños; conquistaban otros pueblos y las riquezas aumentaban de día en día. De este modo, los Incas llegaron a ser el pueblo más grande y poderoso de la Tierra, y otras gentes, salvajes e incultas, admiraban la destreza y sabiduría de estos hombres.

Cuando el Inca Cárpac supo que había llegado la hora de su muerte, reunió a su pueblo en la plaza de Cuzco y les ordenó que guardaran las enseñanzas de los Hijos del Sol, que mantuvieran en pie los templos y las ciudades, que preservaran la paz con otros pueblos y que observaran en todo los preceptos de la religión. Y los incas así lo hicieron, conservando para siempre la memoria de su primer rey.

Todo esto sucedió mucho tiempo antes de que los hombres con cabeza de hierro y cuerpo de caballo llegaran para destruirlo todo y asolarlo todo.

El tesoro de Moctezuma

Era el día ocho de noviembre de 1519,
fecha notable en la Historia, pues aquel día
los europeos pisaron por vez primera una capital
hasta entonces ignorada del mundo occidental.
W. H. Prescott, *La conquista de México*

—¡He venido a buscar oro, no a labrar la tierra como un campesino!

Estas palabras, atribuidas a Hernán Cortés cuando le propusieron establecerse en Cuba, son una buena prueba del carácter belicoso y terrible del conquistador español. Sus peripecias como rebelde, proscrito o acaudalado hacendado, son dignas de un aventurero intrépido, pero Hernán Cortés ha pasado a la Historia por su expedición en el imperio azteca. El padre Bartolomé de las Casas no dudaba en afirmar que Dios le pediría cuentas, y estas palabras también reflejan a costa de cuánto sufrimiento logró el conquistador la gloria.

Fueron las narraciones extraordinarias de los viajeros lo que perturbó la imaginación de Hernán Cortés: decían que en tierra firme, en la patria de los aztecas había grandes tesoros, que la gente calzaba sandalias de oro y se adornaba con esmeraldas y plata, que todo eran maravillas, lujuria y fascinación. El soberbio español no lo dudó: vendió su hacienda cubana y logró reunir una flota de guerra imponente, con naves de cien toneladas, cuyas bodegas esperaba llenar de oro.

El día 16 de agosto de 1519 las naves de Hernán Cortés llegaban a los pantanales del río Papaloapán. El conquistador creía que en su camino sólo daría con pueblos primitivos y salvajes, y que su sola presencia bastaría para recaudar todo el oro de México. Sin embargo, se le heló la sangre al ver los palacios, las ciudades, las torres que aquellos *salvajes* habían erigido. ¡Aquellas tierras pertenecían a un verdadero imperio!

Pero nada arredraba a nuestro capitán: en una expedición enloquecida arrasó cuanto hallaba a su paso y no dudó en aliarse con los tlaxcaltecas, enemigos seculares de los aztecas: su único interés era llegar a la capital del imperio, dominarlo, destruirlo si era necesario, y acaparar cuantas riquezas y tesoros hallase en el camino.

Moctezuma observa la violentísima invasión de su imperio con gesto temeroso y, convencido de que no puede hacer frente a las armas de fuego ni al poder divino de los caballos, envía mensajeros a Hernán

Cortés. Ya sólo resta esperar que el español se digne a no destruir la ciudad, que respete los templos y que le perdone la vida. El invasor se muestra cauto, pero generoso, y entrega a los emisarios regalos y presentes, para que los entreguen al azteca; sin embargo, Hernán Cortés no renunció a apoderarse de la inmensa ciudad mexicana. Concedió que no destruiría palacios y templos, pero ocuparía la urbe y se adueñaría de todo cuanto hubiera en ella de valor.

Los cronistas se estremecen en sus pupitres cuando relatan la entrada de Hernán Cortés a través del gran puente levadizo. La ciudad amurallada estaba emplazada sobre una isla y numerosos canales. Los seis mil soldados del conquistador se maravillaron ante los gigantescos palacios, los teocallis y las torres de sacrificios, las amplias avenidas, las sesenta y cinco mil casas... Si los aztecas no hubieran temido a los españoles tanto como los temía su príncipe, acaso la expedición de Cortés habría concluido allí mismo. Pero los aztecas no atacaron a sus invasores, bien al contrario recibieron al conquistador como si de un rey se tratase: una corte de nobles ciudadanos fue a recibirlos y pudo verse a Moctezuma II descendiendo de su palanquín de oro.

El príncipe de los aztecas era un hombre alto, delgado, y no parecía contar más de cuarenta años, macilento y débil. Sus hombros iban cubiertos por un manto de perlas y joyas, y calzaba sandalias de oro. Los nobles tendían a sus pies telas preciosas, porque Moctezuma no podía tocar la tierra. Ambos se miraron como si fueran amigos, pero lo cierto es que sólo uno de ellos tenía el poder, y éste era Hernán Cortés.

Así se vio sometido el pueblo azteca a los españoles y el pusilánime príncipe americano quedó convertido en rehén de los invasores. Éstos no tardaron en imponer su ley, y mandaron construir capillas e iglesias. El interés de los conquistadores estaba, con todo, en las fabulosas maravillas de las que hablaban los viajeros y buscaban en todas las salas del palacio los tesoros que se prometían. Pronto descubrieron una sala en la que, al parecer, se habían realizado unos trabajos recientes: se había ocultado una habitación, cerrándola con un muro. Los españoles, ávidos de riquezas, derribaron el muro y... Hernán Cortés tuvo que echarse a un lado: telas, vasijas, copas, coronas, pendientes, pulseras, diademas, cetros... oro y plata a raudales, lingotes, barras, bolas de oro macizo: un espectáculo sobrecogedor que hubiera admirado al mismísimo rey Midas. Dice el cronista: «Me parecía que todas las riquezas del mundo se hallaban en aquella estancia». Era el tesoro de

Moctezuma, tan inmenso y grandioso que a duras penas los escribanos pudieron fijar el valor de tanta riqueza, la cual valoraron en casi doscientos pesos de oro. Ningún rey de Europa podía vanagloriarse de tener tanto dinero y, sin embargo, Hernán Cortés era su dueño. Los tratados afirman que el español era sólo un «huésped» del príncipe azteca, pero la realidad era bien distinta.

El reparto de aquel tesoro no dejó contentos a los soldados, pero el capitán español prometió nuevas y más grandes riquezas, y los ánimos se sosegaron. Todo parecía discurrir según lo había previsto Cortés, pero pronto descubrió que la avaricia y la envidia nacían en los corazones de sus propios compatriotas.

Un subalterno suyo, Narváez, que había quedado en la costa, y el infame Velázquez de Cuba habían urdido una trama: le acusaban de rebeldía, y estaban dispuestos a capturarlo y encarcelarlo. Para ello habían dispuesto un ejército con dieciocho barcos, casi mil hombres armados y muchos indígenas a sueldo, con cañones y arcabuces. Esta traición irritó a Cortés, que dispuso sus tropas en pocos días y salió al encuentro de Narváez.

En la batalla de Cempoala, la noche de Pentecostés de 1520, Dios pareció estar al lado de Hernán Cortés. Aunque contaba con una tropa reducida de no más de doscientos hombres, tuvo de su lado a la Naturaleza: una tremenda tempestad se desató y el ejército de Narváez se encuentra en dificultades. Cae la noche y la lluvia, y con mucha dificultad pueden asentarse junto al río. En esto, los de Narváez observan que bolas de fuego sobrevuelan sus cabezas, miles de disparos de arcabuces rozan sus cabellos y caen en el fango abrumados por la tremenda andanada. Los de Hernán Cortés se echan sobre ellos y los despedazan. Narváez rueda en el lodo herido de muerte por una lanza que le atraviesa la cabeza. El héroe español levanta su bandera de victoria, pero las bolas de fuego siguen volando sobre su casco: eran los cocuyos, unos escarabajos luminosos, que habían aterrorizado a los enemigos, los cuales creyeron que verdaderamente eran balas de arcabuz.

Los soldados de Hernán Cortés estaban asombrados ante la magnificencia de Tenochtitlán: las calles de la ciudad, tan distintas a las que conocían en Europa, los mercados, los magníficos palacios, los templos, los lagos artificiales, los estanques, los diques, las chiampas o jardines flotantes... todo era maravilloso, un espectáculo singular. Bien es cierto que no comprendían por qué la vida de los aztecas estaba regida por un calendario que apenas lograban desentrañar; y, desde luego, los españoles, cristianos hasta la médula, renegaban del culto de Huitzilopochtli y Quetzalcoalt, los dos dioses principales del imperio. Y además, veían con horror los grandes sacrificios en los templos sagrados, donde cientos de doncellas se ofrecían con gusto a ser arrojadas a los pozos, o a ser lanzadas desde lo alto de los teocallis, donde siempre ardía la llama de los dioses. Los cristianos no podían reprimir su terror cuando los sacerdotes arrancaban las vísceras de los sacrificados, estando éstos aún vivos.

Viendo esto, Hernán Cortés trató de convertir a Moctezuma a la religión cristiana y le explicó cómo era el ritual de la misa en Europa, para que el príncipe azteca comprendiera la inutilidad de los sacrificios humanos. Pero Moctezuma replicó:

—Mejor es sacrificar a los hombres y comer sus vísceras calientes que comerse al mismo Dios, como hacéis vosotros en vuestro rito.

En otra ocasión, Hernán Cortés subió a lo más alto del teocalli sagrado de Tenochtitlán, y se hizo acompañar del padre Olmedo. El conquistador ordenó que se colocara allí una cruz, para que todos los ciudadanos vieran que Dios había llegado a América y que su esplendor dominaba ya el imperio azteca. En aquel mismo lugar, según dice el cronista Bernal Díaz del Castillo, estaba la piedra del sacrificio, que era una losa jaspeada, donde las víctimas propiciatorias eran desangradas y sus vísceras se extraían con un cuchillo de obsidiana. Una fetidez repugnante invadía la sala, salpicada en todos sus ángulos por la sangre humana: «El mal olor era más penetrante que en los mataderos de Castilla», escribe el medinense en su *Historia verdadera de la conquista de la Nueva España*. Aún quedaban allí tres corazones humanos, sangrando y exhalando los últimos vapores... Los cristianos pudieron ver el horripilante gesto de Huitzilopochtli, cuya figura estaba adornada por la repulsiva vista de una serpiente, a la que los aztecas adoraban y coronaban con esmeraldas, rubíes, perlas, oro, plata y muchas otras maravillas. En una sala inferior había más de cien mil calaveras, todas dispuestas en hileras, apiladas en una tarima de madera.

Hernán Cortés, y todos los que con él iban, despreciaban la antiquísima religión azteca y la consideraban cosa de salvajes. De modo que los cristianos no tardaron en profanar los templos de Tenochtitlán. Cuando el capitán español entró en una de las estancias sagradas del teocalli e hizo destruir cuanto allí había, Moctezuma se le presentó como por arte de magia y le aseguró que el pueblo azteca no soportaría esta afrenta. Pero Cortés no retrocedió ante la amenaza y mandó construir una capilla, e hizo colocar allí las divinas figuras de Jesucristo y la Virgen María. El oro y las joyas de los templos desaparecieron y fueron a engrosar las arcas de los soldados. Desde lo alto del teocalli se rezaron misas y todos los invasores conocieron que Dios estaba con ellos y que, por fin, habían caído los ídolos paganos de los aztecas.

Pero los cristianos no sabían que aquellos hombres pacíficos que habitaban en Tenochtitlán podían convertirse en temibles enemigos si se profanaban sus templos. Llegó entonces la gran venganza de Huitzilopochtli, el dios de los aztecas.

Se celebraba por entonces la gran fiesta anual del dios Huitzilopochtli, el que tiene una serpiente alrededor de su cuerpo. Los aztecas llevaban incienso al teocalli o templo, y prorrumpían en cantos y danzas sagradas. El capitán Alvarado había permitido este ritual, pero había prohibido el sacrificio de seres humanos. Además, ordenó que ninguno de los participantes en dicha celebración portara armas de ninguna clase. Alvarado se había quedado en la capital mientras Cortés sofocaba intentos rebeldes en los campos cercanos.

Los españoles quedaron asombrados ante la riqueza de los vestidos, de las joyas y de los adornos que llevaban los indígenas. Y no pudieron resistir la tentación: cuando los aztecas estaban reunidos y bailaban en honor de su dios, los soldados cristianos los atacaron con furia salvaje y los mataron, robándoles cuanto de precioso llevaban consigo: los broches, las diademas, los collares de oro y esmeraldas, las pulseras, los brazaletes con perlas...

Ya no pudo soportar tanta afrenta el pueblo de Tenochtitlán y se levantó en armas. Los ciudadanos destituyeron a su príncipe Moctezuma y nombraron a un nuevo rey, llamado Cuitlahuac. Cuando Hernán Cortés conoció la rebelión, volvió de inmediato a la ciudad sagrada y encontró que Alvarado se había hecho fuerte en torno a la torre principal, y a duras penas lograba contrarrestar el asedio y los ataques de los aztecas. Cortés intentaba guerrear, pero los ciudadanos se mostraban ahora menos dóciles y pacíficos: su ira era terrible y ni Moctezuma podía refrenarlos. El otrora príncipe del imperio se había convertido en un noble débil y asustadizo, y se presentó ante Cortés para que no destruyera a su pueblo. Cuando fue a convencer a los aztecas de la necesidad de una paz duradera entre los invasores y los habitantes de Tenochtitlán, sus súbditos lo insultaron, lo apalearon y lo lapidaron. El que fuera gran guerrero y príncipe del imperio más grande de todos los tiempos murió triste y abandonado el 30 de junio de 1520, y en la memoria de su pueblo quedó siempre con el nombre de «Prisionero de los españoles».

Cortés y los suyos habían logrado llegar al fin a la fortaleza donde Alvarado resistía la furia del príncipe Cuitlahuac, pero la situación, bien pensada, era aún peor: allí no podrían resistir mucho y era necesario huir de la ciudad tan pronto como fuera posible. ¿Y el tesoro de Moctezuma? ¿Lo dejarían allí? Los españoles no lo dudaron: huirían, sí, pero con el tesoro. La vergonzosa huida de Tenochtitlán tendría lugar el día primero de julio, durante la noche, porque Cortés sabía que los aztecas tenían un terror supersticioso a batallar durante la noche.

Cortés hizo extender el tesoro de Moctezuma en una gran plaza del fortín. Aunque él había pensado en quedarse con un quinto de aquellas inmensas riquezas, comprendió que sus propios soldados se rebelarían si no les dejaba acaparar las joyas y el oro que deseasen. Hizo llamar a sus tropas y les dijo:

—Éste es el tesoro de Moctezuma, el príncipe de los aztecas. Tomad cuanto queráis, pero sabed que en la noche anda mejor el que menos carga lleva.

Para sí tomó la quinta parte correspondiente a la corona de España y cuando los soldados se repartieron todo el tesoro, ordenó que se dispusiera la marcha.

Los españoles actuaban con cautela, cruzaban los diques e incluso fabricaron un puente flotante; otros iban cargados con sus tesoros en barcazas, con la intención de llegar a tierra firme y huir hacia la costa. Pero pronto se oyeron los gritos de los aztecas y una lluvia de dardos, piedras y fuego cayó sobre los saqueadores. Desde las torres caían flechas y lanzas, y quienes estuvieron allí sólo pudieron comparar la extrema situación con la del mismísimo infierno.

La Naturaleza, la misma que les fuera propicia algunos meses antes, se confabulaba ahora contra ellos y se desató una tempestad de lluvia y fuego como nunca se viera. Los aztecas caían sobre ellos como si estuvieran poseídos de una fuerza sobrenatural y los degollaban o los apuñalaban sin compasión. Algunos españoles llegaron a tierra firme, pero la lluvia entorpecía sus pasos y el peso del tesoro se hacía cada vez más insoportable. Muchas joyas y lingotes de oro quedaron hundidos para siempre en los canales de Tenochtitlán; otros tesoros iban desperdigándose por la selva, envueltos en el fango y en los pantanos. Ya nadie guardaba el orden de un ejército: cada cual luchaba por salvar su vida y, puestos a elegir, muchos abandonaban sus cofres y arcas, maldiciendo el tesoro de Moctezuma.

Cuando llegaron las primeras luces del alba, Cortés, herido y cansado, vio con horror que de su ejército apenas quedaba un centenar de hombres; algunos de ellos sangraban o estaban impedidos. El tesoro, simplemente, se había perdido por completo en las ciénagas y en los canales de Tenochtitlán. Esta noche fue para siempre la Noche Triste de Hernán Cortés.

Toda la gloria, todas las riquezas, todo el poder que el conquistador había imaginado se desvaneció. Caminaban hacia la costa, tratando de salvar sus vidas, pero con la seguridad de que si los aztecas iban tras ellos, la muerte era segura. Cansados, heridos y desesperados, los cristianos llegaron al valle de Otumba, tras una semana de insufrible camino por selvas y pantanos. Pero el destino les guardaba una terrible sorpresa: apostados en formación guerrera, pudieron ver a doscientos mil soldados aztecas dispuestos a acabar con el último de los españoles. Como dice un cronista moderno, «toda esperanza estaba perdida». Si al menos hubieran tenido arcabuces o cañones, o cualquier arma de fuego, aún restaría una posibilidad... pero, así, derrotados, con espadas melladas, con puñales de paseo, mal podían hacer frente al implacable ejército que les esperaba.

Retroceder, no podían. Avanzar era la muerte. Rendirse, nunca. La decisión estaba tomada: se sacrificarían, se autoinmolarían en aquella batalla perdida... Pero Cortés atisbó una posibilidad de victoria y ordenó a sus hombres para que irrumpieran en las filas enemigas con tanto ímpetu como fuera posible. Sólo él sabía lo que pretendía, pero si existía una mínima esperanza, los soldados seguirían a su capitán hasta la muerte.

En todo cumplieron las órdenes de su jefe y avanzaron como posesos hacia el sacrificio seguro. Pero Cortés se abrió paso a espadazos, apartando aquel hormiguero de hombres encolerizados y se dirigió a la colina central, donde el jefe azteca Cihuacu enarbolaba el pendón de oro del imperio. El conquistador español llegó hasta él y de un tajo le segó la cabeza, apoderándose de todas las insignias y de la bandera dorada. Elevado sobre su cabalgadura, Cortés muestra a todos los aztecas que él posee los símbolos del imperio y que el imperio sólo le pertenece a él.

Allí, sobre aquella colina, rodeado de aztecas asombrados por la astucia del blanco, Hernán Cortés aparecía como un verdadero dios, sobre su caballo, con su espada y enarbolando los despojos de Cihuacu. De este modo heroico, el conquistador español logró que los aztecas abandonaran el campo de batalla y huyeran despavoridos.

Y esta rendición fue el fin del imperio de Tenochtitlán: los aztecas jamás volvieron a conocer el esplendor pasado y México quedó en poder de los españoles.

Eldorado y las Siete Ciudades de Cíbola

Corrían los primeros años del siglo XVI en América y en Quito se teme la pronta llegada de los españoles, con don Sebastián de Benalcázar al frente de las tropas invasoras.

Efectivamente, cerca de la montaña llamada Cotacachi, las tropas cristianas descansan en su imparable avance. Algunos soldados sienten náuseas y desvanecimientos, y tratan de despabilarse refrescándose en las heladas aguas que bajan de las cumbres. Otros, más acostumbrados a las tremendas alturas de aquellas tierras, se entretienen en la conversación, en el juego de dados, o bajan a las aldeas en busca de mujeres.

En el campamento podemos ver a dos hombres que cuchichean a espaldas de los demás. Uno, el más joven, mira con ojos como platos a su contertulio, más viejo y experimentado.

—Don Sebastián quiere llegar a Quito –dice el veterano–; pero más nos valdría ir hacia occidente, donde dicen que las esmeraldas pueden cogerse a puñados sobre la tierra.

—¿Será posible? –preguntó el joven, imaginándose aquel territorio maravilloso.

—Y tan posible, muchacho. Has de saber que en estas tierras hay tantas riquezas que cuando volvamos a España podríamos comprarnos Toledo, o Sevilla, y aún tendríamos suficiente oro para tomar otras villas más pequeñas.

—¿Sí?

—Y tanto que sí –contestó el viejo soldado–. Y si me prometes no decírselo a nadie, te contaré algo maravilloso.

—¡Cuéntamelo! –susurró el mozo.

—Pues tengo un amigo que me ha dicho que una vez encontró a un indio de Boyaca, y que éste le contó que había en el norte un lugar llamado Guatavitá. Y que cerca de esta aldea hay un lago sagrado para los indios. Resulta (escúchame bien) que esos salvajes tienen la costumbre de enterrar a sus muertos en ese lago: los colocan en balsas, o en canoas, o en esas piraguas que utilizan, y cargan el barco con muchas joyas, con esmeraldas, rubíes, perlas, oro y plata. Y cuando está en el centro del lago, le lanzan flechas y lanzas con fuego, la balsa se incendia y se hunde en el lago con todos los tesoros. ¿Qué te parece?

—Increíble.

—Pues no has oído nada. El indio este que conoció mi amigo hablaba de una ceremonia de lo más interesante. Resulta que, una vez al año, los salvajes celebran una fiesta suya particular, de ésas en las que bailan y adoran al sol, ya sabes. Al parecer, colocan en una balsa todo tipo de tesoros: coronas, diademas, botones, brazaletes, vasijas, telas preciosas y cofres llenos de oro. Y esto es la ofrenda a su dios. Después, el sumo sacerdote se desnuda delante de todos y se embadurna con resina. Entonces, los hechiceros utilizan unas cañas para soplar sobre él polvo de oro, hasta que el sacerdote está cubierto de oro por todo su cuerpo. Dicen que tienen arcones enteros llenos de polvo de oro, y que no les importa que se les derrame o se les caiga. El caso es que el sacerdote cubierto de oro, que se llama el Dorado, se sube a la balsa con todos los presentes y ofrendas para su dios; y cuando llega al centro del lago, comienza a cantar y a danzar sobre la balsa, al tiempo que arroja todos aquellos objetos maravillosos al fondo del lago. Finalmente, el mismo sacerdote se sumerge en las aguas y sobre las ondas queda como un sol brillante de oro que va desapareciendo a medida que se hunde en la laguna.

El veterano se rascó la cabellera y, finalmente, dijo:

—Imagínate los tesoros que pueden encontrarse en esa charca con sólo una zambullida. Es muy probable que yo no vaya a Quito, sino que me una a otros amigos míos y vayamos en busca de ese lago en el que se apilan miles y miles y miles de lingotes de oro.

—¡Dejadme ir con vosotros! -exclamó el muchacho.

De este modo se propagaba la leyenda del Hombre Dorado, que terminó siendo El Dorado, o Eldorado. El lugar preciso no se conoció nunca, aunque en ocasiones se situó en las riberas del río Napo, o en las cumbres del Chimborazo, al sur de Quito. Con más frecuencia se hablaba de Eldorado refiriéndose a Los Llanos y Arauca, o simplemente se emplazaba en las selvas del Gran Río Amazonas.

En realidad toda América era un Eldorado para los europeos: allí encontraban todas las riquezas que podían soñar, aunque, ciertamente, no con la facilidad que imaginaron. Los españoles llegaban a América pensando en Jauja y así continuaron hasta bien entrado el siglo XX. Desde Pizarro y Jiménez de Quesada, hasta los modernos «indianos» del siglo XIX, los españoles han entendido América como un lugar donde un hombre puede enriquecerse con cierta comodidad. Por supuesto, en raras ocasiones se han ocupado de los nativos americanos y ya no se puede esperar que se ocupen nunca. Así, el Nuevo Mundo ha sido, y sigue siendo, el territorio del expolio, de la avaricia, de la esquilmación, del latrocinio y de la ignominia.

La pertinaz idea de que en América existen lugares donde el oro brota como el agua de las fuentes sugirió otra leyenda, que algunos autores remontan hasta la más primitiva Edad Media hispánica: es la historia de las Siete Ciudades de Cíbola o Cibola.

Sucedió a principios del siglo VIII: los guerreros de la media luna vencieron en la batalla de Guadalete a las tropas cristianas y en Hispania se presentía una invasión cruel y despiadada. Por aquel tiempo vivían siete monjes en un monasterio cercano a Santiago do Cacem. (En algunos lugares se afirma que se trataba de los siete obispos de Portugal.) Viendo que los ejércitos moros tenían la intención de conquistar toda la Península, los siete monjes recogieron los tesoros de su monasterio y se echaron a la mar.

Después de mucho tiempo vagando por esos mares de Dios, llegaron a una tierra incógnita. Y no sabiendo dónde estaban y a qué lugar dirigirse, partieron el tesoro en siete partes y cada uno marchó por donde mejor le convino. Cada cual se asentó en un lugar, porque todos eran buenos, y fértiles, y había riquezas sin cuento. Y de este modo se fundaron las siete ciudades de Cíbola, llamadas así porque en aquel territorio había *cíbolos* o bisontes.

Pasaron los siglos y el mundo olvidó a los siete monjes. Éstos, sin embargo, levantaron ciudades hermosísimas con iglesias y catedrales muy trabajadas; aunque, finalmente, los monjes murieron y los habitantes de aquellas lejanas tierras dejaron el culto del Señor y se entregaron al lujo y al placer.

Al parecer, había edificios suntuosos, levantados sobre las antiguas y derruidas capillas de los siete monjes. Su esplendor era tal, que las fachadas estaban construidas con turquesas, esmeraldas, rubíes, oro y piedras jaspeadas. Los palacios eran amplios y llenos de columnas; grandes cortinajes con cordones de oro pendían de las ventanas y en los corredores y galerías había candelabros de oro, con forma de serpiente. Los templos eran como torres escalonadas, y había grandes salas de sacrificios en su interior. En lo alto de estas torres, que se llaman teocallis, ardía noche y día la llama sagrada, ofrecida al dios Sol y a la diosa Luna. En cada una de las siete ciudades había un teocalli o pirámide principal, en la cual había un pozo profundísimo: cada solsticio se escogían cuarenta doncellas que se arrojaban al pozo para calmar la furia del dios del Fuego. Las casas de los ciudadanos estaban pintadas en colores azules, y verdes, y tenían rostros maravillosos coloreados sobre las puertas y las ventanas. Las calles estaban dispuestas con orden y gusto, y en los mercados podíanse ver los más variados frutos, verduras, legumbres, carnes, pescados, panes y especias muy variadas.

Las Siete Ciudades de Cíbola solían guerrear con los imperios de Marata, Acús y Totonteac, situados al norte.

Es posible que los indígenas americanos, ya desde la conquista de la isla de Cuba, aprendieran a engañar a los españoles con historias fantásticas e inverosímiles. La ambición, la avaricia, el deseo incontenible de poseer oro, convertía a los cristianos en unos peleles, que podían ser dominados al estilo de la fábula del asno y la zanahoria. Por esta razón, los indios de todas las comarcas solían hablar de lugares situados más allá, más allá... Seguramente los habitantes de aquellas tierras comprendieron muy pronto que el único medio de librarse de las matanzas y los crímenes de los españoles era emponzoñarles el alma con la ambición de oro.

Aparte de la extraordinaria leyenda de los monjes u obispos de Portugal, se sabe que los aztecas hicieron correr el rumor de la existencia de ciudades portentosas al norte del río Grande: eran las Siete Ciudades de Cíbola o Tzíbola. En realidad, aquel rumor contenía, a su vez, una tradición autóctona, según la cual los nahuas debían su origen a las siete tribus originarias, fundadas en el actual Nuevo México, en lo que los habitantes de México llaman las Siete Cuevas Sagradas.

La mixtificación de todas las tradiciones, unida a la imaginación calenturienta de los españoles, logró que aquellos conquistadores hicieran locuras con el fin de explotar las riquezas del territorio. Las expediciones se sucedieron durante todo el siglo XVI y dejaron para la Historia muchas hazañas heroicas y, también, muchas tragedias: los nombres de Cabeza de Vaca, Marcos de Niza, Francisco Vázquez Coronado o Juan de Oñate van unidos a esta búsqueda alocada de los tesoros de Cíbola.

Francisco Pizarro, el implacable conquistador español, cayó también en las redes de estas fantasías de ambición: se le dijo que al noreste de la ciudad de Quito existía un país donde abundaba la canela, una especia apreciadísima en Europa. En su febril avaricia, Pizarro encabezó una expedición hacia aquellos parajes agrestes, a principios del año 1541. De este modo, los españoles se internaron en las torrenteras y selvas amazónicas, y allí murieron prácticamente todos. Orellana, uno de los valientes capitanes de Pizarro, jamás regresó de aquella locura.

La fuente sagrada de Chichén Itzá

Resulta curioso comprobar cómo sesudos investigadores e historiadores del siglo pasado creían sinceramente que los mayas eran los verdaderos descendientes de los habitantes de la Atlántida, el país mítico por excelencia. Sin embargo, los mayas, como pueblo organizado, debieron surgir en torno al siglo III de nuestra era: lo que los arqueólogos llaman el Imperio Antiguo de los Mayas, con la fundación de la mítica ciudad de Tikal. A partir del siglo IX los mayas iniciaron su larga travesía hacia el norte, desde los alrededores del lago Petén Itzá, en la actual Guatemala, hasta las selvas de Yucatán. Allí comenzaron la construcción del Nuevo Imperio, cuya capital era Mayapán. Más tarde, en torno al año 1200, el rey de Mayapán, Hunac Ceel, conquista la ciudad de Chichén Itzá con ayuda de los pueblos del este, los toltecas. El imperio aún resistiría dos siglos más, pero cuando llegan los españoles, en el siglo XVI ya sólo encuentran las ruinas de una civilización muerta: los templos están comidos por la selva y sólo algunos reyezuelos, al mando de campesinos hambrientos, pueden resistir débilmente al empuje de los europeos.

En Chichén Itzá pueden verse aún los restos de una civilización asombrosa: el Templo de los guerreros, con sus columnas y estatuas, el «observatorio», desde cuyas ventanas los mayas contemplaban las evoluciones de los astros, los imponentes muros, y la gran pirámide: el templo del dios Kukulkán: la serpiente que tiene plumas.

Como sucedería algunos siglos después con el imperio azteca, los mayas ordenaban su vida de acuerdo con un calendario astronómico; tal vez toda su existencia estaba regida por esta obsesión astral y numérica; incluso la disposición de las pirámides, los templos, los muros y los restos de las ciudades parecen adecuarse a una voluntad angustiosa del calendario y los astros. No es extraño que algunos investigadores hayan creído ver en toda esta simbología maya una historia espacial, vinculada a las visitas de extraterrestres. Como dice un moderno historiador: «No hay un solo signo, ni una imagen, ni una escultura que no guarde relación con un número astronómico».

Los mayas vivían en un vergel, quizá para ellos la selva significase el infierno: lo cierto es que una civilización que vivía del maíz y los frutos de la jungla, se esforzó en la representación de la serpiente. Incluso las columnas, que en todos los pueblos del mundo se han identificado con los troncos de los árboles, son en la cultura maya serpientes: serpientes con sus fauces abiertas, horribles bocas que se muestran al viajero, amenazantes, terribles.

Chichén Itzá era, en fin, el centro del mundo maya, y desde allí se puede llegar a la Fuente Sagrada.

El provincial de Yucatán, un franciscano español nacido en Guadalajara, llamado Diego de Landa, examinaba en Mérida (act. México) algunos legajos para su obra histórica. Este hombre, un verdadero tirano para los indígenas, se disponía a escribir su *Relación de las cosas de Yucatán*. Cuando descubrió el cenote o fuente de Chichén Itzá no pudo sino esbozar una mueca de repugnancia, pero, a la vez, sus ojos brillaron ante la posibilidad de encontrar grandes tesoros.

Diego de Landa organizó una expedición a través de la jungla, con la pretensión de encontrar el famoso cenote o fuente sagrada de los mayas. Junto a él cabalgaba un joven soldado, que le hablaba así:

—Señor, lo que dicen los indios es que en tiempos de sequía los sacerdotes se reunían en el templo. Este dios suyo, que algunos llaman Kukulkán y otros Quetzalcoalt, o de otras maneras, tenía cuerpo de serpiente y plumas, y vivía en un pozo negro, un abismo horroroso. Los sacerdotes disponían junto al cenote o pozo una piedra de altar, a veces era como piedra de jaspe: allí tendían a las doncellas y con un cuchillo de obsidiana les sacaban el corazón. También me han dicho que en ocasiones se escogían las vírgenes más dulces y bellas, y que a éstas se las arrojaba directamente al pozo. Pero, si hubo oro alguna vez en estas tierras, debe encontrarse en ese horripilante pozo; porque solían vestir a las doncellas y a los jóvenes con pulseras doradas, con ricas telas, coronas de piedras preciosas, y otros mil abalorios maravillosos. Los sacerdotes cantaban sus plegarias sagradas y danzaban en torno al cenote durante todo el día, mientras escuchaban a las pobres doncellas gritar y lamentarse. Al atardecer echaban unas cuerdas y, las que estaban vivas, subían y relataban cosas de maravilla. Este indio que traigo conmigo me asegura que, según sus padres, los sacerdotes echaban al pozo vasijas, lingotes de oro, diademas y mil joyas, para aplacar la ira de los dioses y para implorar que Kukulkán trajera lluvia. Pero todo esto sucedió hace muchos años, porque, como vuestra excelencia sabe, el rey Ixtlilxóchitl es un hombre bueno y sabio, ¡y cristiano!, y no permite que se hagan sacrificios con mujeres.

—¡Herejías y más herejías! –respondió el provincial.

Los dos hombres continuaron su camino y llegaron finalmente a la Fuente Sagrada. Era un pozo con una boca enorme, como un verdadero monstruo. Asomados a la embocadura, pudieron distinguir en la profunda sima, un lecho de fango y barro, ramas y hojas, y algún animal muerto que había caído en la fuente por descuido.

—Los nobles y los sacerdotes –decía el soldado joven– pasaban sesenta días de ayuno antes de venir aquí a arrojar a las doncellas. Las que sobrevivían decían que habían visto al dios Quetzalcoalt, que les enviaba razones y órdenes para que hicieran más sacrificios. Después quemaban incienso y resina de copal. En el fondo hay muchos hombres y muchas mujeres, que son los espíritus de los muertos, los cuales golpeaban a las muchachas en la cabeza, y las asían por los brazos y las piernas, para que se murieran también. Y los espíritus hablan con voces profundas, que a veces no se les entiende, y hay grandes profundidades y grandes alturas... por lo que yo pienso que este pozo es el mismo infierno, ¿verdad, señor provincial? Ahí abajo no hay más que serpientes y bichas... y estatuas de jade con oro y bronce, vasijas de oro puro, diademas... un tesoro, señor provincial, ahí abajo hay un tesoro.

Don Diego de Landa observó el fondo verdoso y parduzco del cenote e imaginó todas aquellas cosas que su acompañante narraba con tanta vehemencia. Después se incorporó, montó en su caballo y tomó el camino de Chichén Itzá mientras farfullaba:

—¡Herejías, y más herejías!

Catalina

Este extraordinario suceso aparece en un libro que tuvo cierta fama en los siglos XVIII y XIX Fue escrito por un abad benedictino de Sénones, en la Lorena francesa: el Padre Agustin Calmet. Su ensayo se titulaba *Tratado sobre las apariciones de espíritus y sobre los vampiros* (1751). En la segunda parte de este trabajo, el abad describía con minuciosidad algunos hechos verdaderamente asombrosos.

En uno de ellos habla de Catalina, una muchacha que vivía en Perú, en la región de los ititanos. No dice el autor cuándo acaeció este suceso, pero es de suponer que desde el siglo XVII la historia de Catalina era bien conocida.

Al parecer, esta joven murió a la edad de dieciséis años y las circunstancias de su fallecimiento fueron desgraciadas. Según el cronista, Catalina había cometido muchas perfidias y sacrilegios, y su vida había sido una retahíla de pecados y lujurias, porque era fornicadora hasta límites insospechados. Aún los doctores no habían certificado su muerte, cuando el cuerpo se vio atacado por una infección espantosa y la piel se cubrió de llagas purulentas y gusanos. El olor era tan penetrante y asqueroso que los familiares tuvieron que sacar el cadáver a la calle, para evitar que la pestilencia invadiera la casa.

Los presentes aseguraban que se oyeron ladridos de perros y aullidos de chacales. Ese mismo día, un caballo conocido por su docilidad se puso nervioso y comenzó a relinchar con gran temor, y a expulsar babas por la boca. Daba tan violentas coces que rompió las ataduras, se partió una pata y se hizo profundas heridas en el cuello.

No acaban aquí los sorprendentes sucesos de aquella funesta noche: un muchacho dormía plácidamente cuando una misteriosa mano tiró de su pie, sacándolo de la cama y arrastrándolo por la habitación. Y una joven criada que había en la casa recibió un golpe fuerte en la espalda, del que se estuvo doliendo muchos días.

Todos estos sucesos acaecieron, como dice Dom Calmet, «antes de que se inhumase el cuerpo de Catalina».

La casa de la difunta parecía poseída por su espíritu o alma en pena. En la casa habitaba una sirvienta que, como el otro muchacho, fue sacado de la cama por una mano fría e invisible, que tiraba de su pie. Y fue arrastrada por toda la casa, golpeándose con las puertas y los muebles. Esta misma sirvienta contaba que, en cierta ocasión, había entrado en la habitación de Catalina para coger unos vestidos, y vio allí mismo a la muerta con una vasija de barro en las manos: con el rostro comido por las llagas e inflamado en ira, lanzó la vasija contra la criada y estuvo a punto de abrirle la cabeza. La madre de Catalina acudió a la sala cuando oyó aquel estrépito y vio que sin que nadie tocara nada, los objetos se estrellaban contra los muros, las paredes y las puertas. Los ladrillos de la casa se movían y las paredes temblaban...

Avisaron los padres de Catalina al cura de la aldea y éste les confirmó que su hija era una «reviniente», cuyas maldades en vida seguían siendo maldades en la muerte. Acogida por el demonio, Catalina seguiría en aquel lugar durante siglos y siglos hasta que Dios se apiadara de ella. Prueba de que Catalina, perversa y lujuriosa, no había sido recibida por el Señor, fue que cuando el cura entró en la sala donde había muerto, encontró un crucifijo desclavado y partido en tres piezas.

Los padres, hermanos y criados de Catalina abandonaron aquel lugar e hicieron quemar la casa y sembrarla con sal. También encargaron misas por el alma de Catalina, de la cual no se supo nada en adelante.

ÍNDICE DE LEYENDAS